比 较 译 丛 35

比 较 出 思 想

比较
Comparative Studies

绿色
经济学

[美] 威廉·诺德豪斯 著
(William D. Nordhaus)

李志青 李传轩 李瑾 译

THE SPIRIT OF
GREEN
THE ECONOMICS OF COLLISIONS AND CONTAGIONS
IN A CROWDED WORLD

中信出版集团 | 北京

图书在版编目（CIP）数据

绿色经济学 /（美）威廉·诺德豪斯著；李志青，李传轩，李瑾译. —北京：中信出版社，2022.6
书名原文：The Spirit of Green：The Economics of Collisions and Contagions in a Crowded World
ISBN 978-7-5217-4031-8

I.①绿… II.①威… ②李… ③李… ④李… III.①绿色经济 – 研究 IV.① F062.2

中国版本图书馆 CIP 数据核字（2022）第 039599 号

Copyright © 2021 by William D. Nordhaus
No part of this book may be reproduced or transmitted in any form or by any means, electronic or mechanical, including photocopying, recording or by any information storage and retrieval system, without permission in writing from the Publisher.
此中文简体版为删减版，完整原文内容可参考普林斯顿大学出版社 THE SPIRIT OF GREEN by William D. Nordhaus
Simplified Chinese translation copyright © 2022 by CITIC Press Corporation
ALL RIGHTS RESERVED
本书仅限中国大陆地区发行销售

绿色经济学
著者：　[美]威廉·诺德豪斯
译者：　李志青　李传轩　李瑾
出版发行：中信出版集团股份有限公司
　　　　　（北京市朝阳区惠新东街甲 4 号富盛大厦 2 座　邮编　100029）
承印者：　宝蕾元仁浩（天津）印刷有限公司

开本：787mm×1092mm　1/16　　印张：22.75　　字数：240 千字
版次：2022 年 6 月第 1 版　　　　印次：2022 年 6 月第 1 次印刷
京权图字：01-2021-3316　　　　　书号：ISBN 978-7-5217-4031-8
定价：79.00 元

版权所有·侵权必究
如有印刷、装订问题，本公司负责调换。
服务热线：400-600-8099
投稿邮箱：author@citicpub.com

目　录

"比较译丛"序 ································· III

第1章　序言 ···································· 1

第一篇　绿色社会的基础 ························· 7
第2章　绿色的历史 ······························· 9
第3章　绿色社会的原则 ··························· 20
第4章　绿色效率 ································ 30
第5章　规制外部性 ······························ 45
第6章　绿色联邦制 ······························ 54
第7章　绿色公平 ································ 62

第二篇　危险世界中的可持续性 ··················· 77
第8章　绿色经济学和可持续性 ····················· 79
第9章　绿色国民经济核算 ························· 90
第10章　外星文明的诱惑 ·························· 102
第11章　流行病和其他社会灾难 ···················· 118

第三篇	**行为主义与绿色政治**	137
第 12 章	作为绿色发展敌人的行为主义	139
第 13 章	绿色政治理论	152
第 14 章	绿色政治实践	164
第 15 章	绿色新政	181
第四篇	**社会和经济图景中的绿色**	189
第 16 章	绿色经济中的利润	191
第 17 章	绿色税收	201
第 18 章	绿色创新的双重外部性	217
第 19 章	绿色世界中的个人伦理	238
第 20 章	绿色企业和社会责任	253
第 21 章	绿色金融	268
第五篇	**全球绿色问题**	281
第 22 章	绿色星球？	283
第 23 章	保护地球的气候公约	298
第六篇	**批评与反思**	311
第 24 章	绿色怀疑论者	313
第 25 章	绿色精神之旅	331
注　释		339

"比较译丛"序

2002年,我为中信出版社刚刚成立的《比较》编辑室推荐了当时在国际经济学界产生了广泛影响的几本著作,其中包括《枪炮、病菌与钢铁》、《从资本家手中拯救资本主义》、《再造市场》(中译本后来的书名为《市场演进的故事》)。其时,通过20世纪90年代的改革,中国经济的改革开放取得阶段性成果,突出标志是初步建立了市场经济体制的基本框架和加入世贸组织。当时我推荐这些著作的一个目的是,通过比较分析世界上不同国家的经济体制转型和经济发展经验,启发我们在新的阶段,多角度、更全面地思考中国的体制转型和经济发展的机制。由此便开启了"比较译丛"的翻译和出版。从那时起至今的十多年间,"比较译丛"引介了数十种译著,内容涵盖经济学前沿理论、转轨经济、比较制度分析、经济史、经济增长和发展等诸多方面。

时至2015年,中国已经成为全球第二大经济体,跻身中等收入国家的行列,并开始向高收入国家转型。中国经济的增速虽有所放缓,但依然保持在中高速的水平上。与此同时,曾经引领世界经济发展的欧美等发达经济体,却陷入了由次贷危机引爆的全球金融危机,至今仍未走出衰退的阴影。这种对比自然地引发出有关制度比较和发展模式比较的讨论。在这种形势下,我认为更有必要以开放的心态,更多、更深入地学习各国的发展经验和教训,从中汲取智慧,这对思考中国的深层次问题极具价值。正如美国著名政治学家和社会学家李普塞特（Seymour Martin Lipset）说过的一句名言："只懂得一个国家的人，他实际上什么国家都不懂。"（Those who only know one country know no country.）这是因为只有越过自己的国家，才能知道什么是真正的共同规律，什么是真正的特殊情况。如果没有比较分析的视野，既不利于深刻地认识中国，也不利于明智地认识世界。

相比于人们眼中的既得利益，人的思想观念更应受到重视。就像技术创新可以放宽资源约束一样，思想观念的创新可以放宽政策选择面临的政治约束。无论是我们国家在20世纪八九十年代的改革，还是过去和当下世界其他国家的一些重大变革，都表明"重要的改变并不是权力和利益结构的变化，而是当权者将新的思想观念付诸实施。改革不是发生在既得利益者受挫的时候，而是发生在他们运用不同策略追求利益的时候，或者他们的利益被重新界定的时候"。* 可以说，利益和思想观念是改革的一体两面。囿于利益而不敢在思想观念上有所突破，改革就不可能破冰前行。正是在这个意义上，当今中国仍然处于一个需要思想创新、观念突破的时代。而比较分析可以激发好奇心、开拓新视野、启发独立思考、加深对世界的理解，因此是催生思想观念创新的重要机制。衷心希望"比较译丛"能够成为这个过程中的一部分。

钱颖一

2015年7月5日

---

* Dani Rodrik, "When Ideas Trump Interests: Preferences, Worldviews, and Policy Innovations," NBER Working Paper 19631, 2003.

第1章 序言

我在新墨西哥州的沙漠高原长大，绿色意味着从干旱环境中解放出来，令人身心愉悦。在驾车前往我家的山间小木屋的途中，我父亲会说"这里好绿啊！"。这通常意味着他希望小溪中有足够的水源供我们垂钓鲑鱼。对我父亲来说，绿色意味着平底锅中的鲑鱼。

我现在对"绿色"的看法和我钓鲑鱼的时候相比有了很大的改变。"绿色"有了自己的生命，它变成了一场社会运动，反映了对个人行为、公司、政治活动和法律的新态度。"绿色"是一组相互关联的观点，它们讲述了现代工业社会危险的副作用以及我们应如何解决或至少控制这些副作用。在本书中，当绿色作为一个专有名词时，它代表着人们为解决现代世界的各种冲突和传染而发起的运动；当绿色作为一个泛指的形容词时，它代表着我们观察到的树木和植物的颜色。

我十年前开始构思本书，希望借此阐释经济增长和全球化为世界带来的挑战和意想不到的后果。这其中，最引起我注意的是气候变化，而探求减缓全球变暖的政策则为本书带来了很多灵感。当然，当我为本书收尾的时候，世界正备受另一场苦难的折磨，那便是新冠疫情。

瘟疫是老问题，气候变化则是新问题，但它们的解决方法有一个共同的核心，即需要将精巧的私人市场和政府的财政与监管权力结合在一起。私人市场是必不可少的，因为它们可以提供充足的商品，如食物和住房；但只有政府能够提供公共品，如污染治理、公共健康和个人安全。如果没有私人市场或集体行动，维持一个良治社会就如同用一只手鼓掌。本书将讨论如何同时利用私人社会组织和公共社会组织的力量，为盘根错节的工业社会带来的复杂挑战寻找有效的解决方案。

我将从多个方面分析环境运动或绿色运动的影响。很多人将污染视为现代生活的主要溢出效应，但我们现在知道疫情也会成为日常人际交往和经济交易的致命副产品。"绿色"不仅代表着一个清洁干净的地球，还代表着一个不受新冠疫情等毁灭性传染病侵害的世界。

绿色星球的蓝图

本书各章涵盖了从绿色视角对一系列社会、经济和政治问题的分析，既包含了已有的研究领域，如污染治理、缓解交通拥堵和气候变暖等，也包含了新的前沿研究，如绿色化学、绿色税收、绿色伦理和绿色金融等。

我们从本书的封面开启我们的绿色之旅：一栋名为哥本丘（Copenhill）的未来式建筑。哥本丘最近建成于丹麦的哥本哈根，它配备了带有垃圾发电厂的办公室、徒步小道、登山缆车，以及从初级到高级不同规格的滑雪赛道。因为哥本丘是一座垃圾焚烧厂，所以很少有人将它视为绿色时代的标志，但它展示了我们生活方式的不同方面，从生产到工作到滑雪如何被富有创意地联系在一起。

绿色建筑的提倡者詹姆斯·韦恩斯（James Wines）将哥本丘视为绿色建筑的里程碑。他是这样描述的："绿色建筑是一种建筑哲学，它倡导可持续能源、能量存储、建筑材料的安全和再利用，以及根据建筑的环境影响进行选址。"可持续性是这里的重点。在绿色建筑中，可持续性是指通过合理高效的设计和可再生资源的使用，将建筑对环境的危害最小化。总的来说，贯穿本书的主题是建设一个可持续发展的社会，在这个社会中，我们的后代至少可以拥有和我们相同的生活条件。

人造环境是人类文明最持久的有形特征。除去一些工具，最早的人工制品就是建筑，如埃及金字塔、罗马引水渠、普韦布洛印第安人村落和哥特式教堂等。大部分建筑会存续至少半个世纪，相比之下，汽车只能维持十多年，而手机只能使用几年。建筑如此重要，并屹立如此长时间，因此它们能很好地说明应用绿色原则的重要性。

绿色精神作为建筑物和其他有形商品的蓝图有其实用价值，它还可以作为一个概念框架，更多地影响一个互联互通社会的制度设计、法律和伦理。对西方经济体的分析基础是亚当·斯密及19世纪自由主义者的思想。他们的方法和理论强调的是没有垄断和欺诈的竞争市场。早期的经济学洞见依旧是一个繁荣社会的重要组成部分，但这些洞见需要与纠正市场和非市场缺陷的理念相辅相成。

本书描绘了绿色理念及其在全球化和技术复杂化社会中的应用。在一些案例中，比如本书封面上的建筑、新型交通工具或化学制品，绿色理念得到了真实生动的体现。

但是，一些最重要的绿色方法是组织、制度或观念层面上的，例如改变我们的税收体制，开发更准确的国民产出核算方法，强化绿色能源的激励，使用市场工具减少污染，以及提升个人和企业的伦理规范。这些方法不需要钢筋水泥，而是通过影响观念和法律来改变社会。

在转向正文中的不同主题之前，我必须感谢教会了我许多的朋友和同事，尤其要向我的前辈老师致敬，他们是佳林·库普曼斯（Tjalling Koopmans）、保罗·萨缪尔森（Paul Samuelson）、罗伯特·索洛（Robert Solow）和詹姆斯·托宾（James Tobin）。

另外，我也要感谢为环境和经济学思维无形社团做出贡献的人：乔治·阿克洛夫（George Akerlof）、杰西·奥苏贝尔（Jesse Ausubel）、林特·巴瑞吉（Lint Barrage）、斯科特·巴雷特（Scott Barrett）、威廉·布雷纳德（William Brainard）、尼古拉斯·克里斯塔基斯（Nicholas Christakis）、莫琳·克罗珀（Maureen Cropper）、丹·埃斯蒂（Dan Esty）、阿伦·戈博（Alan Gerber）、肯·吉林厄姆（Ken Gillingham）、杰弗里·希尔（Geoffrey Heal）、罗伯特·基欧汉（Robert Keohane）、查尔斯·科尔斯泰德（Charles Kolstad）、马特·科勤（Matt Kotchen）、汤姆·洛夫乔伊（Tom Lovejoy）、罗伯特·门德尔松（Robert Mendelsohn）、尼克·穆勒（Nick Muller）、内博伊沙·纳基斯诺维奇（Nebojsa Nakicenovic）、约翰·赖利（John Reilly）、杰弗里·萨克斯（Jeffrey Sachs）、卡斯·桑斯坦（Cass Sunstein）、大卫·斯文森（David Swenson）、马丁·魏茨曼（Martin Weitzman）、杨自力（Zili Yang）、加里·约埃（Gary Yohe）。

最后，我要向弟弟鲍勃致敬，他在生活和法律方面是我的启发者，并将毕生才华倾注于把绿色理念融入联邦能源和环境立法。

当然，本书中现存的错误和异想天开均由我负责。

————

我在2021年1月21日完成这本书的写作。这一天，是约瑟夫·拜登正式成为第46任美国总统的第二天。拜登的当选意味着世界离开了特朗普统治的黑暗时期，新一届政府也将与世界各国政府和公民一起面对绿色和非绿色挑战，这些挑战比半个世纪前的那些挑战更加艰巨。但是，未来值得我们期许，因为良好的意愿、明智的科学以及民主的管理制度会在未来指引我们的前行之路。

第一篇

绿色社会的基础

第 2 章 绿色的历史

本章回顾的绿色运动肇始于我在康涅狄格州纽黑文市的家附近，是由林务官吉福德·平肖（Gifford Pinchot）发起的。他捐助创建了耶鲁大学林学院，反对过度砍伐森林，并开创了美国早期的森林政策。对绿色运动的回顾在同一个地方结束，也就是现在的耶鲁大学环境学院，这里有一位才华横溢的环境法律师丹·埃斯蒂。当我们回顾埃斯蒂教授及其汇聚的保护和保存我们星球的激进思想时，我们会看到这场绿色运动发生了怎样的变化。

平肖、缪尔和美国环保主义的兴起

我们今天知道的环保主义，诞生于19世纪末期。近一个世纪以来，美国环保主义专注于自然资源的管理和保护，特别是森林和荒野地区。自然资源保护有市场和非市场的视角，早期最激烈的辩论都同市场和政府作用的相对重要性有关。环保思想的两位创始人吉福德·平肖和约翰·缪尔（John Muir）为后来的辩论提供了基础。

美国环保主义始于吉福德·平肖，在耶鲁大学这是一个众所周知的名字。平肖1889年毕业于耶鲁大学，后来捐建了耶鲁大学林学院。他出生于一个富裕的木材巨头家庭，其家族的主要业务是砍伐西部的大片森林。他的一些思想，比如关于优生学的社会观点和林业资源采伐的环境观点，现在大都不足采信了，但他的确是林业科学的先驱。

平肖认为，作为木材来源的森林是重要的国家资产，但他也认为，私人企业对森林资源管理不善。企业管理失败的主要原因是太短视（或者用现代的说法是，贴现率太高）。他写道："森林受到许多敌人的威胁，而火灾和不计后果的乱砍滥伐是罪魁祸首。"在他看来，政府的作用是确保森林资源得到合理利用，保护森林免受敌人的侵害。

平肖是可持续性的首批支持者之一，可持续性则是绿色运动的核心原则。他写道：[1]

> 林业管理的基本思想是通过明智的使用而使森林永久存续，也就是说，使森林既能在当下提供尽可能好的服务，又不会减少其将来的可用性，而是增加其可用性。

这句话表达了现代环境经济学的一个最深刻的观点。可持续消费（无论是木材采伐还是更普遍的经济）是指未来世代能够和当前世代有同样的消费水平。

平肖不仅有远见，而且身体力行。虽然他认为森林有多种用途，但他主要强调的是木材采伐，在他看来，这是"树木长大到可以砍伐后产生的定期供给"。他强调，"森林面临的许多最严重的危险都源自人类。比如破坏性的伐木和对林地的过度征税……这些税是如此之高……以至于（伐木工）被迫匆忙地砍伐或出售木材，而不考虑未来"。他的任务就是纠正破坏性的做法，以建立"实用林业"，这将"使森林既能在当下提供尽可能好的服务，又不会减少其将来的可用性，而是增加其可用性"。

那个时代的另一个标志性人物是约翰·缪尔。如果说平肖是一个伐木工，那么缪尔就是一个旅行者。缪尔出生在苏格兰，11岁时移民到美国威斯康星州，打过一些零工，种过地，经历过短暂的大学生涯，后来发现自己热爱的是徒步和大自然。缪尔是建立美国国家公园体系的主要贡献者之一，他创立了塞拉俱乐部和美国现代环保主义的自然保护主义派。二十多岁时，他开始了在全美各地徒步的生涯。他徒步 1 000 英里穿越全美。当他置身于佛罗里达群岛的大海时，他的罗曼蒂克精神被点燃了：[2]

> 记忆可能会逃避意志的作用，可能会长期沉睡不醒，但是，一旦被正确的影响唤醒，尽管这种影响像影子一样飘忽不定，记忆也会各就其位闪现出完整的形象和生命……我看见墨西哥湾向外延伸着，无边无际，直达天空。当我站在沙滩上凝望这片没有树木的光滑平原时，很多梦想和思绪纷纷浮现！

后来他成立塞拉俱乐部，把这些感受写入了俱乐部章程，将俱乐部的宗旨设定为"探索、享受和保护太平洋海岸的山区"，并争取让人们支持"保护内华达山脉的森林和其他自然特征"。自那以后，塞拉俱乐部扩大了其使命，即"探索、享受和保护地球上的原生态环境，以及践行并促进对地球生态系统和自然资源负责任的使用"。

人类中心论与生物中心论

缪尔作品中的一个主题就是以人为中心的理念，即应该为人类未来世代保护和保存有价值的自然遗址，这被称为人类中心论。今天，有关自然资源价值的几乎所有法和经济学分析都是以人类价值为基础的。

第二个不同的主题是一个生态学观点，即自然有着独立于人类的自身价值，因此即便没有人能享受自然，自然也应该得到保护，这是生物中心论。[3]

大多数人都直观地认为自然有其内在价值，即使他们不知道如何评价它，也不知道如何在人类和非人类的关切点之间进行权衡。生物中心论的一个例子是动物权利运动，该运动认为动物拥有不依赖人类而生存的自身权利或利益。

从经济的角度看，我们可能会问，"森林或生态系统的价值是什么？"更一般地说，自然系统的价值是什么？如图2.1所示，区分三种不同的环境评估方法有助于我们回答此类问题。平肖和许多以市场为导向的人都强调A圈的重要性，即木材等产品的市场价值。诚然，我们不应该低估市场产出的重要性。人们总是需要衣食住行，在现代社会还需要有手机、电视节目和音乐会。

然而，除了A圈中的市场价值外，我们还必须认识到B圈中的非市场活动。这些活动包括休闲和家庭生活，以及自然资产提供的服务，例如在海滩上散步或在山中徒步。也许B圈的非市场服务对人类的价值与A圈的市场服务同样重要。从概念的角度看，A圈和B圈的活动在促进人类福利方面都是哲学意义上的人类中心论（以人为中心），只不过它们通过不同的机制为人类的

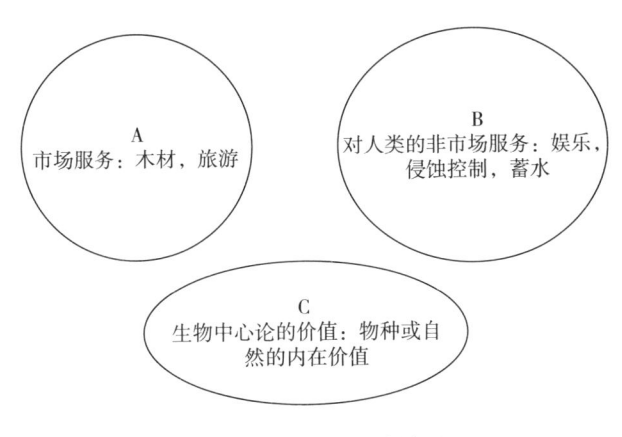

```
     A                      B
市场服务：木材,旅游    对人类的非市场服务：娱乐,
                        侵蚀控制,蓄水

        C
生物中心论的价值：物种或自
    然的内在价值
```

图2.1 不同的价值体系

注：A 圈表示的是森林的市场价值，在平肖的方法下，森林的市场价值被最大化。B 圈包含的是非市场价值体系，这些价值无法由一个不受监管的市场有效提供。C 圈包含的生物不一定受到人类的重视，但有其内在价值。

目标服务。

C 圈为价值增加了一个新的维度，它认为非人类物种、生态系统或个体动物有其内在价值，这一价值独立于人类的工具价值。这一关键论点值得进一步探讨。大多数社会科学，如经济学以及法学理论，在社会目标和偏好中只纳入了人类的偏好或福利。

然而，一些哲学家和环保主义者（以及动物权利组织）希望扩大利益和价值的边界，以包括非人类物种的福利。[4]在环境研究中，这种观点有时被称为生物中心论或深层生态学。支持生物中心论的哲学家保罗·泰勒（Paul Taylor）对生物中心论背后的基本原则描述如下：

> 我们对地球上的非人类生命负有责任，这是基于它们的地位，即它们是拥有内在价值的实体。它们具有一种本质上属于它们自己的价值，正是这种价值使得仅仅将它们视为实

第 2 章 绿色的历史 13

现人类目的的手段是错误的。应该出于为它们考虑而促进或保护它们的利益，正如人类应该受到尊重一样，它们也应该受到尊重。[5]

泰勒的观点与法和经济学中的标准分析形成了对比（或者有些人会说是补充），法和经济学的标准分析认为，我们应该采取行动来改善人类的福利或偏好。需要注意的是，主张非人类生命的内在价值不等于说人类重视非人类生命。大多数人都会同意保护北极熊或珊瑚礁是有价值的活动，因为人类喜欢它们。他们可能还会补充说，这些有价值的生命形式有其内在价值。对于那些坚持生命有内在价值的人来说，更困难的例子是蚊子或水母，许多人都想杀死它们，但生物中心论者可能会抗议说它们本身也有内在价值。

让我们继续讨论平肖和缪尔的观点。显然平肖主要关注 A 圈中的市场价值，但他坚持认为，为了确保 A 圈中的市场价值最大化，政府监管是必要的。缪尔的观点要更宽泛，他明确认为 B 圈中的非市场价值十分重要，但有时候他也主张要保护自然，以实现其自身的内在价值（C 圈）。

尽管缪尔既有一些人类中心论的精神，也有一些生物中心论的精神，但很有可能他并没有像我们今天这样清晰地区分它们。他的生物中心论观点清晰地体现在他为短吻鳄的辩护中，他写道："许多好人认为短吻鳄是魔鬼创造的，这才能解释它们吞噬一切的胃口和丑陋……（其实）造就了它的物质也同样造就了其他生物，无论它对我们多么有害或微不足道，它们是在地球上出生的伙伴，也是我们人类的同胞。"[6]同时，他很务实地认识到，把对大自然感兴趣的人们动员起来是一种令人振奋的体验,因而是重要的。但是短吻鳄没有投票权,也没有多少同情者。

公地的悲剧

所有环境科学中最有影响力的文章之一是加勒特·哈丁(Garrett Hardin)于1968年发表的《公地的悲剧》。[7]作为一名微生物学家,哈丁很快转向了以批评人口和经济增长著称的公共宣传。他的观点体现了现代环保主义中的反市场主题。

公地悲剧的基本观点是,不受监管的市场竞争或亚当·斯密的"看不见的手"(将在第4章详细讨论)可能导致生态和人类灾难。哈丁认为,斯密的分析"促成了一种占主导地位的思想倾向,即假设个人做出的决策实际上就是整个社会的最优决策,这种倾向从那时起就干扰了基于理性分析的积极行动"。[8]

哈丁提供了许多市场力量效率低下的例子,但他重点关注的是人口的爆炸性增长。许多人都在倡导技术解决方案,比如在海洋养殖或开发新的杂交谷物。他认为这些都是徒劳无功的:"任何技术解决方案都无法把我们从人口过剩的痛苦中解救出来。"[9]

他推论道,一对夫妇在家庭中增加一口人,就像牧民在牧群中增加一只动物,会导致公地的过度放牧:

> 每个人都被锁定在一个系统之中,被迫在一个有限的世界中无限制地增加牧群。在一个相信公地自由的社会里,每个人都在追求自身利益的最大化,但最终所有人都在奔向毁灭。[10]

公地的悲剧在今天被视为由外部性（更具体地说，公共财产资源，后面将详细讨论）导致的经济效率低下的一个例子。当植被被过度消耗以至于没有时间再生的时候，就出现了过度放牧。由于单个牧民并不需要为再生能力的损失买单，因此肥沃的牧场就变成了干旱的灌木丛。这种综合征也出现在因开采价格过低而退化的诸如海洋或空气等公共财产资源中。

蕾切尔·卡逊的开创性贡献

当环境理论在19世纪晚期萌芽时，它们引起的关注有限。美国资本主义时代的政治斗争主要集中在关税问题、黄金和白银、劳资冲突、垄断的兴起和反垄断，以及周期性的战争和萧条。

第二次世界大战后，大规模人类经济活动开始给陆地、空气和水资源带来越来越大的压力。科学家、诗人蕾切尔·卡逊（Rachel Canson，1907—1964）是提醒公众和政治领袖关注环境问题的核心人物之一。

卡逊出生于匹兹堡北部的一个小镇，从事海洋生物学研究。她被海洋迷住了，开始为广播节目供稿，并写一些相关的文章。她在其著作中用雄辩的段落描述了海洋："谁知道海洋？无论你我，都无法用我们被地球束缚的感官去感知海洋潮汐的泡沫和波涛拍打着藏在海藻下的螃蟹，那里是它的家。"[11]

卡逊在保护生物学方面的工作使她开始关注杀虫剂的广泛使用。其中最重要和最具破坏性的杀虫剂是滴滴涕（DDT），它被用来杀灭士兵身上的虱子、热带地区的蚊子等害虫。她在相关研究的基础上,出版了一本警示性的书《寂静的春天》(1962),书中描述了人类社会在使用化学物质消灭害虫时面临的困境:[12]

> 没有任何一个负责任的人认为应该忽视昆虫带来的疾病。现在的紧迫问题是,用迅速恶化问题的方法来解决问题究竟是否明智或负责任。世人对通过控制病媒昆虫战胜疾病多有耳闻,但很少听到故事的另一面:失败、短暂的胜利,这另一面现在强有力地支持了一个值得我们警醒的观点,即我们的努力使昆虫敌人实际上变得更强大了。甚至更加糟糕的是,我们可能已经摧毁了自己的战斗武器。[13]

这本书受到了环保主义者和科学家的广泛赞誉,甚至在出版之前,就引起了约翰·肯尼迪总统的顾问的注意,而后也引起了总统本人的注意。肯尼迪总统公开支持《寂静的春天》,并命令总统科学咨询委员会研究使用杀虫剂带来的各种健康和环境问题。这些宣传也助力了肯尼迪政府的环境立法提案。[14]

然而,卡逊的批评激起了那些受影响公司的强烈反应,因而掀开了环境政治的新篇章。这些公司威胁要起诉出版商,以阻止《寂静的春天》的发行。而维尔斯库(Velsicol)等化学公司则开展了相反的研究,以减轻其声誉损害和利润损失。这不是化学工业综合体第一次攻击环境保护论者,却是最激进的攻击之一,也为科学家和企业在烟草、酸雨和全球气候变暖等领域中的类似争斗搭建了舞台。

拯救地球的激进想法

本章的最后一节转而讨论激进的新思想对社会进步的重要性。在本书中，我们将一次又一次地看到新技术和新想法引发了问题，而其他的想法和技术又帮助解决了这些问题。经济发展导致城市人口的爆炸式增长，于是需要大量马匹来运输，这反过来又在运输道路上留下了堆积如山的马粪。是在人类社会新发明的汽车取代了马匹之后，这些如山的马粪才消失，城市街道才变得干净，但现代环保主义者通常对汽车嗤之以鼻。

历史的车轮滚动到今天，我们面临着类似的挑战，这将在后面的章节中予以展示。这些问题既有局部性的，比如交通拥堵，也有全球性的，比如气候变化。贯穿本书的主题是，如果我们仔细地、批判性地倾听新的和旧的激进思想，人类的问题是可以解决的。

值得一看的是埃斯蒂最新编写的一本书：《一个更好的星球：有关可持续未来的 40 大想法》。[15]埃斯蒂的职业生涯横跨私人研究和公共宣传。他是耶鲁大学法学院和环境学院的教授，康涅狄格州能源和环境保护部的前任专员；他还是一位多产的作家，倡导通过创新来改善环境。

《一个更好的星球》这本书共有 40 章，每一章都涉及不同的环境问题，并提出了激进的解决方案。其中一个例子是特雷西·米恩（Tracy Mehan）提出的重新思考废水概念的建议。[16]在世界上很多地方，水都是稀缺的。但如果我们能重复使用而不是浪费水，美国西部将会有大量的水供应。通过使用新技术，排入下水道的废水经过处理后可重新使用。这样的话无论是干旱还是积雪的不断减少，都不会降低再生水的供给。

———

我们描述绿色运动的一些引领者，以一段简短的绿色运动演进史开启了我们的绿色之旅。这段历史充分表明未来能解决环境问题的是激进的思想和技术而不是斧头和士兵。凯恩斯在将其激进的新思想引入经济学时，强调了这一点:[17]

> 经济学家和政治哲学家的思想，无论对错，实际上都比一般人想象的更强大。世界的确就是由它们统治着的。

平肖、缪尔、哈丁、卡逊和埃斯蒂等引领者的见解已经如涟漪般扩展到整个社会，渗入了现代环境政策，从而深刻地影响了我们应该如何治理社会和自然世界的观点。现在我们转过头来看看这些涟漪已经扩散了多远。

第 3 章 绿色社会的原则

在第一次接触绿色运动时，我并没有意识到它对现代思想的渗透有多深。报纸上在报道流行病和气候变化，但其他领域的著作，比如绿色伦理、金融、税收和企业规划，并不在我的书架上。

从个人规则到全球污染和流行病的挑战，所有这些话题都是绿色运动广阔图景的一部分。但是，绿色运动的架构是什么？绿色原则如何融入"良治社会"（well-managed society）这个概念中？绿色思维的关键原则是什么？我们从这些问题开始，来阐述我们对不同领域的思考。

良治社会的目标

在分析绿色精神的不同领域之前，我们需要思考一个更普遍的哲学观点，即我们想要一个什么样的社会。

我心目中的理想社会应该包含有利于促进公正和国家繁荣的制度、观念及技术结构。简单地说，我称之为"良治社会"。几个世纪以来，这个话题一直困扰着政治和经济思想家。虽然这是我自己的综合，但也借鉴了许多政治和经济思想家的思想观点，如约翰·斯图亚特·穆勒（John Stuart Mill）、阿瑟·庇古

(Arthur Pigou)、罗伯特·达尔（Robert Dahl）、保罗·萨缪尔森和约翰·罗尔斯（John Rawls）。这些思想远远超出了本书的讨论范围，在这里提及它们，是为了勾勒出一个良治社会的要素，而绿色精神也需要这些要素。[1]

与这里描述的思想密切相关的，是哈佛大学哲学家约翰·罗尔斯所说的"良序社会"（well-ordered society）。用罗尔斯的话来说，一个良序社会"结合了人们经过深思熟虑后希望在其中生活并塑造其利益和性格的所有社会的某些普遍特征"。[2]

我用了一个不同的词良治社会，以区别于罗尔斯的概念（良序社会），因为二者的侧重点不同。罗尔斯在其关于美好社会的著作中着重论述了正义。正如许多经济学著作一样，本书的重点是在正义的基础上增加了效率这一额外目标。

四大支柱

当考虑绿色目标时，一个良治社会应有四大支柱。首先，它需要一整套法律来界定人与人之间的关系。法律要执行民事行为准则和民事权利，界定并执行产权与合同，促进平等和民主。好的法律使人们可以通过可靠的交易和公平有效的纠纷裁决来进行互动。

第二大支柱是一组发达的私人商品市场，企业承担商品供给的全部成本，消费者承担享用商品的全部成本。有效提供私人商品的关键机制是市场的供求关系。在这里，个人和企业在贸易和交换中追求自身利益，通过亚当·斯密所说的"看不见的手"机制来提高效率。

第三大支柱是社会必须找到解决公共品或外部性的方法。这些经济活动的成本或收益溢出到市场之外，且未计入市场价格，包括污染和传染等负面溢出效应与知识带来的正面溢出效应。一个良治社会将确保通过政府法律来纠正主要的负外部性，如通过监管和税收促进谈判并确定损害赔偿责任。此外，在政府行动缺失或力度不够的地区，个人和私人机构有必要格外留心他们自身行为的外部影响。

最后，一个良治社会要求政府追求制度上的平等，实施矫正性税收和支出，以确保经济和政治上的机会和结果都是平等与公正的。随着过去半个世纪经济差距的扩大，这一目标变得尤为重要。仅举一个例子，1963 年，最富有 1% 家庭的财富是全社会家庭平均财富的 15 倍，到 2016 年，这一数字增长到 50 倍。重要的是，不应该让有害的外部性加剧当前的不平等。

当然，陈述良好社会的要求并不能为如何实现这些目标提供明确的答案。减少不平等往往会产生分歧，因为要让富人放弃他们拥有的东西必然会遇到强大的阻力。此外，各国不能也不应该事无巨细地监管带来外部性的行为，比如凌乱的院子或者当众打嗝。但总体原则是明确的，并且对政治决策以及企业或个人等私人参与者的伦理具有重大的指导意义。

绿色社会的支柱

绿色社会的目标嵌套在良治社会的目标中，它强调特定的损害和补救措施。第一大支柱法律架构就是要让个人和其他实体对自己的行为负责。例如，它坚持要求人们在驾驶汽车时对自身造成的损害负责，鲁莽行为将受到合理的惩罚。第二大支柱市场就是利用价格、工资和收入等信号引导人们作为供应商和消费者的市场行为。正常运转的市场极大地便利了生活，因为它通过国内和国际贸易提供了丰富的商品和服务。

第三大支柱是处理重要的公共品，特别是关注有害的外部性，这是绿色精神的核心。该支柱涵盖了从当地垃圾到全球变暖的一系列广泛的溢出效应，涉及可见和不可见、短期和长期、恼人和致命的问题。我们将在本书中看到许多有害外部性的例子。

最后一个支柱提醒我们，人们拥有截然不同的机会和结果。寻找最有效率和效果的工具和结果很容易让人着迷，但我们必须关注它们对分配的影响，尤其是对低收入人群和低收入国家的影响。环境正义是更普遍的正义和平等目标的一部分。

绿色精神的主题

本书的绝大多数读者都会熟悉自己感兴趣领域中的绿色思想，但他们可能会惊讶于这些思想是如何传播到其他领域的。尽管各种绿色理念思想似乎并无关联，但在本书的讨论中会有一些核心概念。这些概念包括全球化的影响、日益普遍的冲突和传染、联邦制的重要性、基本的政策处方以及行动机制等。

增长和全球化的影响

为什么绿色十分重要？绿色运动是为了回应日益拥挤的世界。它反映了在一个全球化、快速变化、相互联系、技术先进的世界里，我们一直都在以很多方式相互碰撞。在更早的时代，瘟疫会通过马或船缓慢地传播，需要数月的时间才能穿越地球，通常在途中就已偃旗息鼓。而在现代，不停歇的国际航班可能会使致命的病原体在一夜之间传遍全球，甚至科学家都还来不及识别它们。

有时，我们的互动是无害的，比如我们在人行道上擦肩而过。但道路上的频繁碰撞，以及空中航线中虽不常见但令人恐惧的碰撞，则是后果更为严重的互动。当企业排放污染物导致人员死亡或改变气候时，当企业将生产转移到海外，工人因此失业、社区受到伤害时，当企业故意生产致病、致残或致死的危险产品时，当流行病在世界范围内蔓延，导致数十万人死亡并使经济陷入混乱时，就出现了最具破坏性的社会互动。为了给这些趋势起一个带颜色的名字，我将这些退化的力量称为"棕色"。

冲突、传染和外部性

退化的力量并不是自发产生的。它们是我们社会中主要行为人相互作用的结果。这些行为人就是通过各种机制和机构（例如家庭、公司、市场、政府、政治、俱乐部、大学和在线网络）联系起来的个人、企业和政府。在这里我们的关注点主要是非人格化关系，比如通过买卖行为、通过法律和监管、通过政治，以及通过企业的社会和反社会活动发生在市场上的关系。

我们的大多数行为，比如吃一个苹果，都是中性的，因为它们不会影响他人。还有一些行为是有益的，比如为学校捐款或参与救援工作。然而，还有各种各样的活动，比如污染或过度捕捞，都是有害的和棕色的，因为它们将成本强加给他人却无须补偿。

这些溢出效应被称为外部经济或外部性。它们源于发生在市场之外的经济活动的影响。最显而易见的外部性是污染，比如大城市中汽车尾气排放产生的烟雾，或者被有毒废弃物杀死后漂在湖面的死鱼。也许最不可见的外部性是微小的冠状病毒，它的大小不足一粒沙子的千分之一，但它比失控的火车还要危险得多。

所有外部性的共同主题是"搞错了价格"，这意味着价格无法反映社会成本。这一深刻的观点可以理解如下。在一个良好运行的市场中，消费者为他们享受商品的收益付费，而生产者收回他们生产商品的成本。但对于有严重外部性的活动，成本、收益和价格并没有正确地匹配。以城市烟雾为例，驾驶汽车的人并没有赔偿那些因呼吸有害空气而遭受健康损害的人。绿色运动投入了大量时间来分析这些溢出效应或外部性的来源、机制和影响。

责任联邦制

与许多领域一样，解决外部性的核心手段是联邦制，也就是说，应当由社会层级中最合适的那一层级承担责任，如个人、家庭、组织、政府和全球。

换言之，在考虑外部性的救济措施时，我们需要询问哪种治理结构能最有效地处理每一种外部性。联邦主义认为法律、伦理、经济和政治义务以及程序在不同的层级上运行，解决方案必然涉及不同层级中的各个相关机构和决策程序。此外，联邦主义层级制中某个层级的规范将取决于其他层级的表现。这就是所谓的绿色联邦制。

以空气污染为例（这个讨论非常适合二氧化硫，但其他情况也类似）。在一个不受监管的环境中，公司不必为污染空气支付任何费用，因为排放的价格为零。然而，一家电力公司的每吨排放物可能会给全国居民带来 3 000 美元的健康和财产损害。因此，污染者支付的成本与污染对居民的影响之间存在错配。

我们可以考虑用个人、城镇、州（省）、企业、国家或世界等不同层级的监管来处理空气污染问题。历史表明，在这六个层级的监管中，有五个层级的效果不佳，只有国家监管是有效的。个人既没有太强的激励，也缺乏必要的信息。在另一个极端，联合国在控制各国污染方面并没有强制执行权。因此，处理空气污染最有效的层级是国家，事实上，大部分行动也发生在国家层面。

一个特别棘手的问题涉及那些必须上升到联邦主义层级制最高层级的活动，如气候变化、海洋污染和流行病等全球问题。对这些问题，全球性机构和全球性机制要么很薄弱，要么根本就不存在。因此，控制环境退化力量的许多重大失败发生在全球范围内也就不足为奇了。

基本的政策处方

如果说建构绿色社会的主要挑战来自一系列外部性带来的威胁，那么最有效的政策是将成本和收益内部化。内部化要求产生外部性的人支付社会成本。正义原则也要求对那些受害人进行赔偿。

最有害的溢出效应来自市场交易，尤为重要的是能源、交通和自然资源部门的市场交易。绿色政策将涉及政府行动，以使私人行动与公共利益相一致。这些行动包括监管、税收、责任法、产权的改进以及政策的国际协调。其他无效率则来自行为异常（behavioral anomalies），如短视、信息匮乏或懒惰。行为问题更加复杂，但首先至少需要改善信息问题。

各国之所以没有形成良治社会，正是因为政府疏于采取必要的行动，由此需要让各个层级的行为人承担责任。联邦主义层级制中不同层级的行动方案，将取决于未能内部化的溢出效应的大小和不同机构的效力。

例如，企业和其他私人机构可能需要在政府失灵的地方介入。这方面的一个重要新进展是企业社会责任，它指导企业在其专业领域（比如其产品和流程的安全性）以合乎伦理的方式行事。例如，制药公司需要告知医生和患者其药物的健康风险，而不是像普渡制药公司（Purdue Pharma）在推广阿片类药物那样欺骗医生和患者，从而导致数万人因用药过量而死亡。个人也有责任防止自身行为造成不必要的伤害。

机制

社会将运用不同的机制来有效应对溢出效应。这些机制包括市场激励、政府监管和经济处罚、通过企业责任开展的有组织活动，以及人际交往中的个人伦理。

绿色机制的例子包括个人行动，例如尽量减少浪费性的能源使用，从而限制各种污染物。此外，它们还涉及政府的绿色法律和监管，例如减少发电厂和汽车排放的法律和监管。另一类重要的绿色活动是改善企业管理，促使企业考虑对员工和客户的有害影响。其他行动包括绿色设计，例如，发明出在使用寿命结束时能够快速且无害地降解的新产品。简而言之，绿色行动就是促使社会竞争环境从有害的互动转向有益的互动。

许多重要的溢出效应需要政府采取行动。实际上，应对外部性的第一类政策就是为保护公众健康免受传染病的侵害，在第11章我们追溯了有文字记载以来最早的流行病。现在人们耳熟能详的"隔离期"（quarantine），最早出现于14世纪的威尼斯，源于"quarantena"一词，意思是"40天"。为了保护其市民免受瘟疫的侵袭，威尼斯要求船只在登陆前要停泊40天。今天，人们必须隔离14天而不是40天，有时候是在游轮上。

人们更熟悉的是减少空气污染的政策。在美国建国后的第一个百年，空气污染问题被忽视了。如果空气污染产生了实际损害，则通常作为私人妨害行为（private nuisance）以诉讼方式解决。但是，这种做法被发现是无效的，州和地方政府采取了进一步的措施，宣布空气污染为公害，并早在1881年就开始要求工厂减少烟雾排放。

美国关于空气污染的主要联邦立法直到1970年才颁布。该法律将规则扩展适用于所有有害的空气污染物，但行动上仍然主要依赖于技术标准，该标准规定了解决空气污染的具体技术方案。随着1990年引入可交易的二氧化硫排放许可证，市场工具的时代开启，一些国家在21世纪初期颁布了污染税（比如碳税）。国际条约和其他协议就像国家之间的合同，也涵盖了全球空气污染的监管。因此，在空气污染的历史中发展出了可用于控制外部性的大多数主要工具。

空气污染和气候变化是极端外部性的例子，几乎所有损害都流向了制造外部性的主体以外的各方。气候变化是"极中之极"。如果我开车排放了一吨二氧化碳，0.00001%的气候损害流向我自己，而99.99999%的损害流向其他地方或落在了其他人身上。对他人的损害是指其他人、其他地方和其他世代受到的伤害。

有些例子，例如公共资源问题，则更为复杂，因为这需要更好地平衡自身利益和他人利益。以拥堵为例，当遇到交通堵塞时，大多数人会很生气，但他们可能会忽视自身对其他司机的影响。其结果是，人们可能会抵制有利于减少低效拥堵的简单机制，如对高速公路和机场征收拥堵费。

另外一套特殊的机制存在于绿色伦理领域，正如我们将看到的，这套机制不仅适用于企业和个人，也适用于金融甚至化学领域。尤为重要的是企业社会责任，根据这一责任要求，企业需要提供有关其产品和工艺安全的更完善的信息。

小结

"绿色"这一隐喻的灵感来自一个多世纪前开始的环保运动，那是遏制有害溢出效应最卓著和最持久的努力之一。然而，绿色运动已经远远超出了环境的范围，这就是本书讲述的故事。绿色思维可以帮助我们分析甚至可能解决我们这个时代许多最棘手的问题，如全球变暖、流行病、短视的决策、人口过剩以及森林的过度采伐和鱼类的过度捕捞。它也是家庭、企业、大学和政府的良好管理工具。

接下来我们将探讨绿色思维在一些领域中的作用，并指出绿色思想家们提出的概念如何能够改善我们日益互联世界的健康与幸福。

第4章　绿色效率

效率是经济学家的"主食",对效率的追求融入他们的"一日三餐"。[1]但是,在社会中,我们的"一日三餐"时常会被污染破坏,而这恰恰也是经济学关注的主要问题之一。

北美五大湖是自然界的奇迹之一。它们是世界上最大的湖泊,蕴藏着世界上五分之一的淡水,大约15 000年前由冰川消融而成。如果你站在岸边,会看到广阔的蓝色水面上点缀着片片白帆(或者冬季时散布着人们捕鱼时凿剩下的碎冰)。

当人类开始工业化时,五大湖变成了废水、工厂污染物和农药的巨大垃圾场。五大湖中最小的湖泊——伊利湖,由于藻类生长、氧气消耗和鱼类大量死亡而被宣布"死亡"。1969年,流经美国克利夫兰市进入伊利湖的凯霍加河起火,这起引人注目的起火事件促成了1972年美国《清洁水法案》的通过,同年美国和加拿大正式签署了《五大湖水质协议》。

这些例子生动地说明了上一章概述的绿色原则面临的问题,也阐释了糟糕的经济管理为何会导致我们对自然资源的浪费性使用,这一点触及了环境经济学的研究核心,也是本章的主题。

回想一下,绿色精神的核心在于建立一个良治社会。这一目标必然要求通过市场化和非市场化手段,跨越人群和时间,高效率地使用和分配商品与服务。所谓"分配",我们指的是商品在人群中分配的公平性。

本章主要关注绿色效率,这一概念借鉴了主流经济学中的"效率"一词。事实上,我们在追求绿色效率时,不需要援引新的经济学原理。更确切地说,这一概念关注的是一系列"失灵",即环境服务和自然系统中存在的市场失灵。

真正实现绿色效率需要解决三个核心问题,最重要的是处理经济活动带来的负外部性,如污染。第二个问题涉及信息不对称,消费者可能对能源使用情况一无所知,或者社会缺乏足够强大的技术创新激励来促进企业从事绿色行为。最后一个问题在于处理行为异常,即居民、企业或政府的行为方式不符合其最佳利益引致的效率低下。

作为背景的哲学原则

我们首先概述经济学中常见的基本伦理原则(ethical principles)。经济学的一个核心伦理原则是个人主义的社会排序。换言之,我们对社会状态的评判基于每个社会成员对这些状态的排序,如果所有人都喜欢状态 A 而不喜欢状态 B,那么我们便会遵从他们的偏好,即状态 A。

这个看似无害的原则,其本质就是帕累托法则,该法则在 20 世纪初以意大利经济学家维尔弗雷多·帕累托的名字命名。帕累托法则认为,如果至少有一个人喜欢社会状态 A 胜过喜欢社会状态 B,并且相对于社会状态 B 而言,没有人不喜欢社会状态 A,那么社会状态 A 就是人们首选的社会状态。经济学家之所以如此频繁地讨论市场在经济效率中的作用，一个关键原因就是帕累托法则。狭义地讲，根据帕累托法则，市场产生的结果是任何其他结果无法超越的。

我们从个人排序和帕累托法则这两个背景原则入手，它们有助于分析社会资源的有效利用。

效率总论

什么是效率？效率是指最有效地利用社会资源以满足人们的需求。更确切地说，经济效率要求一个经济体在其技术和资源稀缺的条件下，生产出数量最多、质量最高的商品和服务组合，有时也使用上述帕累托法则来描述，即一个经济体的生产若达到有效率的状态，那么此时没有人能在不使他人受损的情况下改善自身的福利。

图4.1展示了上述讨论。假设一个偏僻的渔村捕获了1 000条易腐烂的鱼。一个有效率的结果（称之为平等点A）是100个家庭每个家庭都得到10条鱼，而另一个有效率的结果（称之为不平等点B）是一个家庭得到901条鱼，其余家庭每家得到1条鱼，这个不平等的结果B对大多数人来说是不公平的，但它同样是有效率的。

如果出现争议，就会产生一个无效率的不幸结果。假设在结果B中由于鱼的分配不公，居民无法就这种分配方式达成一致。他们就公平程序争论不休，谈判持续好几天，最终决定平分这些鱼。但是，到那个时候，一半的鱼已经腐烂了，所以每个家庭只能得到5条鱼，这就是结果C。没错，大多数家庭都变得更好了。

但由于浪费了一半的鱼，其结果是没有效率的。这个例子也显示了公平和效率之间的潜在权衡。如果预想的公平结果代价高昂，可能就会导致无效率的情形。图4.1显示了这三种情况。

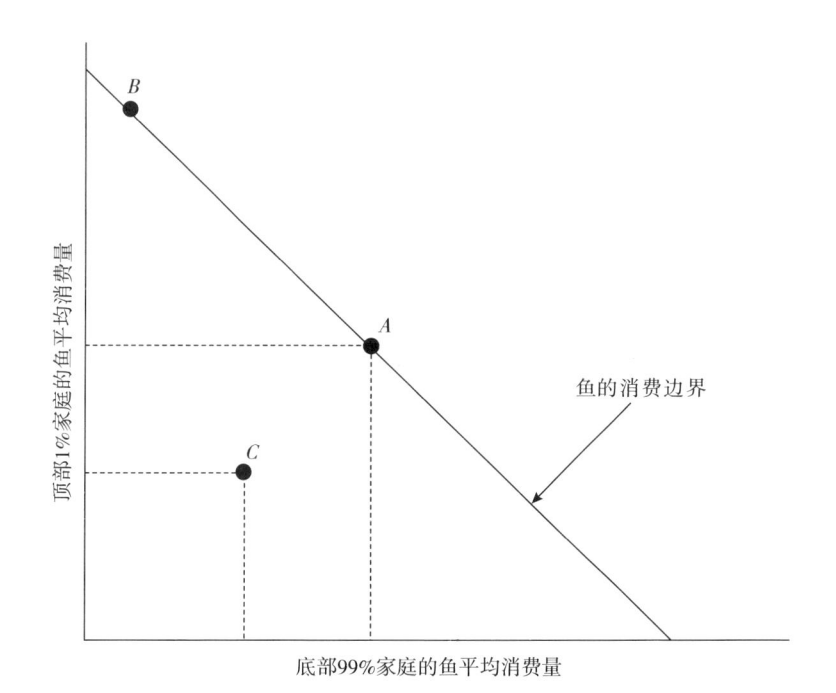

图4.1　两个有效率的结果和一个无效率的结果

注：图中显示了底部99%家庭和顶部1%家庭的鱼平均消费量，斜线是分配1 000条鱼的"消费边界"。A点是平等分配的有效率结果，B点是高度不平等分配的有效率结果，而C点是平等分配但无效率的结果。

所有这些讨论都不涉及制度结构的范畴，它们仅仅是经济学分析的切入点。环境经济学背后的核心前提是，市场在正常运行时，能够很好地配置资源，但是在市场失灵时会错配资源。

我赋予这一状态一个生动的称谓，即"看不见的手"原理，它指的是完全竞争市场只要运作良好就能达到有效率的状态，这也是前几章讨论的一个良治社会需要具备的第二大支柱。亚当·

在简单市场竞争条件下，社会净边际产出和私人净边际产出会出现偏离，这一偏离的根源在于如下事实：在某些行业，一单位资源生产的产品包含了某些事物，这些事物并不归属于投资了这一单位资源的人，而是给其他人造成了正面或负面效应。

他的分析使用了一个冗长的短语"社会净边际产出和私人净边际产出会出现偏离"，这便是所谓的外部性。

庇古列举了几个外部性的例子，一个是大家熟悉的灯塔，灯塔"由通行船只共同使用，但难以对它们收取费用"。其他外部性例子包括公园、森林、道路与电车、污染控制、酗酒和道路损坏。还有一些外部性的例子，庇古认为应该认真对待，但今天看来似乎有些牵强，比如兔子跑到邻居院子里搞破坏。

正如我们将在第18章有关绿色创新的讨论中强调的，在庇古看来，最重要的外部性是对新知识的投资：

（最重要的外部性来自）将资源投入对根本问题的科学研究，以及对发明的完善和对工业流程的改进，科学研究往往以出人意料的方式产生颇具实用价值的各种发现。而对发明的完善和对工业流程的改进从属性上说，经常难以申请专利或保密，因此，最初带给发明者的全部额外回报，很快就以降价的形式从他的手中转移到普通大众手中。

环境经济学往往强调污染和拥堵等令人沮丧的主题，庇古则正确地指出了知识、发明和技术改进带来的正外部性。技术在人类追求绿色社会中发挥的作用贯穿本书的讨论,并在第 18 章着重加以讨论。

庞古极具革命性的建议指出,政府应该使用财政政策工具纠正市场的外部性。下面是他的原话:

> 如果愿意,国家(可以)通过对投资的"特别鼓励"或"特别限制"来消除任何领域的社会净边际产出和私人净边际产出之间的差额。这些鼓励和限制可以采取的最显而易见的形式便是奖金和税收。

庞古提供了财政政策的一些例子,包括征收专门用于发展道路的汽油税、阻止过度饮酒的酒精税、解决社区拥挤的建筑税,以及对疾病高发地区各行各业的征税等。

庞古的思想逐渐在经济学中传播开来,并被当作一种利用市场手段减少污染的工具加以提倡。庞古认识到了外部性,但从未使用过"外部性"一词。许多年后,弗朗西斯·巴托(Francis Bator)在 1957 年首次阐述了这一概念,此后,它被广泛应用于经济学并传播到环境思想和环境法律领域。[5]

庞古的环境思想在当时非常激进。甚至在大多数经济学家认识到外部性对经济的损害之前,庞古就不仅认识到了外部性问题,还将其纳入标准的经济学框架,然后提出了解决外部性问题的新方法,即环境税和环境补贴。

充分肯定庞古的这一独特发明的重要性是有益的。我们的社会颂扬复印机或智能手机等新产品的发明,但许多最重要的创新事实上是制度创新。我们在 18 世纪发明的政治民主,尽管不完美但被证明是所有制度创新中最持久也是最有价值的。类似地，市场并非凭空产生，而是被发明出来的。最后一个例子是，我们可以把环境税和环境补贴作为一个深刻而重要的制度理念。

在第 17 章关于绿色税收的讨论中，我们将回到污染税的话题，但在此之前，我们要向这个强有力的想法的原创者致敬。

公共品与私人品

对理解绿色议题来说，经济学中的一个关键区分就是公共品和私人品。公共品是指其害处或好处遍及整个社区或社会的那些活动，而不论个人是否为其买单或是否想要。相比之下，私人品是那些可以分割并分别提供给不同个人的物品，而不会给其他人带来任何外部收益或成本。[6]

公共品的一个典型例子是国防。对一个社会来说，没有什么比安全更重要。然而，国防一旦提供，就会影响到每一个人，无论你是鹰派还是鸽派，无论你是老年人还是年轻人，你都将和本国其他公民面对同样的军事政策。公共品与面包等私人品完全不同。10 个面包可以用多种方式分给每个人，但我吃的东西别人就不可能再吃。

请注意这里的差异：提供特定水平公共品（如国防）的决策将导致支出增加并引发冲突，这会影响到每一个人，但不是通过他们的个人决策或者征得了他们的同意。相反，消费面包等私人品的决策完全是一种个人行为，你可以吃四片、两片，也可以不吃，这完全由你自己决定，同时其他人也可以吃他们想吃的东西。

作为公共品的灯塔

除了无政府主义者,我们每个人都同意国防属于公共品。一个历史悠久且更有启发意义的例子是灯塔,灯塔可以保护生命和货物,但是灯塔看守人不能向过往船只收取费用。如果可以收费,那也不是服务于某个社会目的,而是对使用灯塔服务的船只实加经济负担。灯塔免费向社会提供时效率最高,因为向1艘、10艘或1 000艘船只警示危险暗礁所花费的成本是相同的。

公共品具有两个关键属性:(1)将服务扩展给多一个人的成本为零(非竞争性),(2)不能排除其他人使用(非排他性)。这两个特点都适用于灯塔。

但公共品不一定是"公共"提供的。公共品也可能没有人提供。此外,公共品由私人提供并不意味着该公共品的供给是有效率的,或者对灯塔服务收费就能够弥补其成本。

我们这个时代最赏心悦目的音乐剧《汉密尔顿》,它用歌曲讲述了美国第一位公共经济学家亚历山大·汉密尔顿辉煌而又悲剧性的一生。汉密尔顿鲜为人知的一面是,他推动了美国的第一部公共法案《灯塔法案》的颁布。这部法案的全名是《1789年支持设立灯塔、信标、浮标和公共码头法案》。早在经济学家从理论上提出外部性之前,汉密尔顿就称赞这一法案提供了法律手段,"对本法案通过之前在美国任何海湾、入口、港口或港口入口处或其内部竖立、放置或沉没的所有灯塔、信标、浮标和公共码头提供必要的支持、维护和修缮,从而使航行更容易和更安全"。

灯塔如今已不再是公共政策的核心问题,而主要令游客和经济学家感兴趣。它们基本上已被基于卫星的全球定位系统(GPS)

取代，这也是政府提供的免费公共品。

但是灯塔和国防的例子提醒我们，自由市场无法有效率地提供这些服务。这些不是孤立的例子。当你想到疫苗、减少污染、清洁饮用水、高速公路、公园、太空探索、消防部门或类似的政府公共项目时，你通常可以发现其中包含了公共品属性。绿色政策的关键在于：私人市场固然是有效提供私人品的关键，但公共品需要政府干预。

这一基本的经济学原理对环境政策的讨论（从古代的水权问题到现代的绿色新政）具有启发意义，我们将在本书后面的章节讨论。

网络外部性

网络的存在会产生一种完全不同的外部性，这里的基本思想是，许多产品本身没什么用处，只有与其他产品或其他人一起使用才能产生价值。网络就是这样一种产品，它通过一个系统将不同的人连接在一起。在较早的时代，重要的网络主要是电信系统、电力传输网络、管道和道路等物理连接，如今这种联系越来越多地呈现为虚拟化，比如人们使用智能手机、社交媒体和计算机软件，或者使用同一种语言（例如英语）交流。

要想了解网络的本质，请考虑在没有加油站网络的情况下你的汽车可以行驶多远，或者如果你是唯一的电话用户，你的手机还有多大的价值。同样，信用卡和储蓄卡也很有价值，因为它们可以在许多地方使用。脸书（Facebook，现更名为Meta）吸引了人们的注意，因为人们可以在这个平台上与其他人建立联系，而且该平台上的人越多,参与者的收益就越大。

网络是一种特殊商品,因为消费者不仅从使用一种商品中获益,而且还从使用该商品的人数中获益,这被称为网络外部性。当一种物品或服务的用户,因其他用户对同一商品和服务的使用而获得收益或者遭受损失时,网络外部性就产生了。

当我拿到电话时,我可以与其他任何有电话的人交流,因此,我加入该网络会给他人带来积极的外部影响。正是存在网络外部性,许多大学为其所有学生和教职员工提供通用电子邮件,当每个人都使用时,电子邮件服务的价值要高得多。

网络有时也会导致负外部性。当高速公路的容量太小而车辆过多时,你可能会陷入可怕的交通拥堵中。或者,你坐在拥挤跑道上的一架飞机里,因为航线上排满了飞机。同理,有时计算机网络也会因超负荷而网速减慢。这些都与脸书和电话的正外部性例子相反,在道路这个网络中,更多的人使用反而使服务变得不那么有吸引力。

经济学家揭示了网络的诸多重要特征。首先,网络市场是有很强倾向性的,意味着均衡只会倾向于一种或少数几种产品。消费者喜欢与其他系统兼容的产品,所以均衡往往会倾向于能够战胜竞争对手的某一种产品。一个典型的例子是微软公司的Windows系统,它成为主导系统的部分原因是消费者希望自己的计算机可以运行所有可用的软件。目前微软的Windows系统在全球桌面操作系统市场上拥有超过80%的市场份额。

第二个有趣的特征是网络中的"行为惯性"。一个著名的例子是计算机的QWERTY键盘。你可能想知道为什么这种特殊的按键配置以及字母的尴尬位置成了标准配置。19世纪的QWERTY

键盘是在带有物理按键的手动打字机时代开发的，该键盘旨在将常用键（如 E 和 O）在物理上分离，以防止在敲击键盘时常用键受到干扰。

当电子打字技术出现的时候，数百万人已经学会了在 QWERTY 键盘打字机上打字，这时再使用更高效的设计替代 QWERTY 键盘既成本高昂又难以协调。因此，当今英语键盘字母的位置与以前的 QWERTY 键盘保持一致，我在写作本书时用的就是 QWERTY 键盘。

QWERTY 键盘的例子向我们展示了技术一旦具有了强大的网络效应就会极其稳定，这一点对环境问题有重要的启示。美国的汽车文化，即现有的汽车、道路、加油站和住宅区网络，已经根深蒂固，很难用更环保的替代品，比如人口密集的城市和更好的公共交通取而代之。其他那些与美国历史不同的国家，对汽车和道路的依赖程度则较低。事实上，向绿色能源结构转型的主要挑战之一是打破现有的能源使用网络和能源基础设施网络。例如，也许电动汽车将成为一种绿色环保的替代品。这样一来，我们就需要用能快速充电的充电站和设施取代原来的加油站。

相比于传统的外部性问题，如环境污染和以新冠疫情为代表的传染病，网络外部性会引发更多不同类型的政策问题。比如，对那些居住在城市或经常旅行的人来说，交通拥堵在日常生活中变得越来越频繁。

一种解决方案是让私人拥有交通网络的所有权和运营权，从而将交通网络的外部性内部化。如果一家公司拥有整个网络，它就有动力将网络外部性最小化。手机网络在繁忙时段会出现信号拥堵，高盈利的手机网络供应商就有强大的经济激励投资于扩大网络带宽，或者在高峰时段收取极高的价格，以缓解此时的网络拥堵。

相比之下，管理公路和航空等公共网络更具挑战性，因为公共网络的运行更多的是根据政治共识而非利润最大化原则。我们之后将重新回来讨论给拥堵定价和征收拥堵费，将它们作为最有效地利用公共网络的创新之举。

经济外部性

环境问题主要来自技术外部性。这些都是溢出效应，就像污染一样，它们发生在市场之外。另一种非常重要但在环境理论中很少讨论的是经济外部性（pecuniary externalities），也即通过市场间接发生的外部性。当经济行为影响了其他人的产品价格和收入时，经济外部性就随之产生。

关于经济外部性的详细研究很少，也许关于这类外部性最重要的例子就是工厂关闭，生产转移到工资较低的地区。一个争议较多的例子是将生产外包到其他国家。还有其他争议较少但数量较多的例子是，计算机等新产品取代打字机等旧产品这样的创新引起的"创造性破坏"和市场动荡。

以一家纺织厂的关闭为例，由工厂倒闭导致的失业通常会有更长的失业期，而工人最终会从事工资较低的其他工作。经济学家史蒂文·戴维斯（Steven Davis）和蒂尔·冯·瓦赫特（Till von Wachter）的一项重要研究评估了工厂倒闭的影响。[7]他们的研究发现，在工厂关闭后，工人通常会在未来 10 年每年损失约 15% 的收入。假设年薪为 5 万美元，失业工人在未来 10 年将损失约 7.5

万美元。这一例子展示了拿着高薪的制造业工人一旦失业将面临巨大的经济外部性。

总体上看,失业等经济外部性较为复杂,因为有部分工人获得工作,另有部分工人失去工作。事实上,技术创新和国际贸易对单个国家和全球经济的总体影响通常是正面的。有学者仔细研究了沃尔玛的案例,表明大型超市的兴起显著提高了美国人的实际收入,因为消费品价格大大降低了。

对下岗工人来说,失业的损失就像摔下悬崖。当一家工厂关闭,生产转移到墨西哥或越南时,消费者和陌生的他国工人获得的收益并不能带来多少安慰和补偿。特朗普等人的反全球化运动一定程度上反映了经济外部性,这种外部性导致人们认为外国人正在"偷走"他们的工作。

我们不应低估经济外部性或者由经济结构变化带来的市场损失和收益的重要性,但关键是要认识到,这些外部性发生在市场内部,与技术外部性有不同的结构。经济学家普遍认为,解决国际贸易引致的失业等经济外部性的方法不是设置较高的关税壁垒,而是设立足够的失业保险和再培训计划。同理,从长远看,如果不再有通信创新、大型零售商店等新型零售策略以及电子商务这样的创造性破坏,那么几乎所有人的生活水平都会降低。

第 5 章 规制外部性

现代环保主义为分析人类活动带来的主要外部性提供了知识与法律框架,其分析范围覆盖了整个世界,从最小的村庄到最大的县郡。现在所有主要大学都有环境科学及政策课程,学生们发现这是一个值得学习和鼓舞人心的研究领域,它包括了地球科学、生物学、生态学、公共卫生学、经济学、政治学、法学和许多其他基础学科。

外部性是一种市场失灵,当市场不能正常运行时,外部性就会发生。外部性这种市场失灵之所以发生,是因为造成了溢出效应(比如污染)的人没有支付(对人类和鱼类造成的)损害赔偿。在有显著外部性的情况下,市场的有效运行需要政府介入,通过监管或财政手段来纠正市场失灵。

政府是市场至关重要的组成部分。政府对卫星遥感、公共卫生和计算机建模等大量科学研究提供资助。政府还制定了一系列法律和监管规则。事实上,经济运行中的方方面面,特别是涉及空气、水、土地或能源使用时,都需要某种形式的政府监管或者说规制。

规制外部性的示意图

在图 5.1 中，我们用一种简化的方式说明外部性产生与规制的逻辑结构。问题从方框 A 开始，发电可能来自煤炭，煤炭燃烧的副作用是向大气中排放污染物二氧化硫，如方框 B 所示。随之而来的影响是空气污染对人类健康的损害，如方框 C 所示。

如果没有监管部门介入，事情就到此为止。然而现在政府对多数重要的外部性都有监管，推出了减少污染排放或将外部性内部化的措施，如方框 D 所示。政府可以通过几种方式对外部性做出回应。减少污染的简单命令，或者适当的污染减排技术，另外一些方式是由政府对污染征税，或者对污染排放定价。无论政府采用何种监管机制，都旨在纠正外部性。

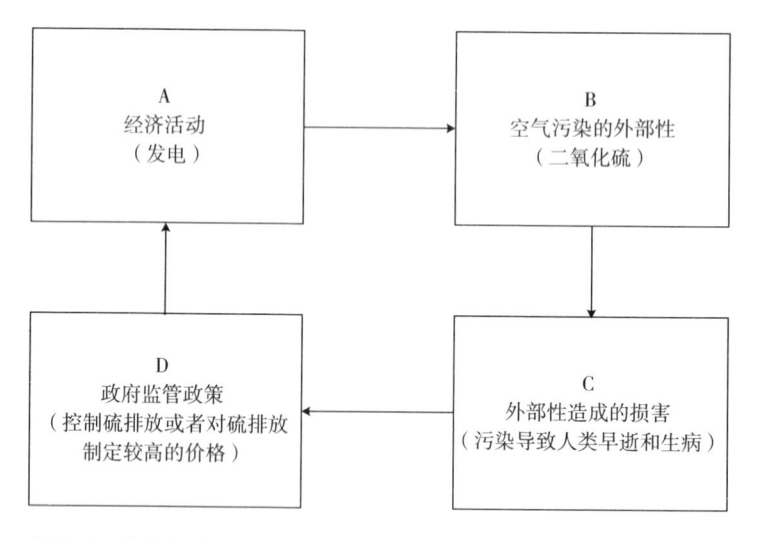

```
    A                          B
 经济活动      ───────→    空气污染的外部性
 （发电）                    （二氧化硫）
    ↑                          │
    │                          ↓
    D                          C
 政府监管政策   ←───────    外部性造成的损害
（控制硫排放或者对硫排放        （污染导致人类早逝和生病）
  制定较高的价格）
```

图 5.1 由发电造成的空气污染外部性与政府监管反应的循环示意图

因此，污染管制通过影响发电者的经济激励结束了污染循环。如果硫排放的价格很高，企业会使用低硫煤发电，或者增加新的设备消除硫污染的影响，甚至会关闭燃煤电厂并建造一家燃气发电厂。如果电价上涨，消费者对电力需求下降，空气污染排放会进一步下降，消费者将真切地感受到这一系列影响。

图 5.1 看起来简单，但每一个方框都代表着一个不易理解的复杂系统。例如，硫排放可能发生在美国中西部，但随后风力会将硫污染带到高空，再转化为其他化合物并污染美国东部的空气，这需要复杂的气象学知识来确定东部的哪一类人群会暴露于来自中西部的硫污染。另一个不确定性因素是人类对不同污染浓度的健康反应各异。目前的统计学研究为这一结论提供了证据，但数据并非基于对照实验，因此污染浓度与健康之间的确切关系尚不清楚。此外，经济学家并不能完全确定监管成本，而这恰恰是成本收益分析中的重要因素。

图 5.1 显示了奉行绿色理念的政府应该如何制定政策以应对显著的外部性，这一点对理解绿色行动中的一系列问题至关重要。

所有权问题的外部性

许多外部性是由公共资源或公共财产资源的产权不清晰造成的。

以地球大气层为例，虽然一个国家可以声称拥有其领空，但对外层空间没有主权，对大气层中不受法律限制的流动化学物质也没有主权。地球大气层是所有生物的公共财产。多数国家向大气层中排放污染的价格为零，其结果是全球温室气体浓度不断上升，二氧化硫等污染物和环绕地球的卫星碎片不断增加。

一种更微妙的由产权导致的外部性是海洋中的过度捕捞，这是滥用公共资源的另一个典型例子。你可能对这里的外部性感到疑惑不解，因为渔民拥有船只、雇用劳动力、修补渔网并冒着暴风雨的危险打鱼。如果我们仔细观察就会发现，渔民确实为打鱼付出了一些成本，但他们并没有为耗尽海洋鱼类的后果承担代价。当渔民捕获蓝鳍金枪鱼时会减少蓝鳍金枪鱼种鱼的数量。如果蓝鳍金枪鱼的损耗过多，该物种就会灭绝，因为它们找不到同类或者无法繁衍足够多的鱼苗等它们长大后交配来延续本物种。过度捕捞是一种典型的外部性，因为渔民在计算成本收益时，不会计算种畜（breeding stock）的价值，因此定价过低。

解决方案

法学学者告诉我们，上述每个例子提出的问题都是不完全产权的问题。也就是说，气候、清洁空气和种畜都属于管理不善的公共资源。对公共资源来说，"人人负责，等同于人人都不负责"。私人决策总是容易忽略对整个系统有价值的方面，因此，私人决策倾向于过度生产对社会不利的产品，而对社会有利的产品则供给不足。

是否有针对外部性的"自由市场解决方案"？在某些情况下，改变产权可以纠正外部性。假设你拥有一个养殖鳟鱼的大池塘，可以让人们付费捕捞。既然你拥有该池塘，也就拥有了繁殖下一代鳟鱼的种鱼，如此，你有足够的激励管理这个池塘，让该鱼类的存量不会减少。你可以对鳟鱼收取足够高的价格，以反映鳟鱼的繁殖价值，如此，在未来几年这一池塘就可以有效运营下去。

将公有财产转为私有财产，成为许多国家改善土地管理的一种重要手段。

在某些情形下，社会也许会认定一项资产或资源具有公共品特征，不适合私有化。比如，美国黄石国家公园就是无法替代的特殊资产，不能将它出售给出价最高的人用作游乐园或采矿场。相反，它应该作为一种供当代及未来世代享用的公共资源，从而作为一种独特的自然景观加以保护和管理。

在另一些情况下，创设私有产权也难以解决外部性问题。没有人可以独立拥有气候、清洁的空气或海洋中的鱼类，因此，个人无法计算气候、清洁空气或蓝鳍金枪鱼种群的价值，特别是，海洋鱼类还是一种易逝的资源。在可预见的未来，无论是从法律还是从科学的角度看，人类不太可能改变这些具有社会价值的公共资产的法律地位。

那么，对滥用公共资源有什么补救措施吗？如果人类无法为管理不善的公共资源设置产权，就需要政府以监管或征税的方式介入。政府可以限制二氧化碳的排放量以减缓气候变化，也可以通过可交易的捕捞配额来限制捕捞数量。政府需要对工厂进行污染检查，确保企业没有向河流和湖泊中倾倒有毒废弃物。政府干预的清单很长，但并非无穷无尽。关键是，当市场拥有正确的价格激励时就会创造奇迹，但有重大的外部性和错误的定价时，不受监管的私人市场或将造成土地、空气和海洋资源的浪费。

正外部性和技术进步

有绿色精神的人往往对污染、气候变化和不负责任的企业等弊端忧心忡忡、悲观不已。不过，我们或许能退后一步，看看正外部性的强大作用。正外部性主要来自新的知识和技术变革，也包括改善人类状况的制度发展。消除悲观情绪的一种有效方法是，回想一下人类在健康、寿命和生活水平方面取得的进步：几乎所有的人类生活水平指数在过去两个世纪里均持续稳步改善；自1900年以来，全球人均收入每年增长近2%，伴随经济发展，人类的预期寿命稳步增长，诸多可怕疾病引发的死亡人数逐渐减少。史蒂芬·平克（Steven Pinker）便在其惊世著作《人性中的善良天使》中描述了人类历史上的社会进步。

这些进步的根本原因是新的科学和技术知识。事实上，你能想到的任何产品，从疫苗、智能手机、电视、汽车、复印机到冬季草莓、互联网等都是多年来技术发展的结果。

此外，经济学家的研究表明，这些关键技术具有重大的外部性，并且是一种正的溢出效应。前文列出的每一种产品，主要发明者最多只能获得发明成果的极小一部分收益。例如，切斯特·卡尔森（Chester Carlson）发明的静电复印技术为全球的抄写员和秘书节省了数十亿个小时的工作时间，但在专利保护期间，每复印一份资料他只能挣1/16美分，而在过去半个世纪中更是一无所获。他是一个典型的做出了发明却不能完全占有其发明成果的发明家。即使像苹果公司史蒂夫·乔布斯这样的商业大亨，去世时固然身价不菲，但他的个人财富也只是其革命性技术创新价值的一小部分。

经济学家花了大量时间研究如何加快技术变革且使之富有成效。2018年，诺贝尔经济学奖授予了保罗·罗默（Paul Romer），以表彰他在知识公共品方面的开创性研究。新工艺和新产品往往是一个社会实现绿色发展目标的关键。要想促进绿色设计，需要合理确定污染价格、加强知识产权保护、政府支持绿色基础科学发展等一系列机制。许多科学家认为，新冠疫情造成的经济、社会、政治和健康危机只有在人类完全接种疫苗、感到安全并回归正常生活时才能得到解决。这里需要记住的要点是，只要各国做出明智的投资和选择，技术进步和制度完善带来的正外部性能够抵消负外部性。

最优污染水平的基本条件

当我们辨识了污染等负外部性问题后，就要考虑如何确定"最优污染"水平。这一术语可能看起来很奇怪，除了零污染以外怎么可能存在最优的污染水平呢？这一概念事实上反映了减少污染成本高昂但收益有限的现实，因此有必要权衡减少污染的成本和收益。比如，从汽车尾气排放中去除最后 1 克颗粒污染物的成本过高，但对公众健康的影响微乎其微。

因此，最优污染理论旨在确定多少克才是过多和过少之间的恰当平衡。污染无论对经济还是对人类来说都利益攸关。人类每年花费数百亿美元用于环境治理，当然也产生了巨大的收益（本章后面将对此进行详细介绍）。

确定监管严格程度的经济学分析框架是成本收益分析。这意味着设置监管需要权衡成本与收益。更准确地说，在最优框架中，监管的设置要达到监管严格度提高带来的增量成本（或经济学术语中的边际成本）正好等于增量收益或被避免的损害（即边际收益）。[1]

第 5 章　规制外部性　51

因此，假设监管机构正在研究汽车尾气中一氧化碳的最佳排放标准。不同的限排水平（如每英里2克，每英里3克等）有不同的成本和收益，最终认定每英里3.4克是最优标准。按照这一最优标准，科学家们估计最后一吨一氧化碳排放会造成100美元的损害。如果这是最优或有效监管，则减少这最后一吨一氧化碳排放也需要花费100美元。

有效环境监管的基本条件是减排的边际成本等于边际收益。

表5.1提供了最优监管的假设性示例。看看当允许的排污水平从900吨下降到800吨再下降到700吨会发生什么。在300吨的污染水平下，减排的边际成本刚好等于边际收益，此时总成本加上污染损害是最小的。社会最优污染就是用这种方法确定的。[2]

表5.1 最优污染水平

污染量（吨）	减排量（吨）	减排总成本	减排边际成本	减排总收益	减排边际收益	总收益减总成本
900	0	0	0	0	0	0
800	100	8	0.17	483	3.42	475
700	200	33	0.33	685	1.79	652
600	300	75	0.50	840	1.43	765
500	400	133	0.67	971	1.23	838
400	500	209	0.83	1 087	1.10	878
301	599	299	1.00	1 190	1.05	890.9819
300	600	300	1.00	1 191	1.00	890.9823
299	601	301	1.00	1 192	0.96	891.1000
200	700	409	1.17	1 287	0.93	878
100	800	534	1.33	1 377	0.87	843
0	900	676	1.50	1 461	0.82	785

注：当减排量为600吨时，额外减排的边际成本正好等于边际收益。最后一列显示，在该减排水平下净收益（总收益减总成本）最大化。

作为理解最优环境政策的一种方式，上述基本条件将我们带回到亚当·斯密的"看不见的手"原理和阿瑟·庇古的"特别限制"（外部性）理论。在有效市场的理想情况下，生产面包的边际成本（由农民、磨坊主和面包师承担）正好等于消费面包的边际收益（由消费者支付）。社会边际成本和社会边际收益之间没有差异，因为没有外部效应。

同样，对汽车来说，如果汽车行驶的所有成本都由车主承担，那么撇开其他可能的市场扭曲，政府就没有必要对汽车实施环境监管。但是在有外部性的情况下，生产的社会成本（包括污染）大于消费的社会收益。边际社会成本与边际社会收益之间的差异就是外部性带来的影响。在没有监管约束的情况下，前100吨减排的净收益为表5.1中的475。随着污染的减少，减排的净收益下降，直到300吨的最优水平，此时减排的边际成本接近于边际收益。

关于效率的这一基本条件可广泛应用于许多领域，我们以污染为例说明了这一点。另一个意义重大的应用是气候变化。模型建构者估算了污染排放造成的边际损害，为后文全球绿色问题的讨论奠定了基础。根据美国政府最全面的估计，每吨二氧化碳排放的成本约为40美元。通过将二氧化碳排放价格设定为每吨40美元，各国可以合理地平衡全球减排成本和控制全球损害。

在接下来的几章中，我们将多次回到这一基本条件。我想强调的是，这一条件是非常理想化的，就像棒球中的完美比赛一样，在现实中很少看到。政府在制定政策时并不总是使用这一基本条件，但在良治社会中，制定政策会参考这一基本条件，以确保实际制定的政策接近有效率的水平。

第6章 绿色联邦制

许多政治体制都有联邦结构,在国家和地方政府之间划分权力。联邦结构要求中央政府及下级实体有明确界定的责任和权利来管理其所辖范围,譬如中央政府通常负责关税和国防,而地方政府则负责儿童教育和垃圾收集。这类分工对社会是有益的,因为政治边界通常是公共品的边界,不同级别的政治机构在理解和解决各种集体问题上有各自的专业知识和政治激励。

绿色联邦制

针对外部性的政策也有联邦结构。绿色联邦制认识到法律、伦理、经济和政治义务以及程序在不同的层次上运行,解决方案必然视具体层次而涉及不同的机构和决策程序。图6.1显示了不同的外部性,以及在联邦主义层级制中这些外部性在哪个层级上可以得到最有效的监管。比如气候变化需要全球协调,而噪声管制最好由城市和城镇承担,捕鼠器最好设置在居民家里。

全球 —— 气候变化

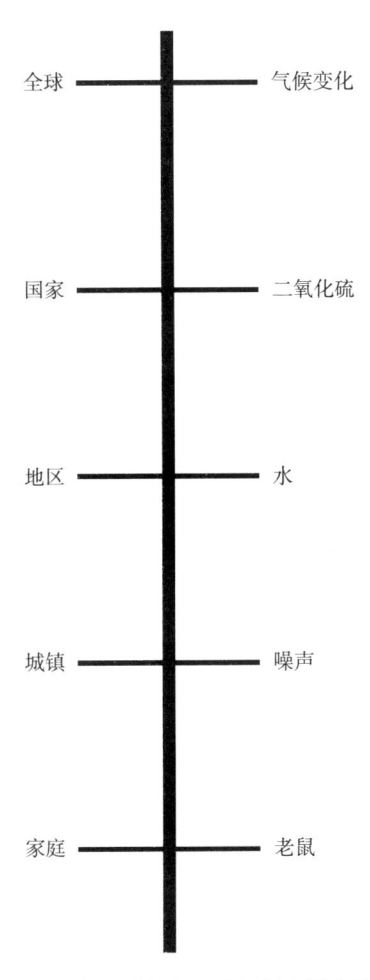

国家 —— 二氧化硫

地区 —— 水

城镇 —— 噪声

家庭 —— 老鼠

图 6.1　外部性问题应该让联邦主义层级制中最有效率的层级来处理

美国的环境联邦制

让我们以美国的环境联邦制为例。在美国，绝大多数涉及空气和水污染的政策都是根据联邦法律和监管法规制定的，比如 1970 年的《清洁空气法案》及其众多修正案。美国环境保护署（EPA，

第 6 章　绿色联邦制　55

以下简称环保署）制定汽车尾气排放标准等规定，各州和部落实体在环保署批准的情况下制订执行计划，下级实体监督合规情况。

在美国，尽管许多监管条例都是在联邦层面制定的，但州政府通常会在联邦监管的基础上进一步实施相关的限制政策。比如，加利福尼亚州是环境保护最严格的州之一。该州2015年的一部法律要求，到2030年该州一半的电力要来自可再生能源。而其他一些州对环境保护的热情不高。比如，密西西比州在反对联邦环境标准的诉讼中就走在了前列。

城市和城镇主要涉及土地利用，包括垃圾处理。建筑规范对防止火灾和洪水以及确保提供最低标准的住房非常重要。城市通常限制公害活动，例如，纽黑文市限制房主拥有鸡的数量不超过6只，而且不允许养公鸡。

美国以外的其他国家也在不同的层级划定绿色联邦制的边界，但是让最有效率的层级负责监管这一分工原则是贯穿这些决策的主线。

委托代理问题导致的外部性

经济中的许多决策依赖多个团队一起工作，无论是以合作的方式还是利己的方式。就医团队由医生、护理团队、保险公司、政府以及患者和家属组成。医生是给出治疗方案的专家，其他人或支付账单，或接受治疗，或安慰病人。

团队可以合作互动，就像一支棒球队赢得了世界职业棒球大赛。或者，它们也可能会产生相互矛盾和破坏性的效果，当这种相互作用带来伤害时，它被称为"委托代理问题"，一个更直观的名字是"房东房客问题"。

委托代理关系在相互依存的复杂社会中无处不在,是理解外部性和绿色问题的有效方式。因为它们在不同的层面上运作,所以也可以说明绿色联邦制的问题。

将正常交换和外部性纳入委托代理框架是有帮助的。在标准的市场交易中,商品消费者和商品生产者(企业)之间有着紧密的联系,因为消费者向生产者支付一个商定的价格。当购买一双鞋子时,你支付了它们的生产成本,制造商和零售商的努力得到了补偿。因此,激励机制是一致的。如果双方都有充分的信息,并且没有溢出效应,市场交易中就不太可能出现委托代理问题。

相比之下,外部性是一个有害的委托代理问题,因为委托人和代理人完全不同,有不同的激励,而且往往彼此不认识。生产鞋子需要燃烧化石燃料——为制鞋厂提供热源或者为运送鞋子的卡车提供燃料,这一过程没有包含一项重要的成本,即排放二氧化碳造成的损害。作为代理人的污染者和作为委托人的被污染者之间没有联系。

委托代理或房东房客问题产生的根本原因是什么?当做出决策的人(代理人、房客)与承受决策后果的人(委托人、房东)的知识或激励不同时就会出现委托代理问题。当委托人和代理人是不同类型的人,有着不同的价值观和激励机制时,委托代理问题造成的市场扭曲会更严重。

房东和房客经常发生纠纷,因为房东关注房产的长期价值,而房客只想在一个舒适的地方住上一年或不长的时间。房客不太可能对房屋进行长期维护,以确保房产的市场价值。类似的例子是人们如何对待一辆租来的汽车,很糟糕,这个例子可以用一句谚语来表述：没人会清洗租来的车。

这种问题也常出现在上市公司中。在这里，管理者是代理人，他们有动机为自己支付丰厚的薪酬，但这是以牺牲委托人（股东）的股息为代价的。委托代理问题无疑也为近年来高管的薪酬飙升提供了一种解释。

联邦制与委托代理问题

委托代理问题之所以有其价值，是因为它显示了外部性是如何在社会的不同层面上产生影响的。有些涉及家庭，另外一些则通过公司或大学这样的地方性机构或可能通过租赁这样的契约关系运行；有的在国家层面；有的则在跨国或全球层面。

有些委托代理问题涉及个人决策。作为一名学生，我应该如何分配我的时间？我应该学习还是参加聚会？我的激励是一致的，因为我既是代理人又是委托人。如果作为代理人的我参加了聚会，作为委托人的我就会有较差的学分绩（GPA）和工作推荐信。作为代理人，我有动机做自己作为委托人想要做的事情。也有可能相反。有时候我们会做出糟糕的决策。我们有时在聚会上待得过久，睡过头错过了考试；或者滥用药物，甚至考试中昏昏欲睡。我们可以说，派对爱好者正是毁掉自身学生生涯的那个代理人。稍后讨论行为问题时，我们知道现在的自己低估了未来的自己。所以，这是个人层面的委托代理问题。

在联邦主义层级制中产生委托代理问题的另一个重要层级是家庭决策。家庭成员之间通常有共同的目标，但有时也会发生冲突。家庭委托代理问题涉及代理人做出决策而委托人支付账单的情形，最常见的是，如果父母作为委托人支付电费账单，子女作为代理人时常会忘记关灯。

每个家庭都有自己解决这些问题的方法。关灯问题的一个解决方案是及时关灯时给子女即代理人一定的积分，并允许他们用积分兑换特殊待遇。但事实上，家庭层面的扭曲可能很小，因为代理人和委托人之间有着太多的共同利益。

然而对于多数外部性来说，尤其是更高层面的外部性，代理人和委托人根本没有什么共同利益。这就意味着双方的动机或激励并不一致。一种较为普遍的委托代理扭曲是由不完善的合同安排引致的，这是另一个房东房客冲突的例子。许多公寓的租赁合同都约定由房东支付水电费，但是房客决定了能源的具体使用情况（温度的高低、电器的使用数量等）。在这种情况下，代理人是公寓的租户，而委托人是支付水电费的业主。实证研究表明，能源使用决策与财务责任的分离大大提高了能源的消耗。这方面一个特殊的例子是学生宿舍的能源使用。学生在宿舍中使用能源时不需要自己支付费用，但学校要面对能源的市场价格，结果造成了能源的过度使用（相对于运转良好的市场而言）。

另一类决策涉及地方、州（省）或国家层面的治理问题。分区规划涉及拥堵、噪声、光线和绿色空间等，这些是本地环境的重要决定因素。各种住房规范为房屋设计规定了最低要求。接下来的一层决策涉及全国性公共品，如清洁空气、国防、污染控制以及其他卫生和安全措施。更复杂的委托代理问题出现在国家层面，因为做出决策的代理人（立法者）与委托人（呼吸着肮脏空气的人）相距甚远，代理人更关心自己的政党，而不是其选民的健康。

没有哪个领域的委托代理问题比克制国家领导人发动战争的诱惑更加明显了。乔治·唐斯（George W. Downs）和大卫·洛克（David M. Rocke）清楚地表述了这一委托代理问题：[1]

> 政府干预和国家间冲突中的委托代理问题尤其难以处理，在这两个领域，行政首脑……可能对参与战争有着不同于中位选民的偏好。在民主国家，帮助处理委托代理问题的机制有新闻自由、立法、选举失利和弹劾制。但在专制国家，此类机制要少得多，在极端情况下，可能除了代价高昂的武装叛乱，没有什么解决办法。

我们可以把战争中的委托代理冲突想象成这样一种情形：代理人（领导者）通过在地图上移动棋子指挥着庞大的军队，并被视为光荣的胜利者，而委托人（士兵）则被困在丛林或沙漠中吃枪子儿。

众所周知，决策者和被决策者之间的距离越远，出现不一致激励、做出不具代表性决策的可能性越大。然而，正如唐斯和洛克指出的，在民主国家可以设计有效的机制制衡不具代表性的决策。民主国家环境立法的历史表明，从长远看，公众的利益总有一天会得到表达（如后面关于绿色政治的章节所述）。

联邦主义层级制的最高层级涉及全球外部性，例如传染病、全球变暖和臭氧层破坏等问题。在气候变化的委托代理框架中，代理人是今天在某个国家驾车、为房屋取暖并排放二氧化碳的人，而受到气候变化危害的委托人则是不同的人，他们也许生活在遥远的未来和遥远的土地上，大部分委托人甚至还未出生，也不被代理人知晓。

我们会看到，对全球外部性来说，委托人和代理人之间的联系十分微弱，修复负面激励的机制如此薄弱，以至于这些问题最难解决。

第 7 章　绿色公平

两位著名作家曾讨论过公平问题。菲茨杰拉德曾说："富人和你我不同。"海明威对此的回答是："是的，他们有更多的钱。"

作为一个狂热的渔夫，海明威可能会这样说："是的，他们有更多的鱼。"第 4 章讨论了不同家庭之间鱼类消费公平的差异。在那个例子中，一个渔村正在考虑如何分配刚刚捕获的 1 000 条鱼。大多数人都会同意，应该有效地分配这些鱼，也就是说，在鱼腐烂之前，将鱼送到人们的家中。但在一个良治社会，另一个支柱是公平。鱼及其他商品和服务应该在人群中公平地分配。

这一原则适用于环境商品和服务，鱼类以及其他所有产品。一个公平的社会应该确保每个收入阶层的人都能享受洁净的水、健康的空气、绿色的空间与公园，以及类似的环境生活水平。

我们所说的公平是什么意思呢？政治哲学家和道德哲学家在这个问题上有很深的分歧，不同政党之间也存在着类似的两极分化。经济学家通常使用"不平等"而不是"公平"，因为前者可以用收入和财富的差异来衡量，而公平则是一个不容易量化的主观术语。

接下来对绿色公平的讨论首先是对不平等的来源及衡量标准的一般性反思；然后将重点讨论文献中强调的环境正义、代际公平以及公平对待动物的问题。

不平等的衡量标准

我们先概述一下经济不平等。在美国和其他国家有大量关于不平等的统计数据。表7.1显示了过去半个世纪以来美国的收入水平及其变动趋势。它显示了底层20%人群（穷人）、中间20%人群（中产阶级）和顶层5%人群（富人阶层）的平均收入。有两个事实清晰明了：第一，富人的收入远远高于穷人。2018年，顶层5%人群的平均收入是穷人的30倍。

表7.1 美国收入分配情况（1967—2018年）

年份	底层20%	中间20%	顶层5%
	收入水平（2018年美元）		
1967	10 545	46 653	185 294
1990	13 390	55 649	259 281
2018	13 775	63 572	416 520
	增长率（%/年）		
1967—1990	1.0	0.8	1.5
1990—2018	0.1	0.5	1.7

资料来源：数据来自美国人口普查局，网站地址为 https://www.census.gov/data/tables/time-series/demo/income-poverty/historical-income-households.html。

第二个特征显示在表7.1的最后两行。顶层5%人群的收入增长要比收入较低的两个人群的收入增长快得多。尽管不同时期的模式略有不同，但整体结论基本一致。在1967—2018年间，富人的收入增长了120%，而中间和最低收入人群的收入仅增长了30%。在第二个时期（1990—2018年），穷人的收入几乎没有增长。

不平等的来源

让我们透过表 7.1 中的数字看一下不平等的来源。根据高收入是努力、运气还是继承的结果，我们对现有不平等水平下的公平的看法也有所不同。简单地说，如果我们认为好运和努力会带来有所作为、长寿、健康幸福的生活，那么坏运气、坏社区环境和不努力可能会导致相反的结果。[1]

人们为了实现个人目标而付出努力，这显然是实现美好生活的关键途径。对一些人来说，努力可能意味着多年的训练和夜以继日的工作，以获得经济上的成功或在奥运会上赢得奖牌。一些人可能想花时间与家人在一起，或者花时间研修宗教经文。还有的人可能是滑雪爱好者，或者享受旅行。只要你的努力达到了人生的目标，那么努力就是值得的。

暂时把努力放在一边，我们必须强调运气的成分，因为人生就像一场大赌博。你人生的成功取决于你的基因、国家、家庭、老师以及找工作时就业市场的状况等。

一个明显与公平相悖的因素是位置带来的运气。出生在富裕地区的人，通常上好的学校，住在安全的社区，财富的光芒照耀着他们的收入和健康。不平等的第二个主要来源是种族和肤色。劳动经济学家詹姆斯·赫克曼（James Heckman）描述了运气的分布：[2]

> 在今天的美国，出生的偶然性是造成不平等的最大根源。一出生就处于劣势地位的孩子，从上幼儿园开始，会陆续面临辍学、早孕、犯罪和终生从事低工资工作的风险。

由于位置决定了运气的各种特征，学者们发现了"邮政编码效应"。如果你出生在曼哈顿中城邮政编码为 10104 的地方，你的平均年收入是 290 万美元。然而，若你住在几英里外的南布朗克斯区，你的平均年收入是 9 000 美元。

美国出现的不平等问题可能在别的国家会成倍放大。如果你碰巧生活在一个内战不断或一个没有医疗保障的国家，生活将是悲惨的，生命也可能很短暂。如果我们把公平看作"相同的运气"，那么生活肯定是不公平的。要想让生活在战乱或最贫困地区的人们完全像富裕国家的人们一样，享受安全、高质量的生活，还有现实的高墙在阻隔。

在人类早期时代，人们常常认为人的运气取决于星星。今天，社会科学家认为，公平取决于公共制度、私人制度和政策是抵消还是增强了生活中的运气成分。从历史上看，社会和经济政策往往会强化运气带来的结果。那些一开始就处于劣势地位的人群，如妇女、土著民和美国大部分有色人种，更容易受到歧视、排斥、驱逐和奴役。

今天，在自由民主国家，多数政策都强调机会平等，这实际上意味着国家政策对人生中运气成分的影响是中性的。无论你是富人还是穷人，你都有一票。你的税率取决于你的收入而不是你的口音或肤色。失业保险等政策往往会抵消坏运气带来的结果，并且对所有经历坏结果的人都适用。

但人类社会的进步是不平衡的。奴隶制废除很久以后，黑人的生命仍然处于危险之中。我们看到，当一场大流行病在人群中蔓延导致数十万人死亡、数千万人失业，而那些对民众漠不关心的领导人却专注于经营自己的经济和政治财富而不是公共利益

第 7 章　绿色公平　65

时，上一代人的"进步"就会被下一代人的"退步"抵消。

市场公平？

一个长期存在的问题是，市场经济中的结果分配是否公平。让我们回顾一下表7.1。学者们普遍认为，市场的力量是过去半个多世纪以来人们贫富差距扩大的主要因素。这些力量包括能够替代低技能工人的技术，以及全球化、移民和放松管制的趋势。

这是公平的吗？当我们看到今天美国最富有的1%家庭拥有40%的财富时，这公平吗？这是努力的结果还是运气的结果？美国人的收入是非洲人的10倍，是因为他们工作更努力吗？如果生活中的好运气带给一个人100万美元的收入，而另一个人只能挣到最低工资，这是一个公平的结果吗？

市场力量的公平与否是一个价值判断问题，而不是纯粹的科学问题。这里有一个可以说明市场伦理的类比。想想丛林里食物的分配。狮子几乎可以吃掉任何能抓到的东西，而羚羊只有在逃离狮子后，才能安心享受食物。我们能说弱肉强食的丛林法则在伦理上是公正的吗？很可能不是。人类社会比丛林世界更文明，但完全自由放任下的食物分配与丛林中的战利品分配具有类似的伦理问题。

绿色公平有什么不同？

绿色公平是否比一般的公平考虑得更多？我们指出了三个更进一步的问题。第一个问题涉及代际公平，或者说我们如何对待未来世代。第二个问题是环境正义,包括环境政策对收入分配的影响。最后一个问题是,环境伦理学增加了一个全新的维度:公平对待动物。我们在本章余下的部分来讨论这些主题。

代际公平

第一个问题涉及未来世代。如果我们留给未来世代的是海平面上升、物种灭绝、极端天气加剧和生态系统受损的地球,这对他们是公平的吗?但在这里要搞清楚谁在伤害谁是否颇费思量?这种不公平是模糊不清的,因为它是由数十亿人强加给数十亿人的,而这些人当中没有人能够被认为是唯一有罪的一方。

这里有一种思考代际公平的方式。如果你能按下生命中的"重启"键,你会选择什么时候出生?你更喜欢你现在所处的时代吗?你愿意生活在留着长发的20世纪60年代吗?或者是生活在未来?

我们可能更喜欢生活在未来,因为医学正在迅速发展,机器人将帮我们洗碗,满足我们的每一个突发奇想。或者,如果我们担心未来会受困于专制的机器人、网络战和恶化的自然环境,我们可能会选择作为人类黄金时代的当今世界。如果人们宁愿出生在未来而不是出生在现在(出生于2050年而不是1990年),那么很难说我们对未来世代不公平。然而,这里需要再次强调,代际财富是努力和运气相结合的产物,因此,如果我们更喜欢现在,那可能是因为运气而不是代际差别。

代际公平问题是绿色运动中备受关注的深层次问题。这些将在下一章关于可持续性的议题中进行更深入的讨论。

环境对收入分配的影响

第二个问题是环境退化和矫正政策对收入分配的影响，或更一般地说，对经济福利分配的影响。我们首先讨论环境正义问题，然后再研究更广泛的分配问题。

环境正义

狭义环境正义是指不论种族、肤色、国籍或收入如何，所有人都有平等的机会参与制定环境法律和监管法规。用博彩的语言来说，所有人都应该在环境博彩中享有平等的机会。对于绿色精神来说，更广泛的定义是环境收益和成本的平等分配，这意味着运气结果应该是平等的。

这里有一个例子：纽约市的中央公园是世界上最大的城市公园之一，也是该市补贴最多的公园。谁受益最大？主要受益者是居住在公园附近的人，他们是世界上最富有的人之一。这有多公平？纽约市是否应该将更多的费用支出分配给布朗克斯区较为贫穷的邮政编码区？

进一步研究，会有一些惊喜的发现。居住在公园附近的人更富有，但他们也为此支付了巨额溢价。一项研究发现，在中央公园附近买一套公寓要比在较远的社区多支付150万美元。有趣的是，这正是公园设计师弗雷德里克·劳·奥尔姆斯特德（Frederick Law Olmsted）倡导的建公园的理由之一，他认为，周边房产增加的财产税将远远超过公园的成本。

其他不公正的例子更令人信服。城市规划者经常把停车场和垃圾场建在低收入社区，理由是这里的土地价格最低。这种计算存在缺陷，它忽略了非货币后果（比如健康）和货币转移（monetary transfer）的影响（比如附近居民的财产价值遭受损失，而他们可能是最无力承担损失的群体）。低收入社区不断增加的空气污染给本来就相对不健康、医疗保健水平较差的人带来了更多的负担。对于有可能造成污染损害的项目，一个公平和有效率的合理原则是将所有成本，包括非市场成本和市场成本，都计算在内。

环境政策的分配效应

目前的环境政策本身是公平的吗？更确切地说，监管成本和环境收益的结构是倾向于还是不利于贫困家庭？政策是累退的还是累进的？（累退意味着相对于富人，穷人的经济福利更受损，而累进则相反。）

这个问题的答案很复杂，因为它涉及对成本与收益的间接衡量，以及成本与收益在各收入阶层之间的归属。然而，总体上的证据表明，减少污染的成本是累退的，而环境改善的收益是累进的。

汽油税是反映环境成本累退性的典型例子，对此我们已有大量的数据。安东尼奥·本托（Antonio Bento）及其合著者的一项研究收集了收入和汽油使用量的数据。他们检验了汽油税对四个收入群体（低收入、中低收入、中高收入和高收入）终生收入的影响。撇开汽油税收入的用途不谈（稍后会回到这一点），汽油税的净影响显然是累退的，受负面影响最大的是低收入群体和中低收入群体。[3]

在许多其他领域也发现了环境政策的累退性。也就是说，相对于收入较高群体，低收入群体在受环境监管约束的商品（汽油、电力和供暖）上的消费比重较高，尽管其消费的绝对值要少于富人。因此，低收入群体的实际收入普遍比高收入群体的实际收入减少得更多。

然而，环境政策累退性的影响并非不可避免，特别是当环境政策具有财政性质（比如汽油税）而不是监管性质（如排放限制）时。如果汽油税采取累进的方式循环使用（给低收入家庭更大的税收折扣），它将变成一种中性甚至累进的政策。同样，如果气候政策是通过征收碳税而不是限制排放来实施的，由此带来的税收增加就可循环用于补贴受影响最大的群体。

大多数关于环境政策分配效应的研究都集中在减排的成本上，例如减少空气污染的成本。但完整的图景还需要包括环境政策的收益。继续举空气污染的例子，据美国环保署估计，从1970年到1990年，美国每年花费GDP的0.5%用于减少汽车、发电厂和其他来源造成的空气污染。

美国环保署还估计，在同一时期清洁空气监管带来的总收益是成本的40倍。[4]关于环境政策收益分配的证据虽然分散，但很有说服力。污染暴露与人均收入之间存在强烈的负相关关系。首先，有证据表明，空气污染以及有毒物质排放污染源大多位于低收入、黑人和西班牙裔居民比例较高的社区。例如，一项研究将城市分为污染程度高的一半和污染程度低的一半。研究发现，种族、民族和低收入与城市污染严重的那一半地区密切相关。[5]

污染暴露和收入的关系意味着环境政策的收益是累进的。由于贫困社区污染更严重，因此，减少污染暴露对贫困家庭的影响更大。加上贫困家庭很可能得不到足够的医疗照护，减少他们的污染暴露尤其重要。

总而言之，如果仅考虑成本，减少污染项目的成本往往是累退的，收入分配的低层群体承担了更高的成本。但如果采取的措施不是通过数量管制，而是对污染排放收费或者征税，那由此产生的收入可用来对冲环境政策的累退性。然而，环境改善对人类健康和福利的影响似乎是累进的，很大程度上更有利于低收入家庭。因此，整体的净效应尚不清楚，但由于收益往往远远超过成本，最好的估计是环境政策的总体影响是累进的。

公平对待动物

第三个对绿色公平特别重要的领域是适当考虑非人类物种，或公平对待动物。经济学、法学和道德哲学通常只考虑人类的偏好与福利。然而，也有例外，关于动物权利与福利的观点也在不断地演变。

动物有任何法律权利吗？在大多数情况下，答案是否定的。动物可能有"利益"（interest），但它们没有"权利"（right）。权利和利益之间有什么区别？动物权利意味着动物和人类一样，拥有某些行为权利和地位，不能被用来换取他人的利益。相比之下，利益是一种保护，利益可以被平衡或妥协，以换取其他利益，尽管人们对这种权衡取舍的性质仍争论不休。

动物利益保护其免受不必要的虐待，并且在某些情况下提供特殊保护，如保护濒危的物种。此外，大多数法律（比如《美国动物福利法案》）区分了"高等"动物（灵长类动物和狗）与"低等"动物（蠕虫和蚊子），并将"低等"动物排除在保护范围之外，但即使"高等"动物在美国也无权起诉人类或拥有财产。

一个关于版权的案件提到了动物的法律地位。一只名叫纳鲁图的猕猴用英国摄像师大卫·斯莱特（David Slater）的相机拍摄了几张"自拍照"。斯莱特声称自己拥有这些可爱照片的版权，并从发表这些照片中获利。[6]一个动物权益保护组织辩称，这只猕猴才拥有照片的版权，斯莱特从这只猕猴的财产中谋利是非法的。

这起纠纷提交给了美国联邦法院。1976年的《美国版权法案》保护"原创作品"，法律规定拍摄照片的作者拥有版权。但谁是作者？纳鲁图的朋友们声称，任何人，包括动物，只要创作了原创作品，都可以根据《美国版权法案》获得作者身份。

法院不同意这种要求，它引用了以前的裁决，"如果国会和总统打算采取特别措施，授予动物与人类和法律实体一样的起诉权，他们可以也应该直截了当地说出来"。法官指出，"（版权）法案中没有任何地方提到过动物"。最终，美国法院裁定没有人拥有这些照片的版权，斯莱特也失去了依靠纳鲁图的照片所获得的收入。

也许动物不能起诉或参与投票，但它们应该受到一定的保护。动物功利主义认为，人类的行动应该考虑动物的幸福和痛苦。每年夏天到了吃龙虾的季节，我都会遇到这种困扰。我的任务是用一锅开水把龙虾煮熟。我的孙女们喜欢看龙虾在地板上爬来爬去。但是，当要煮它们的时候，我会自问，龙虾是否会遭受痛苦？由于它们没有发出声音，我无从得知。如果龙虾在煮制的过程中感到疼痛，有没有不那么痛苦的方法来处理它们？

事实证明，像螃蟹和龙虾这样的水生有壳动物确实会有习得性回避（learned avoidance）的经验。[7]如果它们被电击过一次，就会倾向于在未来避免电击，就像老鼠和人类一样。虽然我们无法感受龙虾的感觉，但这项实验表明，像沸水这样的冲击不会给龙虾带来快乐。

我需要寻找其他的方法。瑞士已禁止煮活的龙虾，而是要求先将其击昏再煮熟。也许我应该完全停止烹饪龙虾。另一方面，如果我改吃牛肉或剑鱼，也许我只是把痛苦的事情"外包"给了别人而已。

动物功利主义给人类对待动物的方式带来了很大的困扰。首先，因为动物不会说话也无法投票，我们无法像尊重人类那样尊重动物的喜好。其次，我们可能会优先考虑不同的生物，比起水母和蚊子，我们更尊重狗和黑猩猩。

哪些生物有利益，哪些没有呢？哲学家彼得·辛格（Peter Singer）的一个定义是，有知觉的生物应受到保护，而无知觉的生物则不受保护。知觉是指无论何种物种都有经历痛苦或忍受痛苦的能力。因此，狗和龙虾作为有知觉的动物是要受到保护的，而树木和海绵没有神经系统，因此没有感觉，也没有知觉，因而不受保护。

保护生物学家们有不同的界定，因为他们强调物种和生命之树。他们会保护不同种类的树木或苔藓，并视之为生命奇迹的结果。这是否要延伸到所有的生命形式？就我个人而言，我会投票支持消灭蜱虫和蚊子，但其他人会在这一问题上提供有力的抗辩。

如何在人类的需求和动物的利益之间找到恰当的平衡，是最富有争议的绿色公平话题之一。

小结

贯穿本书的一个主题是：我们不能将绿色问题与经济、社会、政治生活中的其他问题完全区分开来，绿色社会内嵌在更广泛的社会之中。将军出身的美国总统艾森豪威尔说得很清楚：

> 造出的每一支枪，下水的每一艘军舰，发射的每一枚火箭，归根到底，都窃取自忍饥挨饿的人们。战乱的世界不仅仅是花钱的问题。[8]

艾森豪威尔的观点敏锐地触及了资源的可替代性或可互换性。当我们将资源配置到一个领域（枪支）时，配置到其他领域（黄油）的资源必然会减少。我们可以用获利部门的收益来补偿在环境中受损的人。此外，为人们提供足够的医疗服务可能比消除最后 1 微克的有害物质要更有效。

我们可以将这种可替代性原则应用于全球变暖的例子。正如后文关于全球绿色问题的章节将要讨论的，各国在减缓气候变化方面所做的努力微乎其微。然而，即使付出艰苦的努力，全球在 21 世纪依然可能会经历 2~3℃ 的气候变暖。补偿受损者的一种方法是在其他领域进行大量投资，以便在非绿色领域改善未来世代的福利，以抵消绿色领域的恶化。这些投资不会抵消每一个人的损失，比如地势低洼的岛屿损失，但它们会抵消总体的损害，比如对未来 99% 的人造成的损害。

同样，将绿色公平原则应用于动物性食品方面也是很复杂的，因为可能存在着太多的违规行为。当我购买现成的食物而不是把龙虾放进锅里自己煮制时，引起龙虾疼痛的烹饪行为并没有消失，只是"外包"给了其他人。因此，我们可能会拒绝食用任何肉或鱼类。但是，在种植制作面包所用的小麦时使用的化肥的流失，是否会导致伊利湖的水毒化从而扼杀鱼类？又或者，生产食物的工厂对人类来说也是不安全的。我们的手很少是绿色的和干净的。

在简短探讨公平问题之后，我得出的结论是，除了少数例外，绿色公平应该在更广泛的社会公平的背景下来看待。当今美国不公平的主要表现为营养不良、收入不足、教育水平低下和医疗保健缺乏，这些问题的出现部分是因为现有财政体系的设计更有利于富裕阶层。与此同时，一些绿色公平领域本身的价值也值得我们关注。动物功利主义是一种随着时间推移而不断发展的理论。将所有非市场影响纳入政府项目将有助于防止环境正义的严重滥用。

第二篇

危险世界中的可持续性

第8章 绿色经济学和可持续性

绿色经济学的变体

什么是绿色经济学？在某种意义上，它正是本书的主题。作为一个蓬勃发展的经济学分支，它主要研究环境、污染、气候变化，以及外部性的分析和处理等。其鼻祖可被视为我们此前提及的阿瑟·庇古。庇古主要研究决策对社会和私人的影响之间的差距，以及缩小上述差距或将外部性"内部化"的工具，如环境税或绿色税收等。

在此之外，还有一个同样自称"绿色经济学"的门派，其支持者往往强调市场和政策的失灵，并对市场机制能否产生有效、公平的结果表示怀疑。我们首先介绍绿色经济学的核心思想，随后更多地关注与可持续性有关的一些关键议题。

绿色经济的愿景

主流经济学主要致力于研究市场经济的运作，医疗保健、劳动力市场、金融等都是其中的关键议题。正如前面几章分析的，主流的环境经济学着重讨论市场交易对市场之外的环境产生的

"溢出效应",即市场交易对人类和其他生命的健康、对生态系统以及对未来的气候条件等方面的影响。

绿色经济是经济学的一个研究分支,着重讨论受人类影响的非市场系统中的行为。[1]迈克尔·雅各布斯(Michael Jacobs)的专著《绿色经济》(*The Green Economy*)是这一领域的典范。[2]该研究与本书的内容有许多共同点。然而,它对是否应将环境议题纳入主流经济学或新古典经济学持高度怀疑态度。

我们一般采用的主流观点认为,环境产品与服务和一般的产品与服务一样,只是它们受到市场失灵的影响。在主流观点中,解决这种市场失灵的方法在于纠正它,之后,即可照常进行经济活动。比如,如果城市的雾霾是二氧化硫排放定价过低的结果,那么我们就需要对二氧化硫进行合理定价,随后经济便可正常运行。

虽然新古典经济学的上述观点过于简单化,但它确实表达了主流经济学在重大环境问题上的立场。那么,在雅各布斯及其从事绿色经济学研究的同行看来,这种观点错在哪里?他们认为,在真正的绿色经济中,有四个主要缺陷需要纠正;尽管我并不完全认同他们的看法,但他们的观点符合绿色精神,从而需要仔细斟酌。

他们提出的第一个缺陷是,偏好(或者供求中的需求)并没有充分反映未来几代人的利益。当前的决策是由今天的消费者和选民做出的,而后代对此没有任何发言权。因此,如果今天的政府拒绝采取措施来防止破坏未来的海洋,未来的选民也没有机会投票让他们下台。

第二个主要缺陷是,金融市场和公共决策并未恰当地衡量现在和未来。这种对当前的偏向反映为贴现率（包括市场利率）过高。正如之后讨论的行为偏差部分的内容所述，过高的贴现率容易高估当前成本、低估未来收益。这种代际倾向意味着，投资于确保地球系统未来的健康、防止气候变化和保护宝贵环境资源的收益被大大低估了。换言之，未来看似太渺小、太微不足道了，因为我们在使用一副有缺陷的"望远镜"来观察它。

第三个主要缺陷是，主流经济学其实低估了公共品的价值，如环境质量、环境产品和服务。它们之所以被低估，恰恰是因为它们在自由放任的市场经济中定价过低。例如，某些物种可能会灭绝，因为它们的种畜价值被低估了，因此在市场上的价格被低估了。这一点更明显地体现在对气候变化或臭氧层保护等全球公共品的分析上，这些产品的市场价格不仅仅是低，其实是为零。这一点需要强调，但它的确也是主流经济学中的一个关键原则。许多公共品的价格是不恰当的，并且确实太低了。这一点同样体现在下述事实中：绝大多数部门和国家的二氧化碳排放价格为零，远远低于碳排放的社会成本。

最后一个缺陷是，主流经济学淡化了核心关切，在某种意义上，这种关切包括了前面三项，即确保可持续性或可持续增长的必要性。可持续性深深植根于环境保护的历史中，并已逐渐应用到经济发展中。我们甚至可以在许多机构中发现"可持续发展办公室"。那么，可持续性到底是什么？我们如何衡量它？我们是否走在一条可持续发展的道路上？

在《绿色经济》一书中，迈克尔·雅各布斯将可持续性作为首要原则。他认为可持续性是对未来的充分保护，而如前所述，当前的决策并没能充分考虑后代的利益。他提出了代表未来利益

的两个可持续性衡量标准，理由如下：[3]

> 想象我们生活在 100 年后。在环境保护方面，我们希望前几代人做些什么？两种直观的答案浮现在我的脑海……关于可持续性的一个"弱"版本要求，只有在确保后代不发生环境灾难的情况下，环境才具有可持续性。相比之下，"强"或"最大化"版本的可持续性则会要求更多：让后代有机会体验至少与我们这代人相同的环境消费水平。

关于雅各布斯就绿色经济学的一系列阐述，有一点需要承认，可持续性体现了人类关切的狭隘性，因为它主要是关于环境的。在"弱"版本中，社会想要避免环境灾难，这无可厚非（我们想要避免所有的灾难，包括战争和流行病，但这是很难实现的）。而在"最大化"版本中，社会应该保证环境消费，这似乎又将环境消费置于其他消费项目之上。

在接下来将要呈现的内容中，有关可持续性的主流观点就可持续性的讨论采取了一种完全不同的方法，即我们应该确保后代的整体生活水平至少同当前世代一样好。本章将阐释上述第三种观点及其内在含义。

可持续增长：起源

一个多世纪以前，关于林业的著作就引起了对可持续性的关注与担忧。一种想法是，应该对森林进行管理，使之能够提供最大的可持续产量，也就是能够持续最大化木材采收量。

可持续性的概念始于森林，但现已扩展到其他自然资源。其他部门包括：不可再生的自然资源，如能源、非燃料矿物和土壤；渔业和含水层等可再生资源；重要的环境资源，如清洁的空气和水、遗传物质的储备以及我们现在的气候。

可持续增长的概念由世界环境与发展委员会（即布伦特兰委员会）于1987年提出：[4]

> 大自然是丰饶的，但它也是脆弱和精巧平衡的。在这之中存在一些阈值，一旦越过就会危及系统的完整性。但如今，我们已经接近了许多这样的阈值；我们必须时刻注意危及地球上生物存活的风险。

该委员会将可持续发展定义为"既满足当代人的需要，又不损害后代人满足其需要的能力的发展"。报告的结论是："环境（恶化）的趋势正在从根本上改变地球，正威胁着包括人类在内的许多物种的生命。"

可持续性：经济学解释

我们如何将可持续性的概念纳入经济学框架？麻省理工学院经济增长理论的先驱罗伯特·索洛（Robert Solow）对可持续性进行了颇有启发意义的分析。索洛的方法是将可持续性视为代际平等主义的一种形式，正如他说的：[5]

> 我认为，国民经济可持续发展的道路应该是让每一代人

都能拥有至少同其前辈一样的福利水平。可持续性所施加的责任并不是遗赠给后代一些特定的事物,而是给予他们能达到至少和我们同样生活水平,并以相同方式照顾其下一代的一切必要之物。我们不应该消耗属于全人类的最广泛意义上的资本。

换句话说,可持续性意味着我们这一代人可以消耗我们自然获得的和后天生产的禀赋,但要保证未来的世代也能享受至少和我们这一代一样好的生活水平。

索洛的可持续性标准提出了三个问题:第一,什么是生活水平?第二,未来世代比现在更好的前景在哪里?第三,对未来福祉的主要威胁是什么?特别地,它们主要是来自环境和自然资源的退化还是来自其他方面?[6]

第一个问题关乎我们实际上维持的是什么。主流经济学的方法认为,恰当的视角是个人期待和享受的消费水平,或者哲学家们所谓的"个人主义视角"。我们不应该用自己的偏好来代替一般人的偏好。相反,对社会状况的评判应该基于社会成员对它们的评价。

此外,应当从更广义的角度解释消费,它不仅应该包括食物、住所等一般项目,还应该包括服务和无形资产,如文化、休闲和徒步旅行。一些广义的消费项目,如远足,被传统的国民产出衡量方法忽略了,因为它们发生在市场之外。此外,上述标准衡量方法还存在一些重大缺陷,例如忽略健康状况和许多无形投资。但是,不得不承认,对国民产出的标准衡量方法中包含的项目是重要的,并且确实得到了很好的衡量,因而,这种标准衡量方法提供了一种重要的、客观的生活水平衡量方法。

关于第二个问题,未来几十年的经济增长前景如何,可以从经济史中找到线索。据经济史学家估计,自1900年以来,全球人均实际产出的年增长率约为2.2%。在2020年新冠疫情导致的急剧衰退之前,过去20年的全球增长速度高于历史平均水平。

只有出现重大中断,增长才会在相当长一段时间内转为负增长。诚然,在新冠疫情期间,世界经济无疑受到了冲击。但专家预测,在持续的低迷之后,经济最终将恢复到正常的增长率(尽管可能需要很多年)。[7]

未来的前景如何?由彼得·克里斯滕森(Peter Christensen)领导的一组经济学家使用两种方法估算了到2100年GDP预期增长率:一种方法是统计方法,另一种方法是针对专家的调查。根据这两种方法的估算,21世纪全球人均产出年增长率略高于2%。该研究的一个显著特点是,这两种预测虽然从方法上讲完全不同,但对未来增长的预测惊人地相似。[8]所以对第二个问题的总结是,用生活水平的标准衡量,未来世代似乎会比当前世代过得更好。[9]

第三,未来生活水平下降的可能性有多大?这将是对雅各布斯所称的可持续性"最低限度"测试的一个回应,该测试指的是潜在的灾难性衰退。在克里斯滕森的研究中,受访的专家们估计,到2100年增长率为负(也即2100年的人们生活状况比2010年的人们更糟)的可能性约为5%,而统计方法预测得出的经济衰退的可能性更低。

调查还要求专家鉴别未来经济增长面临的威胁。四名受访者认为,战争将是最大的威胁,而一名受访者认为灾难性的气候变然而，以雅各布斯为代表的绿色经济学的立场是，某些环境活动和资产并非纯经济产品，因而不可侵犯。按照这种观点，提供较低质量的环境服务以换取人们能够享受更多的非环境产品和服务是不可接受的。例如，某生物中心论观点可能认为，大多数物种的存在意义超越了经济上的权衡取舍；或者，我们不应该为了所谓的普通商品而牺牲原始森林的存在以及未来世代对森林的利用。

这里是否有"红线"或是不可侵犯的标准？如果有的话，红线在哪里？我的回答是，我们需要谨慎地划定社会决策的"红线"，并将某些活动提升为绝对必需品。我们应该经常反思，环境目标的价值是因为它们做了什么，还是因为它们是什么？

以下是一些关于"红线"的激烈争论。两个重要的领域是物种保护和防止气候变化。我想说的是，即使我们试图划定"红线"来简化决策，社会也不能摆脱对成本和收益的权衡。同样，对于允许多少污染，以及保护土地的界限在哪里，也都没有明确的界定。在大流行病面前，我们亦是进退两难：是封闭以减少感染，还是开放以减少失业，这是不得不做的艰难抉择。在这些情况下，我们面临的伦理困境产生了激烈而真实的方法分歧，而这些分歧无法借由宗教、环保主义、科学或经济学等得到最终的解决。

余论

在结束关于可持续性的讨论之前，我们不得不问的两个问题是：可持续发展是为了什么？又是为了谁？为此，我们也请教了哥伦比亚大学的杰弗里·萨克斯教授。萨克斯是一位杰出的、不知疲倦的可持续发展研究者和坚定支持者,曾受过最好的经济和环境思想的启发。他将自己的观点总结如下:[11]

> 问题的实质是,在高度分化和不公平的社会中,人类仍在不顾一切地激起与自然及彼此之间的多重矛盾。然而,我们依然有办法取得成功——将消除贫困同社会包容、环境安全结合起来。人类生存最基本的品质是,我们有一种共同的道德驱动力,驱使我们朝着那些正确的事情不断前行,比如:保护彼此和大自然,使之不受我们的贪婪、在科学层面的无知以及道德上的漠视和草率的伤害。

萨克斯对可持续发展的总结,以及他对人类同自然之间的矛盾发出的警告,事实上与本书的结论不谋而合。

第 9 章　绿色国民经济核算

我还记得我对绿色国民经济核算产生兴趣的那一刻，当时我正在飞离阿尔伯克基（Albuquerque）的 TWA（一家现已倒闭的航空公司）航班上读着一本精美的杂志。我看到了这样一篇批判 GNP（国民生产总值）的文章，其中有这样一句话："用一个年轻激进分子的话来说，不要告诉我你们的 GNP（Gross National Product）。对我而言，它是一国的总污染（Gross National Pollution）。"[1]

我想，哇，这真是太尖锐了。但这是真的吗？

事实上，这是完全错误的。我们对产出的测度并不包括污染，其中固然会包括一系列商品（比如汽车）和服务（比如音乐会），但并不包含排放到空气中的一氧化碳。

然而，上述抱怨中确实有一个微妙的问题值得考虑——国民产出的衡量方法并未充分纠正经济中的污染或其他溢出效应。因而，一套能够恰当对待污染的核算方法呼之欲出，即绿色产出。我们将看到，人们投入了巨大的努力开发绿色产出，但仍困难重重。

我们如何衡量国民产出？

让我们先暂停一下，思考衡量产出的背景。大多数关于国民产出的讨论都集中在GDP（国内生产总值）上，它是指一国经济生产的商品与服务的价值减去生产中使用的商品和服务的价值。因此，GDP包括消费品（如食品等）、投资品（如新房等），以及政府支出和外贸调整。

2018年，美国人均GDP为62 600美元，是大国中最高的；有最多人口的中国人均GDP为18 200美元（购买力平价）；最贫穷的大国是刚果民主共和国，其人均GDP约为930美元。在计算这些数字时固然存在许多困难，但这恰恰是我们目前最为擅长的。以下是一本主流经济学教科书关于这一测算的重要性的解释：[2]

> 在宏观经济学的所有概念中，最重要的是国民收入和产出，尤其是GDP。虽然GDP和其他国民账户看似晦涩难懂，但它们的确是20世纪的伟大发明之一。就像太空中的卫星能够观测整个大陆的天气，GDP也能全面反映经济状况。

虽然GDP广泛使用，但也不乏批评者。一个基本问题是，GDP包括总投资，但没有减去折旧。因此，它包括一年内新建的所有房子，但并不包括被野火烧毁的房子。由于"总"投资没有减去折旧，它必然是一个过大的数字，也就是说，它太"总"了。

一个更好的方法是将净投资而非总投资作为总产出的一部分，而净投资等于总投资减去折旧。关注居民收入也是有益的，居民收入由GNP而不是GDP代表。通过从GDP中减去折旧，并考虑居民收入，我们能得到NNP（国民生产净值）。如果NNP能比GDP更好地衡量一国的产出，为什么核算者要关注GDP？一个重要的原因在于，折旧很难估计，而总投资可以被相当准确地估计。此外，GDP广为人知，统计学家不愿改变一个如此广泛使用的概念。

但即使NNP也有其局限性。尽管它涵盖了该国居民生产的所有商品和服务，但不包括那些没有在市场上生产和销售的商品和服务。因此，它包括来自森林的木材，但不包括森林对自然环境和防止水土流失的价值；它包括电力公司生产和销售的电力，但不包括电力公司排放的污染对人群健康造成的损害。因此，前文提及的这位年轻激进分子对GNP包含污染的断言是错误的，正确的说法应该是，GNP和NNP没有包括对污染的核减。

> 这是第一个定义。绿色产出是对国民产出的一种衡量，它包括重要的非市场商品、服务和投资，并修正污染等外部性对经济的影响。

魏茨曼提出的卓越的环境核算理论

大多数专家都不会否认在经济核算中纠正污染、气候变化以及其他非市场活动和外部性的重要性。但怎样才能将之付诸实践呢？我们如何才能从食物和住所的价值中减去水污染或二氧化碳排放造成的经济损失？

这似乎是一个难解的谜题。不过，哈佛大学的马丁·魏茨曼（1942—2019）教授一项引人注目的分析似乎指明了方向。[3]他的这一重要方法，实际上相当直观，而且已被纳入全收入核算或绿色核算。其背后的想法是扩大包含了市场交易的标准国民经济账户,使之涵盖非市场活动或过程。标准的核算方法是收集产品(苹果、木材、汽油、汽车等)的数量和价格数据,通过价格和数量的乘积计算出价值,再计算出销售给消费者和其他部门的最终产出价值的总和,即为国民总产出。

标准的核算方法确实有其缺陷,但并非像前述那位年轻激进分子提及的那样。问题不在于污染被包括在标准核算中的方式,问题在于它根本没有被包含在其中。准确地说,问题在于污染并没有被包含在产出中,而实际上它们应该被纳入。魏茨曼的方法假设有害的外部性被定价,并将这一外部性的价值加到总数中,也即,绿色 NNP = 一般意义上的 NNP + 价格 × 污染量。

真就这么简单吗?棘手的地方在于,需要认识到有害活动的价格是负的,因为它们是"坏商品",而不是"好商品"。因此,价格乘以污染量应当从国民产出中减掉,而不是加上。因此,如果一年有 500 万吨空气污染,空气污染造成的损害为每吨 100 美元,这就需要从国民产出中减去 5 亿美元。

所有这一切都很简单,除了"污染价格"的概念可能令人费解。在杂货店里可以看到土豆的价格。这是杂货店收取的价格,也是消费者的成本。但是污染(也许是卡车排放的一氧化碳)的价格是什么?从公司及其商业核算的角度看,污染的价格为零。这就是为什么在国民经济核算中没有"空气污染物一氧化碳销售"项目。但是对人们来说,污染的成本并不是零,因为污染确实会损害人类健康。回到上一段的例子,也许每排放一吨一氧化碳会造成 100 美元的损害。根据魏茨曼的方法,损害就是在计算全部国民收入或绿色产出时减去污染和其他外部性成本时使用的适当价格。

问题就这样解决了吗？理论上是的。但在实践中，计算污染和其他外部性的成本极其困难。美国国家科学院的一个委员会在下面的文章中很好地阐述了这一点：[4]

> 考虑（使用魏茨曼的方法）核算一块面包涉及的问题。要做到这一点，就需要测量和评估生产小麦所需的水、肥料、杀虫剂、劳动力、气候和资本投入，以及碾磨小麦所需的人类技能、设备和结构的复杂组合，等等。看起来不太可能有人会尝试追踪这块面包背后包含的物质流动，并且可以断定没有人能成功这么做。然而，幸运的是，标准经济核算并没有尝试这样的艰巨任务。相反，国民经济核算是用通常的美元标尺来衡量所有这些活动……以上的比较也许能让我们理解为什么对市场之外的环境流量进行核算是一项如此艰巨的任务。

这就是我们当下的处境：我们对大多数国家的市场经济都有全面的了解。因为我们可以使用容易观察到的美元的流量或价格的大小，计算出一些标准概念，如GDP或NNP，正如上述引文中反映的情形。

相比之下，关于核算外部性，我们只有极少的信息，原因在于用于构建非市场活动的价格和数量的数据非常稀缺。学者们对这个问题已经研究了将近半个世纪，但我们仍然知之甚少。下一小节将国民产出的标准衡量指标与可持续产出的概念联系起来，之后的小节提供了一些说明性的估计，说明如何将目前的估计扩展到更全面的绿色产出。

净产出和可持续产出

绿色国民产出为标准经济核算和可持续产出概念之间提供了令人惊讶的重要联系。正如我们在第 8 章提及的,可持续产出的经济学定义是一种消费水平,它允许未来世代至少和当前世代享受同样的福利。我们进一步发现,可持续产出源于林业,其最初的概念是可持续产量,这一可持续产量指的是可以被无限期持续收获的产量。另一个更接近经济学的定义是保持森林资源完好无损的最大收获量,因此它也意味着能够在未来产生同样的收获量。

从这个森林资源的视角出发,我们可以引入可持续产出的更一般的经济学定义,即一个经济体在为下一年或下一代保留相同资本存量的情况下的最大消费量。

可持续产出的概念还可以用接下来的果树经济进一步说明。假设现在有 1 000 棵果树,能生产 100 单位的果实,这些果实可以食用,也可以再种植以生长更多的果树。我们可以进行以果实为单位的国民经济产出核算,即此时产量为 100 单位。每年有 10 棵果树死亡,因此我们需要留出 10 单位果实用来种植以替代死掉的果树。这就留下了 90 单位的果实,每年都可以食用,同时保持果树的资本存量(即果树的数量)不变。由此可知,经济的总产出是 100 单位,而净产出是 90 单位。

进一步讨论,我们可以假设经济每年都以 10 单位的增速扩张。故消费是 80 单位,而净投资是 10 单位。净产出和可持续产出(消费加净投资)仍为 90 单位。在这一简单的例子中,净产出(90 单位)等于总产出(100 单位)减去折旧(10 单位),它也等于消费(80 单位)加上净投资(10 单位)。这里重要的一点是，恰当测量的净产出（90 单位）也等于最大的可持续消费，这也与可持续产出相同。

果树的例子可以扩展到包含许多商品、服务和资本类型的更复杂的经济。但是这个基本命题也同样适用于更复杂的系统：在一个所有投入和产出都得到恰当度量的经济体中，可持续产出可以计算为国民生产净值，或消费加净投资。这一重要结果表明，为什么衡量绿色产出应该是绿色经济学家研究议题的重中之重。这一议题将包括对被排除和错误度量的活动进行修正。

修正被排除的环境活动

我要强调的是，任何国家都没有完整全面的环境核算，事实上，目前的核算覆盖面很小。不过，我们依然可以利用少量的现有研究来全面认识核算。这里的讨论集中在三个已经可以轻易进行环境核算的部门，它们是影响气候变化的温室气体排放、地下矿物和空气污染。

从概念上看，其起点是国民生产净值。在进行这些估算时，我们既可以计算出产出水平修正，也可以计算出产出增长修正。产出水平修正会加入或减去对外部性的估计值或 NNP 测算过程中可能存在的其他遗漏。

因此，对污染 X 的修正可能是 2014 年 NNP 的 1.0%，抑或是 2015 年 NNP 的 1.1%。增长修正着眼于这一修正对 NNP 增长的影响情况。如果外部性增加，那就会降低增长率，而如果外部性减少，则会提高增长率。利用刚才给出的数字，污染修正会将增长率从传统的 NNP 增长率（比如 3.0%）降低到修正后的绿色

NNP增长率（2.9%）。

气候变化

现在让我们讨论一些实际案例。第一个案例是气候变化背后的外部性，尤其是二氧化碳的影响。与此后两个案例不同，气候变化的案例非常简单，以至于任何人都可以用电子表格计算出来。这里的想法是获得数量和价格的估计值，然后对总值进行修正。你可以从测量温室气体（此处是二氧化碳）排放开始，然后用其排放量乘以排放价格。至于价格，我们采用美国政府估计和使用的碳排放的社会成本（详见绿色政治一章的讨论）。

计算结果如表9.1所示，此处我们使用不变价格。首先关注2018年那一行。在这一年，美国二氧化碳排放总量约为53亿吨。美国政府估计，2018年碳排放的社会成本为每吨43美元。因此，总共应该减去43（美元/吨）×53（亿吨）≈2 290亿美元——这将是当年158 720亿美元产出的"借方"，或相当于产出水平1.5%的修正。[5]

表9.1 对气候变化进行环境修正的计算

年份	官方NNP（2012年美元，10亿美元）	CO_2排放量（百万吨）	CO_2价格（2012年美元，美元/吨）	CO_2修正（2012年美元，10亿美元）	修正后NNP（2012年美元，10亿美元）
1973	5 227	4 735	11	53	5 043
2018	15 872	5 317	43	229	15 699
			年均增长率（%）		
1973—2018	2.468	0.257			2.493

资料来源：表9.1中的估计值为使用Törnqvist指数计算的实际产出。CO_2排放数据来自美国能源署，产出数据来自美国经济分析局，碳排放的社会成本（SCC，此处即为CO_2价格）来自美国环保署。1973年至2015年，SCC预计以每年2%的实际速度增长。2℃目标的SCC估计值来自使用DICE模型估计的结果，详见William Nordhaus, "Climate Change: The Ultimate Challenge for Economics," *American Economic Review* 109, no. 6 (2019): 1991–2014, doi: 10.1257/aer.109.6.1991。

接下来，我们计算增长效应。为便于计算，我们从表9.1所示的1973年和2018年修正后的NNP开始。我们看到，"CO_2修正"在这一时期缓慢增长。这说明，相较于产出，排放量反而每年下降2.2%。气候修正的增长效应略为"负值"，这一结果与我们的直觉相反。因此，绿色NNP的增长速度其实是快于传统NNP的。准确地说，1973—2018年修正后的产出增长率为每年2.493%，而非官方给出的每年2.468%。如果我们意识到"负增长效应"归因于二氧化碳排放量的相对下降，即二氧化碳对绿色产出的影响在开始时（此处的1973年）比结束时（此处的2018年）更大，那么这种效应就并不反常。尽管如此，这小小的负增长效应（每年0.025%）依然给我们带来了大大的惊喜。综上可知，CO_2修正会降低产出水平的估计值，但能够小幅提高产出增长率。

这里的一个问题是，如果设定更雄心勃勃的气候目标，经济增长会出现怎样的修正。正如我们将在全球绿色问题相关章节中讨论的那样，国际政策的目标是将气温上升限制在2℃，这意味着碳排放的社会成本要高得多，因而在表9.1的计算过程中使用的碳价格应该也要高得多。对此的一个估计是，如果目标更严格，碳价格将提升5倍以上。使用与表9.1相同的方法，2℃目标带来的产出水平修正要大得多，2018年为8%，增长修正也相应更大。环境成本较高意味着实际产出将低于传统测算的产出。但是当环境影响下降时，增长修正将变为正，但幅度也更大。

地下资产

绿色产出关注的第二个领域是地下资产，该领域相较于前一个领域更复杂，但也较为可控。这些地下资产包括石油、天然气、黄金、白银、铜和其他金属。

对它们的标准处理又存在什么缺陷？问题在于，由于并未计入损耗和增加量，国民产出核算并没有恰当地测算地下资产。打个比方，地下资产实际上就是挂在树上等待摘取的有价值的成熟果实。当我们摘取（也是损耗）这些资产时，我们并不会扣减地下石油（树上的果实）的价值。我们也不会为新储量的发现（树上长出新成熟的果实）增加其价值。

自20世纪90年代开始，美国经济分析局就十分细致地研究了这些被忽略的地下资产的损耗和增加。结果表明，损耗和增加量均为NNP的0.5%左右，带来的水平效应和增长效应的修正均为零。由于增加的数量和价值同消耗的数量和价值十分接近，其总体影响非常小。由最近的石油和天然气数据我们发现，从数量上看，石油储量的增加大于消耗（石油和天然气的储量都在增加）。但由于不了解这些新发现矿产的品质和价格，我们对其价值多少并不确定，主要是推测。因此，环境账户的第二部分表明，修正地下资产的影响接近于零。[6]

空气污染

第三个也是最复杂、最重要的案例是空气污染。这包括一些最致命和代价极高的外部性，尤其是那些同煤炭燃烧和其他活动相关的外部性。这其中的大多数在美国都受到监管，但并没有制定合适的价格来反映它们的社会成本。

接下来将介绍由我和穆勒以及门德尔松开创并由穆勒拓展的计算空气污染的环境核算研究。[7]这一研究以上述标准方式估算了空气污染损害。也即，总损害等于价格（单位污染损害）乘以五种主要污染物（氮氧化物、二氧化硫、细颗粒物、氨和挥发性有机化合物）的排放量（来自一万个数据源的数据）。这些数据囊括了每个行业的每个污染源的排放量，并估计了美国每个县的损害。

核算的主要修正来自燃煤电厂和采石等类似的行业。总损失占 NNP 的比例从 1999 年的 6.9% 下降到 2008 年的 3.4%。这些修正显然占据产出的很大比例，同样，它们在高污染行业的产出中所占比例更大。

污染的增长效应再次反直觉地为负。原因是，在这一时期结束时污染的减值效应比开始时的减值效应要小（就像上面讨论的二氧化碳的情况一样）。污染的增长效应使得 NNP 总增长由 2.03% 提高到 2.45%，这是重大的影响，但在关于污染的经济学讨论中并没有被重视。

事实上，上文讨论的三个案例尚未穷尽所有相关领域。其他绿色领域还包括森林、水、拥堵和有毒废弃物，但对它们的估计更少。此外，已有研究将诸如健康、家庭烹饪、家庭护理和休闲等其他领域也纳入了扩充的核算账户，它们可能对总产出和增长产生重大影响，但其通常不属于绿色核算的范畴。

对绿色核算的总体判断

以下是对绿色国民产出的总结：当我们纳入目前被排除在传统国民核算之外的资源和环境影响的估计值时，它们往往能对产出水平产生重大影响。粗略估计，把被排除在外的行业（如本章所述）纳入核算会使美国的总产出减少 10%，但鉴于研究的不完整性，总影响可能更大。

然而，自相矛盾的是，修正这一遗漏反而能提高绿色产出的增长率，至少对过去半个世纪的美国来说是如此。原因是，相对于经济整体而言，大多数污染指标都在下降，这是更清洁的发电厂、工厂和汽车的结果。影响增长率的是污染与其他商品和服务的相对增长情况。迄今为止，所研究行业的增长效应约为产出增长率每年增加 0.5 个百分点，这一数字在未来几年将大幅增加。诚然，估计中缺少了若干主要行业。不过，虽然这些数字只是近似值，但它们的确涵盖了一些最重要的外部性。

环境政策正在促进真实的经济增长，这一发现对环境政策的辩论很重要。在我看来，这是绿色运动的一次重大胜利。这一令人惊讶的发现的背后原因亦十分有趣。半个世纪前在美国开始实施环境监管时，主要针对空气污染这样的外部性，因为减少污染的边际收益远远大于边际成本。因此，环境政策实际上是在采摘低垂和廉价的果实，以最低成本大幅降低对健康和其他方面造成的损害。

如果我们只讨论所谓标准的经济核算，我们将在很大程度上忽略与采摘低垂的环境果实相关的经济福利改善，因为环境监管的健康收益没有计入标准核算。然而，如果我们将视野放大到关注外部收益，环境政策实际上已经大大促进了增长。

因此，如果本章开头那位年轻激进分子现今以成熟激进分子的身份回来，他对国民经济核算的态度可能会大相径庭。看到近年来的经历和环境经济学家的研究，他可能会写道："那些声称环境监管会损害经济增长的人是完全错误的，因为他们使用了错误的衡量标准。污染应该出现在我们的产出衡量中，但其前面是负号。如果我们以绿色国民产出为标准，那么环境和安全监管在近年来大幅提高了真实的经济增长。"

第 10 章　外星文明的诱惑

关于未来，一个核心的科学和经济问题是，地球上的人类文明是否独一无二，或者它是否能够在太空或其他行星上复制（我称此种情形为外星文明）。大多数科幻小说和流行文化都对此持肯定态度：它们认为我们可以在月球、火星或其他遥远的星球上建立殖民地，正如当年清教徒在马萨诸塞州所做的一样。也许一开始生活会很艰苦，但在适应了新环境之后，便可在另一个星球上产生一个可持续的文明。

在现实中，人类文明能否在地球之外存续，是一个深刻而未解的问题。首先，我们应当考虑复制哪些东西。地球是一个充满自然和生产资产的巨大自然和人类生态系统。地球的资源包括海洋、河流、氧气、化石燃料、稀土矿物和生物物种。除此之外，还有人类的智慧、劳动和专业技能等关键因素，包括一系列丰富的生产资本，如家畜、城市、道路、房屋、机器、工厂、防御工事和人类开发的技术。

最后，以上还需要通过法律、政府、集体活动和市场等机构或制度组织起来。这些人类和自然系统并非自发形成的，而是为了应对维持地球上数十亿人类和无数其他生命形式的挑战演化而成的。缺了它们，地球上的生命恐怕无法适应在火星或其他星球上生活的挑战。

如果我们将注意力集中在人类身上，就会发现，当下的地球系统拥有巨大的生产力：这个复杂系统每年净产出约 100 万亿美元（或人均约 1.5 万美元）的商品和服务。

是否可以建立一个封闭或近乎封闭的系统来代替或复制地球系统？是否可能有一个系统不仅能生产食物和能源，而且还生产房屋、花园、自然步道、滑雪场、寿司、棒球比赛以及现代生活的其他必需品和设施？也许我们不能逐项替换，但是我们可能会有替代系统，包括阿尔法半人马座的菜单、摇滚球游戏、沙滩度假村、火山漫步道以及其他替代品。

我们该如何理解地球以外的可持续发展前景？本章便概述了可能的情形。本章首先追溯了通向当前人类文明漫长而曲折的道路，接着从国际空间站的角度推测在其他行星上的生活情况。

本章的最后一部分则通过观察人类最终的绿色梦想，即亚利桑那州那个常被人遗忘的玻璃罩——生物圈 2 号（Biosphere 2），来审视这个问题。这个试图建立一个完全封闭、自我维持系统的大胆实验，能为本章之后提出的更广泛问题提供重要的启示。

这三个故事包含了一个中心思想：从历史上看，在地球上实现可持续的文明是极其困难的，而试图在其他星球上建立一个自我维持的系统更是难上加难。

人类文明的奇迹

考虑外星文明前景的一种方法是，看看在人类大脑发育优势和地球生态环境禀赋的前提下，我们抵达当前所处的繁荣世界耗费了多少时间。现代世界的出现极其缓慢：这个进程的第一步，是从大约40亿年前首次出现细菌汤开始，到5万年前进化出解剖学意义上的现代智人。

早期人类的经济与其他依靠陆地和海洋生存的动物没有什么不同。文明的进化（漫长而曲折的工具和技术发展）需要分两个阶段来看：第一个阶段始于最早的人类，一直延伸到1750年左右的工业革命，第二个阶段则包含自工业革命开始直到现在的整段历史。

第一阶段实际上是一个"爬行"阶段，主要涉及发展最基本的技术要素：火和动物的驯化、石斧的发明、农耕的推广、文字的发展，以及聚集到城市。似乎每一种要素都是在世界上不同的地区孤立发展起来的，因而它们属于现代人类的能力范围，而非其他物种。

重构经济增长

对经济增长的重构表明，人类早期的生活水平增长异常缓慢。根据经济史学家安格斯·麦迪森（Angus Maddison）和布拉德福德·德龙（Bradford DeLong）的研究，从历史的起源到18世纪中叶，人均产出在最好的估计下也仅仅增长了2倍，即年均增长率为0.001%。我们可以把现代人类5万年中的前4.97万年称作"马尔萨斯时期"，在这一时期，技术的进步带来的是人类繁衍和迁徙（比如，借助火的帮助，人类得以向寒冷地区扩散），而非经济状况的改善。[1]

表10.1展示了一个关于人类经济史的最佳重构（估计）。在

早期，人类仅能勉强维持生活。值得一提的是，罗马和拜占庭时期、1750 年左右的西欧以及过去半个世纪的世界大部分地区都有相当准确的数据。

表 10.1 传达的核心信息是，在人类历史的大部分时期，人均产出和生活水平几乎没有什么提高。

表 10.1　自最早的人类出现以来的人口增长和生活水平提高

时期	人均产出 水平（2011 年美元）	人均产出 同比增长（年均,%）	人口 同比增长（年均,%）
公元前 100 万年	551		
公元 0 年	655	0.00002	0.00034
公元 1000 年	801	0.020	0.002
公元 1750 年	1 074	0.04	0.06
公元 1900 年	2 048	0.43	0.21
公元 1980 年	7 352	1.60	0.54
公元 2017 年	15 317	1.98	0.62

资料来源：见正文注释。

生活水平的革命在 1750 年后逐渐酝酿，然后在 20 世纪正式开启。现今，全球人均产出约为早先的马尔萨斯时期水平的 30 倍。多年来，工业革命的故事一直是经济史学家的主要研究对象：它涉及之前出现的科学革命的成果、区域和国际贸易的增长、创新的常规化、必要资源和原材料的开发、大公司的发展及其规模经济，尤其是新技术的喷涌而出。

照明的演变

人们熟悉的生活水平和生产率指标，如 GDP，是 20 世纪的一些伟大发明。然而，这些指标在历史上非常有限。美国有 1929

年以来的官方产出数据，并且自19世纪80年代以来的数据便已相当准确。然而，中国的产出数据准确度不高，即使对中国的粗略统计也无法追溯至1950年之前。热带非洲大部分地区的产出指标同样不可靠。因此，很难可靠地测算遥远过去特别是工业革命之前的生产率。表10.1所示的数据是我们现有的最好数据，但对于早期阶段来说，依然有很大的猜测成分。[2]

另一种测度生产率的方法集中在一个狭窄但似乎可靠的领域——照明。这里的生产率数据是自人类历史早期以来最长时间的可用数据，并能衡量照明技术的变化。其关键的里程碑是火的利用（至少60万年前）、早期的明火灯（3万年前）、蜡烛（大约5 000年前）、封闭灯（大约4 000年前的早期希腊），以及现代的油灯（1782年）。在过去的两个世纪里，设备和能源形式的变革导致了照明生产率的持续快速提高；这其中包括将煤油和电力作为能源，以及从白炽灯到荧光灯、最后到LED（发光二极管）灯的演变。

我们可以确定不同技术下照明的价格和效率，以及每小时的工资，从而粗略估计照明生产率。将照明的价格除以工资就能算出工作一小时能换取多少照明。它是以每小时工作的流明小时（lumen-hour）测量的。每小时产出是一个简单但可靠的生产率估计。

这意味着什么？假设产出是1 000流明小时，这大约是一个传统的100瓦白炽灯在一小时内使用的电量。第一次合理准确的估计是在公元前1750年左右的巴比伦。粗略估计，巴比伦人需要工作大约40个小时才能买到足够产生1 000流明小时的灯油。在接下来的3 500年中，技术的持续改进将这一工作时长减少到5小时左右。此后，随着照明技术革命，照明的时间成本急速下降。使用今天的 LED 灯，每 1 000 流明小时的照明仅需要 0.000 072 小时的工作时长。照明从无比珍贵到基本免费。

图 10.1 显示了对公元前 1750 年到 2020 年的照明生产率水平的最佳重构。这是一个比率标度，因此增长率就等于斜率，它显示了两个主要时期（1800 年之前和之后）的平均增长率。1800 年的突破性趋势引人注目，验证了表 10.1 中对总生产率的估计。

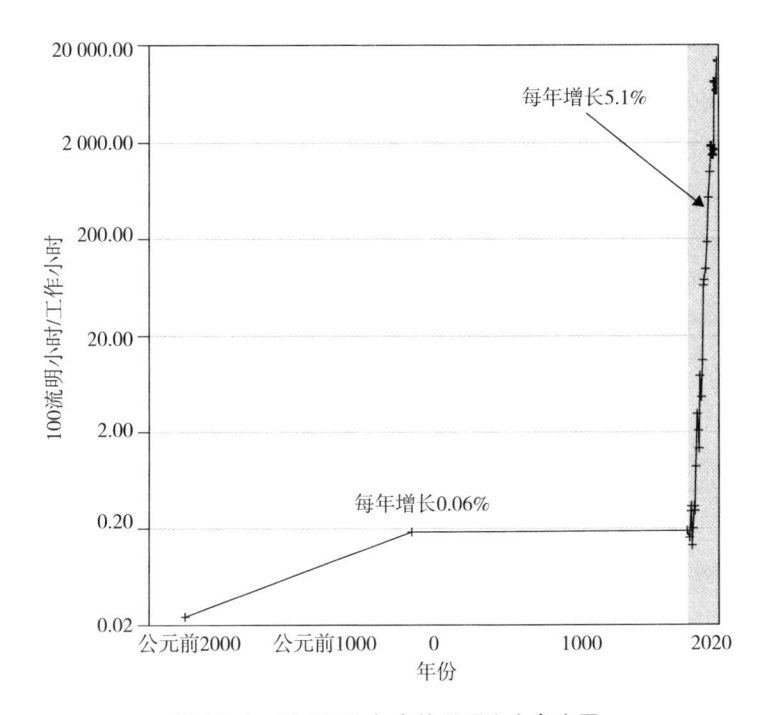

图 10.1　近 4 000 年来的照明生产率水平

注：此图显示以照明水平衡量的劳动生产率。该图是一个比率图，因此斜率是增长率。图中同时标注了两个主要时期（即 1800 年之前和之后）的平均增长率。

表 10.2 显示了分时期的增长率以及主要的技术发展。有两个时期的进步最大，即在 1900 年左右电力发展之后，以及自 1990 年引入 LED 照明等新技术的时代。

第 10 章　外星文明的诱惑　107

这里需要强调的是，1750年左右的工业革命见证了人类历史的巨大转折，这是继车轮等基础发明之后人类文明的第二个阶段。从巴比伦时代到工业革命，照明的生产率以每年不到0.1%的速度增长，而在此之后，年均增速迅速超过了5%。

我们还注意到，照明领域的生产率革命在事实上是非常绿色的。正如路易斯·斯托茨（Louis Stotz）所说，这些新技术带来的一个令人高兴的环境影响是，"宾夕法尼亚州石油的发现为世界提供了煤油，同时也保住了仅存的几头鲸鱼的命"。[3]

表10.2 不同时代照明生产率水平的增长情况

起始年	结束年	生产率年增长率（%）	技术变革（从起始年到结束年）
-500000	-20000	0.00003	新石器时代灯具
-20000	-1750	0.00102	（古）巴比伦灯具
-1750	-150	0.13	（古）罗马灯具
-150	1800	0.00	蜡烛
1800	1850	1.17	鲸油灯
1850	1900	5.22	煤油灯
1900	1950	9.53	爱迪生发明的灯泡
1950	1990	2.86	电力的大规模使用
1990	2005	9.38	紧凑型荧光灯
2005	2018	5.49	发光二极管（LED）

注："-"代表公元前。下同。

我之所以要讲述整体生产率和照明生产率的平行演进史，是因为它们凸显了通往现代世界富裕生活的漫长道路。现代人类是在经历了数十亿年漫长而曲折的进化历程后演化而来的。然而，即使现代人已经在解剖学意义上存在，也并不意味着全球任何地方都已达到高生产率水平。相反，在人类历史的前99+%的时间里，生产率以蜗牛般的速度缓慢前进。

考虑到人类历史5万年来技术进步的缓慢速度,我们不禁要问:今天地球经济的繁荣能在其他地方得以可持续复制吗?人类文明史已经表明,要在地球上成就一番事业会遇到多大的阻碍。即使在今天,有了现代技术,一些地区的生活条件也并未超过我们石器时代祖先的生活条件很多。想在一个遥远的星球上短时间内复制花了这么长时间才在地球上建造出来的东西(且不考虑当今社会良好的文化、经济、科学和资源环境),看起来是一项极其艰巨的任务。

外星文明:火星和其他星球上的生活

当我们追溯人类文明的历史时,建设一个可持续社会遇到的挑战令人望而生畏。另一种思考角度是想象人类殖民其他行星,我称之为外星文明。也许,我们会想,这就像朝圣者出发去发现新世界一样。在美国定居固然是险之又险,但欧洲人最终成功地在一个富庶而强大的大陆上繁衍生息。

然而,仔细思考后便会发觉,"朝圣者"对于一个外星文明的前景而言,实在是一个糟糕的类比。最有希望开创新文明的地方是火星,它离地球很近(以天文标准衡量),有一些类似地球的性质,并且已得到了很多研究。上述远程殖民的支持者之一是技术企业家埃隆·马斯克。他的愿景是:"我考虑的是最终将数万人,乃至数百万人送上火星。"他的计划甚至远远超出了这颗红色行星的范围:"我们将前往木星的卫星,至少可以肯定的是一些外层的卫星,可能还有土星的土卫六和小行星。一旦我们有了这种动力装置,以及地球—火星经济体系,我们将覆盖整个太阳系。"[4]

马斯克对这种"殖民"的代价很清醒:"我粗略的猜测是,(每人)50万美元,会有足够的人有能力去,也有足够的人想去(火星)。但这不是一次假期旅行。它需要你把所有的钱都存起来,变卖你所有的东西,就像当初迁徙到美洲的殖民者一样。"[5]

太空旅游的想法在未来的发展中似乎是可行的。但是,我们能否像早期人们移居美洲殖民地那样,建立起自我维持的文明?虽然并非不可能,但由于外星殖民的高昂成本和危险程度,前景似乎极为渺茫。

虽然我们中的许多人都喜欢科幻小说和电影,但我们需要更深入地挖掘,形成对太空殖民的认真分析。亚当·莫顿(Adam Morton)最近出版的一本关于太空殖民的书以及悉尼·杜(Sydney Do)等人的技术分析为本节提供了深刻的信息。[6]这些研究提出了两个主要问题:成本和危险。

第一个问题涉及太空殖民地是否能够自我维持。根据上一章的内容,我将可持续性定义为一个系统(或经济体)能够在保持其资本完整(或替换任何耗尽的资本)的同时,产生合理的生活水平的能力。这需要生产食物、住所、医疗保健、交通和能源,或者出口足够数量的火星商品,以支付从其他行星(可能是从地球)进口所需商品的费用。

让我们从成本开始。与太空殖民地类似的例子是,在南极维持人类生存的成本。尽管南极令人谈之色变,但它事实上是比火星更宜居的地方:它比火星更温暖,具有许多优越的特征,例如大气层、易于运输到地球其他地方的充足冷冻水。在南极科考的每位科学家每年的成本约为20万美元,这是可以用来确定未来目的地生存成本的有用下限。

另一个更接近太空的对比是国际空间站。这是一颗近地轨道上的宜居卫星。自1998年以来，一直有人居住，已经累积"接待"240多人。根据莫顿的说法，到2010年，国际空间站耗资已超过1 500亿美元。粗略计算得出，每人每年在其上的成本约为6亿美元。

对于非地球文明的经济分析，可以考虑火星一号计划（Mars One Program）。火星一号是一家欧洲私人公司，它计划在火星上建立一个永久的人类殖民地。它将一次送四个人踏上建立火星殖民地的单程旅程。该愿景与马斯克公布的相类似。（对于潜在的游客，请注意这里强调的是"单程"票。）

悉尼·杜等人对火星一号的全面分析得出结论，如依其原有计划，显然是"不可行的"。许多被提议的技术，如食品供应和供应链，目前还不具备。另外，他们估计的建立殖民地的成本极其高昂。如果40个殖民者到位，累计发射成本将超过1 000亿美元，相当于每人25亿美元。这还不包括居住、当地生产、通信、运输或备用设施的成本。如果保守估计这些成本为每人每年2.5亿美元，很难想象有什么出口所得能支付这一成本的哪怕一小部分。因此，该"殖民"计划无法通过可持续性测试。

我们会想，也许发射成本和其他成本能够降下来。但外星殖民还有更可怕的障碍。许多危险都与身体有关。火星上的紫外线辐射要比地球上强很多，太阳能和重力却要弱得多，光线强度也很弱。那里有猛烈的沙尘暴。而且非常冷，温度低至零下125华氏度（约零下87.2℃）。此外，由于火星没有大气层，因此没法防护小行星的入侵。最近的估计表明，每年大约有200颗小行星撞击火星，这些小行星会摧毁沿途的一切，包括人员、建筑或设备。

也许所有这些风险都可以通过充足的投资和人们的聪明才智来克服。但退一万步讲，仍然会存在心理、经济和社会结构方面的诸多挑战。以宠物这个简单的问题为例。美国人有近1亿只狗，它们提供了陪伴和爱，它们作为向导、牧羊犬、警犬，在搜索、救援、治疗、探测等方面提供专业服务。但是，和人类一样，狗也进化了，它们适应了地球和人类的特殊环境。它们不太可能在危险的火星土壤上找到归宿，所以那将是一个孤独的地方。外来殖民者还会发现，他们也难以在火星上找到其他产品，如鱼、西红柿、牛奶、奶酪和肉类。此外，"火星亚马逊"哪怕是用最快的宇宙飞船，也需要花费近一年的时间才能交付你的订单。

我们无法对未来做出判断。但是，综上所述，在火星或地球以外的其他地方建立自给自足的外星文明的前景实在是太渺茫了。不是不可能，但在当前的技术水平下肯定是不可行的。

可持续性的实验场：生物圈2号

我们对可持续性研究的最后一步也许最有启发性。这便是生物圈2号实验，旨在测试在地球上建立一个封闭系统的可能性。

众所周知，生物圈1号是指地球本身。那么生物圈2号是什么？它是一个私人运营项目，旨在证明一个封闭生态系统的可行性。其任务是证明8个人（生物圈人）可以在没有任何外部食物供应的情况下生产足够的食物，并维持生活两年。请注意，在一开始，这项任务也并非真正以可持续性为目标。粮食终归只是经济产出的一小部分和可持续性的一个必要条件罢了。因此，生物圈 2 号成功的门槛大约只有一只蚂蚁的高度。[7]

此外，该实验在概念上也存在缺陷，因为它忽略了进口和出口（输入和输出）。就我们所知，没有进口的生命系统是不可持续的——就像对地球来说，没有太阳能输入。然而，让我们暂且忽略贸易带来的复杂性，单考虑可持续性，聚焦在前面章节中提出的可持续性的经济概念。

对生物圈 2 号的概述

生物圈 2 号是一个物理封闭的巨型玻璃结构，位于亚利桑那州图森附近，占地约 1 万平方米（或 2.5 英亩）。它包含了许多主要的地球生物群落，如热带森林、海洋、湿地、沙漠和农业地带。它还储存着少量的生物物种和足够生产 8 个人两年所需食物的资源。另外，它在实验开始前就储存了大量资源、药品和设备，价值约 2 亿美元，并输入了大量能源（每人每年约 5 万美元）。在两年的时间里，8 个生物圈人生活在这个狭小的空间里，生产大部分食物，并设法生存下来。

从技术角度看，维持一个封闭系统的尝试是失败的。威胁人类生命的主要问题是大气中氧气的持续下降。浓度从一开始的 21% 降至 14%，仅略高于对人类生命形成威胁的浓度水平。人们日常会消耗大量的氧气，没有氧气人类就无法生存。该实验的一个重要特点是，实验的工作人员就在距离实验场几英尺处，他们时刻准备着提供所需的氧气。如果这种灾难性的错误发生在后续补给需要耗费 9 个月时间的火星上，那么，生物圈中没人能存活下来。

这项实验对人类来说是危险的，对其他物种更甚。所有的传粉者（蜜蜂等）都灭绝了。在生物圈 2 号内部最初包含的 25 种脊椎动物中，有 19 种都灭绝了。大多数昆虫也难逃厄运。仅有一个主要的成功幸存者：疯狂的蚂蚁（家褐蚁，又称狂蚁）正四处狂奔，它是一种害虫，其特性在于几乎可以在任何地方生存。

这 8 个人的工作时间很长，平均每天工作 10 个小时，方能艰难维持系统的生存能力。他们的大部分时间都花在农业生产上，每人每周大约 22 小时。相比之下，美国人每周在农场工作的平均时间仅约为 0.1 小时。据报告，这 8 个人没有从事任何其他主要的经济活动，没有进行相关（比如住房、服装、运输、药品和保健或娱乐）的生产。因此，经济产出仅限于自给农业。

测度可持续性

我们如何判定生物圈 2 号这样的项目是否代表自给自足的可持续性系统？前两章对可持续性进行了广泛的讨论。此处，我们需要调整这种讨论，以适应更广泛的分析框架。

在考虑可持续性时，一个最低标准是，该系统在经济上是可行的，因为它具有生产力，即产出大于投入。这是一个直观概念，仅仅意味着正的净产出。这是一个很低的要求，但作为一个起点很有用。

可持续性的一个更可取的衡量标准是一个足够多产因而能维持其资本存量的系统。也就是说，如果自然、有形和智力资本的存量在当前消费水平上没有下降，经济就是可持续的。

这里的关键概念是资本。这个概念指的是生产中使用的有形或无形耐用物品。自然资本包括森林和清洁的空气；有形资本包括设备和房屋；智力资本包括专利、软件和技术知识。资本的总价值是每种资本的数量乘以它们的价格或社会价值。

生物圈 2 号的可持续性引发了比可持续性的衡量标准更广泛的问题。在我们的标准经济衡量中，我们假定部分自然资本得以维持。例如，我们可以假设太阳还在照耀，河流还在流动，大多数授粉者还存活着，但我们显然不能假设火星或一颗数光年外的行星同样如此。测度自然资本各组成部分的价值显然超出了本书的分析范围，我们能做的是分析经济的可持续性。

生物圈 2 号的产出

为研究生物圈 2 号的经济可行性和可持续性，我构建了一套基本的经济账户。它们使用上一章讨论的国民收入核算概念来衡量 NNP 及其组成部分。这些估计只是提示性的，也许其他能够获得更好数据的人可以完善它们。不过，现在我们开始吧。[8]

原始资料如下：我们有按部门划分的 8 位生物圈人的时间使用情况。初始资本存量估计为 2 亿美元，能源投入为每年 80 万美元，安保和其他服务估计为每年 50 万美元。以 2015 年美元计算，非科学活动的工时价值为每小时 15 美元，而科学活动的工时价值为每小时 50 美元。主要的成本是折旧，估计每年为资本存量的 10%，这对设备来说是合适的折旧率，但考虑到生物圈 2 号的寿命有限，该数值可能偏低。

对知识产权或科学知识的投资可能是非常有价值的。按照传统，这是以成本衡量的，但可能存在更大的正外部性。

表 10.3 显示了结果，并将生物圈 2 号与 2015 年美国的人均产出进行了比较。值得一提的是，对生物圈 2 号的估计是基于非

常零碎的信息，但数量级肯定是正确的。前五行显示了按行业或部门核算的总产出，简单地说，就是生产的东西，比如胡萝卜的价值。如标号为1的那一行所示，生物圈2号的人均总产出估计约为美国的一半。请注意，当时的产出高度不平衡，工业或贸易的产出为零。最重要的成果是服务和知识产权的创造。

表10.3　对生物圈2号和美国的经济核算估计

部门	人均产出（2015年美元）	
	美国	生物圈2号
农业	1 256	1 005
工业	2615	0
贸易	0	0
服务	33 607	23 166
投资，知识产权（科学知识）	952	18 876
政府和其他	1 182	0
1. 人均总产出	**98 083**	**43 047**
减：中间投入	41 998	233 142
2. 人均GDP	**56 085**	**-190 095**
减：资本消耗等	8 178	3 252 969
3. 人均NNP	**47 907**	**-3 443 064**

注：估计数显示了这两个经济体的人均产出。对生物圈2号的估计是1991—1993年，而美国的数据是2015年的。所有的估计都已折算至2015年的物价和工资水平。

标号为2的那一行显示了生物圈2号的人均GDP，等于总产出减去能源等中间投入。我的估计是，投入超过产出（甚至能源投入也大于产出），所以生物圈2号的人均GDP估计为负19万美元，而美国的人均GDP为正5.6万美元。

标号为3的那一行显示的最终总数是生物圈2号的NNP，等于GDP减去资本折旧。我们之前的讨论将NNP定义为可持续收入。据估计，生物圈资本每年每人的折旧总额超过 300 万美元。减去折旧后的人均 NNP 为每年负 344 万美元。这些数据可能会有变化，但它们加起来总是很大的负数。

关于人工地球可持续性的判断

关于在遥远太空建立人工地球或可持续人类系统的前景，我们能得出什么结论？我们对人类文明史的讨论，讲述了通往今天高生产率的全球经济的筚路蓝缕，这表明在一个遥远和危险的地方建立一个平行体系存在巨大的困难。此外，在评估移民火星或其他行星的前景时，结论同样是悲观的。基于类似的情况（比如在南极洲或国际空间站）可知，在恶劣环境下维持生命的成本亦是天文数字。

当我们回顾生物圈 2 号的历史时，结果更为悲观。它在经济可行性和可持续性测试中都惨败。哪怕身处地球，这个系统也无法维持现代的生活水平，甚至不能维持旧石器时代的生活水平。如果长时间运行，其产出会降为零。生物圈里的每一件事物和每一个人，也许除了那疯狂的蚂蚁，都注定难逃灭亡的命运。

从这三个实验中得到的教训是一致的，也是令人沮丧的。对于不那么遥远的未来而言，自给自足的外星文明前景渺茫。

第 11 章 流行病和其他社会灾难

纵览2021年初的众生相,我们看到世界各地每天有数以万计的人因新冠疫情而惶恐、生病乃至死亡,他们尽可能地寻求防护。随着时间推移,两种高效的新疫苗获得批准,人们重获希望的同时亦因供应有限、分配受阻而忧心忡忡。总之,自新型冠状病毒首次被报道后,世界陷入了一场巨大的社会灾难。

从术语上看,新型冠状病毒(学名SARS-CoV-2)是2020年1月开始在全球传播的致命病毒。这种病毒会导致一系列复杂的疾病,该疾病通常被称为新型冠状病毒肺炎(COVID-19)。这两个词通常可以互换使用,但为简单起见,我且将大流行称为新冠疫情,除非有必要清楚地区分疾病与病毒。

社会灾难是指造成广泛的社会、经济和政治问题的事件。在现代,这样的灾难很少见,发生的频率为几十年、几个世纪甚至更长。此类事件发生的概率小但后果严重,因而它们给社会决策过程——检测、预防和缓解——带来了相当大的困难。事实上,正如我们在新冠疫情中看到的,我们的认知与政治机构的作为使我们根本无法有效地应对灾难,即使我们拥有最先进的技术。

始于2020年的这场严重的流行病是一场灾难性的病毒性瘟疫。而在其他时候,我们担心诸如核冲突、地震、小行星撞击和气候变化等灾难。其实，我们大多数人终归很少花时间担心灾难，但是灾难发生时，我们还有心思关注其他的事情吗？[1]

灾难的类别

灾难的程度和进程各不相同。不那么严重的如局部战争和饥荒。破坏性更大的是世界大战或造成广泛死亡和破坏的严重流行病。最可怕的噩梦，如巨型小行星撞击地球或潜在的核战争，将导致地球大部分地区毁灭和人类生存状况的退化。

灾难可能是区域性的（如小规模战争），也可能是全球性的（如流行病和气候变化）。有些灾难极其迅速地袭击我们，就像新冠疫情一样，而另一些灾难，如气候变化，则是经过几年或几十年逐渐形成的。最后一个维度是它们的频率。一些灾难，如局部战争或小流行病，每隔几年就会发生一次。而某些灾难，如杀死恐龙的小行星撞击地球，则十分罕见，发生频率为数千万年或数亿年一次。但现在是时候再次考虑罕见事件带来的挑战了。

灾难的绿色维度

环境科学和经济学研究溢出效应或外部性，如污染、气候变化、核沉降物、死鱼和濒危的大洋。像流行病这样的灾难可以写进一本以外部性和绿色政策为主题的书，因为它们属于十分可怕的外部性。流行病学家计算得出，在一个没有保护或缓解传染措施的世界里，每个新冠病毒感染者大约会传染另外三个人。可能其中有10%的人病情严重，1%的人死亡。如果我们被感染，并且咳嗽、喊叫或唱歌，我们就是在用致命的病毒污染周遭的空气。采取预防措施不仅可以保护我们自己和家人，而且可以保护我们的朋友，甚至陌生人。

政府在处理传染病等致命的外部性方面发挥着核心作用。美国疾控中心及其他国家的对应机构已经制定了应对传染病的详细规则与制度，不仅包括流感等地方性疾病，也包括新冠肺炎等新疾病。这些机构就像美国环保署一样，有专门的科学家和工具包来处理公共卫生危机。

但是，当前的危机表明，科学专业知识本身终究难以阻止疫情。政治领导人在形成公众舆论和采取适当政策方面发挥着更为重要的作用。在这场疫情中，有些国家的领导人未能尽到自己的职责。特朗普总统表现出故意的无知和政治私利，阻碍了美国的反应。我们永远不知道有多少人因为政治领导的失败而不必要地死亡。新冠疫情危机表明，无论对于严重的外部性，还是一些较为常规的外部性，我们都有必要秉持绿色理念与政策。

换句话说，面对灾难，人类是脆弱的，但并非束手无策。在每种情况下，我们都可以采取预防措施，以避免和减轻灾难。灾难性的气候变化就是一个明显的例子。如果地球科学家发现当气温超过某一阈值会带来灾难，各国可以采取措施避免越过这一阈值。高碳税等强有力的减排政策，加上对可再生技术的大力投资，可以扭转这一趋势。

不同灾难需要不同的应对方法，但导致新冠疫情传播的大范围混乱并非不可避免。我们的命运不在于天上的星星，而在于我们自己，在于我们的政治领导力和制度。

极端事件

一些灾难性的事件，比如佛罗里达的飓风，虽然可怕，但并不意外。而其他某些事件则是极不可能发生的，事实上，正因为极不可能发生，以至于大多数人都忽略了它们。不太可能发生的原因有二：它们真的很罕见（频率极低），像巨型小行星撞击地球；抑或是它们在地球或人类历史上未曾发生过，其中的一个例子是，1945 年 8 月第一颗原子弹在广岛爆炸。从人类的经验看，没有任何东西能预测到此次巨大破坏。2020 年的新冠疫情同样是出人意料的，因为这种特殊病毒此前从未感染过人，我们也没有对其基因进行过测序。

这些极端事件有时被称为尾部事件。从历史事件的频率看，或者也许从直觉看，这类事件应该在 100 万年、10 亿年或万亿年只发生一次。它们被称为尾部事件，是因为概率分布有尾部（想想钟形曲线的两端），而尾部事件是发生在非常远的尾部的事件。

重大或灾难性的尾部事件，如新冠疫情的出现，尤其难以处理，主要是因为它们太难预测了。因此，我们无法事先进行相关的投资以防止或减缓它们的传播，或是降低它们的伤害。一些最严重的社会灾难都属于尾部事件。

处理尾部事件并没有改变减缓与预防社会灾难的基本要求。它确实增加了另一个复杂性，即处理小概率事件。但是，对可靠的科学、政治领导力和制度的基本要求，依然是阻断最严重的尾部灾难的核心。

流行病的挑战

从有记载的历史开始，灾难就同人类的经历相伴相生，在此之前，则更多体现在寓言和神话中。表11.1显示了我们有合理可靠估计的最致命的流行病（尽管20世纪之前的数据只是近似估计）。最后一栏显示了死亡人数占估计的世界人口的比例。早期的流行病，如14世纪的黑死病，几乎会消灭一个地区的所有人。在20世纪，1918—1920年的西班牙流感和艾滋病毒是人口的主要杀手。本书2021年初完稿时，新冠疫情仍未结束，因此在表中的"结束年"一栏中用"?"表示。

表11.1 新老瘟疫

排序	名称	起始年	结束年	死亡人数（千人）	死亡人数占世界人口的比例
1	黑死病	1331	1353	137 500	38.261%
2	查士丁尼瘟疫	541	542	62 500	32.094%
3	安东尼瘟疫	165	180	7 500	4.048%
4	西班牙流感	1918	1920	58 500	2.768%
5	阿兹特克疫情（1545）	1545	1548	10 000	2.367%
6	第三次鼠疫大流行	1855	1960	18 500	1.600%
7	墨西哥天花流行	1520	1520	6 500	1.538%
8	日本天花流行	735	737	2 000	0.967%
9	艾滋病	1920	2020	30 000	0.882%
10	塞浦路斯瘟疫	250	266	1 000	0.532%
11	阿兹特克疫情（1576）	1576	1580	2 250	0.444%
12	那不勒斯王国瘟疫	1656	1658	1 250	0.226%
13	波斯瘟疫	1772	1772	2 000	0.221%
14	雅典瘟疫	-429	-426	88	0.191%
30	新冠疫情	2019	?	1 750	0.022%

注：表中显示了有记录以来最致命的流行病。最后一栏显示了死亡人数占世界人口的比例。请注意，到2021年初，新冠疫情已经在最致命的流行病名单上排名第30位，而且还远未结束。[2]

从表 11.1 得出的一个初步结论是，现代科学和医学的进步预防了前科学时代最严重的健康灾难，但迄今为止，它们没能消除致命传染病周期性和不可预测性地出现。

新冠疫情

在我们正式从绿色角度看待新冠疫情之前，提供一个简短的概述将更有助益。这种新型冠状病毒出现于 2019 年底，可能与在蝙蝠中发现的一种病毒联系最密切。2019 年 12 月底中国武汉发现了不明原因肺炎病例。中国医疗部门在 2020 年 1 月初发现了一种新型冠状病毒，并于 2020 年 1 月 11 日公布了其基因序列。

在接下来的三个月里（直到第 90 天，即 3 月底），该病毒在全球迅速传播，如图 11.1 所示。第一次确诊病例数激增发生在 2020 年 1 月，2 月出现下降。在早期阶段，病例数每三四天翻一番。随着中国封锁人口流动，全球病例有所下降。第二次激增发生在 3 月中旬，在美国和西欧出现爆炸性增长。第二次增长放缓源于受影响国家封锁了它们的企业和家庭（在第 70 至 90 天）。然后，随着各国开始解封，病例数在 5 月初再次增长，并继续快速增长，直到 2021 年初本书完稿。

传染性和致死率

要理解大流行病，需要解释致命病原体最重要的特征：它们的传染性和致死率。所谓传染性是指，如果没有预防疾病传染的措施，一个受感染者将感染的平均人数，也即 $R0$。R 是被感染者

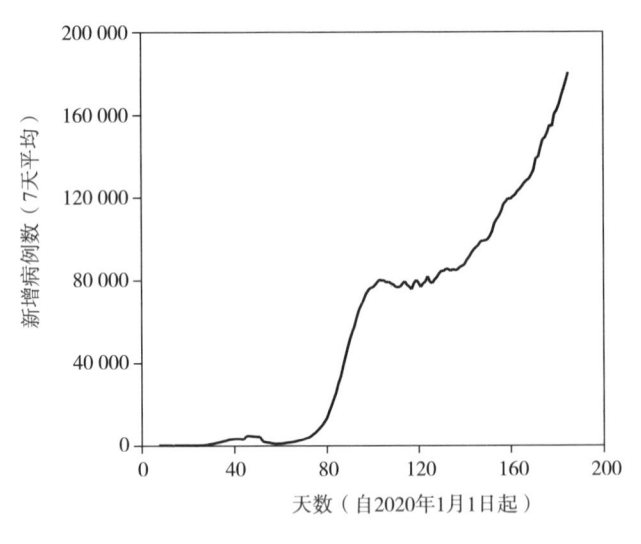

图 11.1 全球新冠病例数（2020 年 1 月至 6 月）

"世代"之间的增殖率。R0 中的"0"表示在采取减缓措施之前零号病人或感染者的传染性。例如，新冠的 R0 估计在 3 左右，尽管一些变体可能有更高的 R0。假设 R0 = 2，那么，在没有采取保护措施的前提下，如果第 n 代有 1 000 人感染，则第 (n + 1) 代将有 2 000 人感染。

病原体的另一个重要特征是它的致死率，我们称之为 L，它代表感染这种疾病后死亡的人口比例。致死率最低的是普通感冒，其死亡率接近于零；致死率最高的是天花，L 约为 30%。新冠的致死率仍不确定，但预计在感染者的 0.5% 至 2% 之间。

新冠肺炎的传染性和致死率可以与 1918—1920 年的西班牙流感相匹敌。根据表 11.1，西班牙流感导致世界上约 3% 的人口死亡。而在当今世界，这一比例对应的人口超过 2 亿人。

图 11.2 显示了几种传染病的致死率和传染性。值得注意的是，传染性数字（以 R0 衡量）反映的是无保护措施和未接种疫

苗时的情况。如果不采取保护措施，天花是最严重的疾病之一，因为它具有高传染性和致死率；在15世纪欧盟移民到来时，它消灭了大量的美洲原住民（参见表11.1）。而当下，由于开发了有效疫苗以及致力于消灭天花的长期公共卫生运动，实际上无人死于天花。

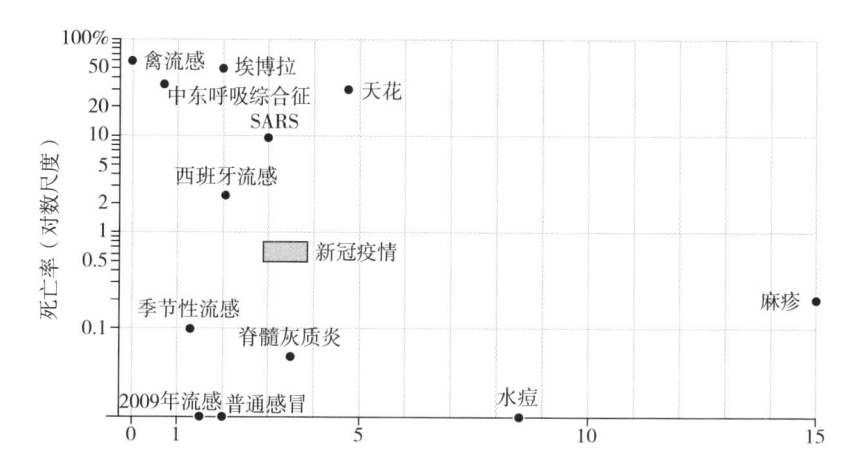

图11.2 新冠疫情和其他疾病在无保护人群中的传染性和致死率

资料来源：Knvul Sheikh, Derek Watkins, Jin Wu, and Mika Gröndahl, "How Bad Will the Coronavirus Outbreak Get? Here Are 6 Key Factors," *New York Times*，2020年2月28日，并根据Nicholas Christakis提供的信息做了更新。

为了理解流行病的防控，我们需要一个更深层次的概念，即有效传染率，我称之为 *Reff*。回顾一下，*R0* 是完全脆弱和无保护人群的传染率，例如，在病毒被检测出来之前。然而，一旦采取了保护措施，传染率就会下降。它很有可能会降低，因为受感染的人会被隔离；因为人们会待在自己的家里，不接触受感染的人；或者因为人们由于先前的感染或接种疫苗而具有免疫力。

当采取有效的保护措施时，*Reff* 将低于 *R0*。对抗任何大流行病的关键是将 *Reff* 降到1以下。例如，假设有1 000人被感染，

而 R_{eff} 降到 0.5。那么每一代受感染的人数就会减半。如果没有病毒库，大流行病甚至可能消失。

如果我们使用新冠病例数据来测算 R_{eff}，在 2020 年 1—3 月病毒快速传播阶段，R_{eff} 的数值非常高。之后，随着病例数在 2020 年夏季逐步稳定，R_{eff} 接近 1。然而，伴随病例数在 2020 年底再次迅速增长，R_{eff} 又开始攀升，病例数每 2.25 个月翻一番。公共卫生专家期待并希望，当大部分人口接种疫苗后，能够达到足够的免疫力（称为"群体免疫"），疫情将结束。

降低传染性和致死率

为什么现在天花、西班牙流感、麻疹和脊髓灰质炎的病例这么少？原因便在于足够的公共卫生措施降低了这些疾病的致死率和传染性。天花很容易理解。今天没有天花病例。即使有关疾病的 R_{eff} 较高，病例数也为 R_{eff} 乘以零，即始终为零。对于麻疹来说，疫苗是非常有效的，所以实际的传染性也接近于零。

就新冠疫情而言，通过保持社交距离，即减少与潜在感染者接触的机会，可以暂时地降低 R_{eff}。这意味着，只要我们保持距离，就能减缓疫情。然而，当我们在酒吧和体育场混在一起时，R_{eff} 就会"卷土重来"，再度攀升。永久性地降低 R_{eff} 的方法是接种有效的疫苗，它能够有效地降低传染性，因为接种疫苗能降低被感染者传染的人数。

降低 R_{eff} 的最后一种方法是实现群体免疫。当有足够数量的患者产生免疫力时，就会出现群体免疫。假设均匀人群中的 $R0$ 为 2，并进一步假设 3/4 的人有免疫力，因为他们接种了疫苗或有先前感染的抗体。那么新的 $R0 = 1/4 \times R0 = 1/2$，这意味着感染将会像上面提到的天花、麻疹等一样消失。

一些无知的政治人物主张允许疫情继续，直到世界通过感染而不是通过接种疫苗实现群体免疫。对新冠疫情来说，这将是一个非常可怕的场景，因为要在全球范围内实现群体免疫，需要超过 50 亿人感染新冠。

应对大流行病

大流行病造成巨大困难，因为它们的"袭击"突如其来、出乎意料且行动迅速。它要求我们的机构提前做好准备，并在感染扩散之前更快地执行计划。而就新冠疫情而言，在确诊之前，这种疾病事实上已经在人群中传播了。

纽约市的情况可以说明这一点。纽约于 2020 年 3 月 1 日宣布了首例病例。到 4 月 1 日，病例数已激增至 5.4 万例。后来对血液样本进行新冠抗体检测后测算，这一时期的感染人数已达 64.2 万人。这个更大的数字才是纽约市人口中的实际病例数。这表明，在第一例病例被报告之前，人群中早已有数百人感染。[3]

新冠疫情具备四个使之特别危险的特点。前两个是高致死率和高传染性，如图 11.2 所示。而另外两个特点也同样关键。一是它容易在人与人之间传播。但这一关键事实直到 2020 年 1 月下旬才被发现。

最后一个十分关键的因素是，新冠疫情既有无症状传播，也有症状前传播。其他无症状感染的疾病有伤寒、艾滋病和霍乱。但诸多疾病都只有在感染者出现症状时才会传播。对新冠抗体检测和接触者追踪的证据表明，大量感染者是无症状的。其中一些人（目前尚不清楚有多少）可以在没有任何症状的情况下将病毒传染给其他人。它带来的一个主要问题是，即使到2020年6月，新冠疫情的无症状传播依然引发了巨大的混乱。[4]

对于许多绿色问题，例如全球变暖，人类已经用许多年的时间来研究和准备对策。但是，大流行病不允许人们冷静下来反思应对之策。当病例以每周200%或500%的速度增长时，花"一些"时间思考最佳对策足以使病毒击垮全球。

事实上，近几十年来，美国各级政府一直都有为流行病做准备。它们通常把重点放在流感病毒上，因为流感病毒是20世纪的主要威胁，事实上，20世纪所有的大流行病都是病毒引发的。

美国疾控中心是美国处理流行病的主要机构，它发布了一系列指南，指导政府和私人层面的防范措施。此外，美国疾控中心还努力与世界卫生组织协调。世界卫生组织也拥有监测传染病的强大能力。然而，面对疫情，1~2周的延迟对一个国家甚至对全球来说都是致命的。

评估流行病和其他灾难的标准

当灾难发生时，科学家和历史学家需要回顾和评估政策的成败。应对大流行病等灾难需要以下四种关键态度和政策：

- 充分的科学和技术专业知识
- 灾难应急准备水平
- 有效执行

- 公共和私人部门负责人的有效沟通

截至2020年秋天,美国是世界上病例和死亡人数最多的国家。很多人都在想,世界上最富裕、科技最领先的国家,何以在应对新冠疫情上如此狼狈?

在撰写本书时对新冠疫情应对政策进行全面评估还为时过早,因为我们不知道这一疫情在一年、两年、五年或更长时间内的状况,也不知道它是否会在未来几十年内持续或再次暴发。全面评估须等到疫情结束之后。但是,截至2020年秋天,我们可以收集现有的信息,并做出初步判断。

科学和技术

美国在科学和技术方面拥有雄厚的资源。相较一个世纪前西班牙流感暴发时的知识水平,我们在2020年对潜伏疾病无疑有更好的了解。例如,多年前人们认为流感是细菌而不是病毒。事实上,直到1944年,流感才被正式归类为病毒。相比之下,目前的新型冠状病毒是在2020年1月11日测序并向世界公布的,这距离中国医生判定它是一种新的病毒株还不到两周时间。

2020年最令人震惊的科学进展之一便是研发、测试并获批的两种新冠疫苗。尽管尚有多种疫苗正在研发中,但在2021年初,人们便已经获得了得益于新技术发展的数千万剂疫苗,并且有望在2~3年内实现全球疫苗接种。如果疫苗接种的速度如预期的那样快,且一切顺利,美国等主要国家有望在一年内实现群体免疫。这场瘟疫的长期噩梦不会结束,但至少能摆脱最糟糕的局面。只有到那时，全球经济和社会才能恢复到常态，人们才能安心享受旅行、交往和社交。

应急准备和资源

美国以及其他一些国家和国际组织（如WHO）的公共卫生专家早就对流行病的危险了然于胸。他们需要频繁地准备好应对预案。这些预案包含了美国和其他国家在新冠疫情中逐步形成的大部分要素，包括核酸与抗体检测、接触者追踪、社交距离和边境控制，以及主动和被动监测。

然而，如果没有足够的资金来提供必要的人员和项目，以实施关键的公共卫生措施，再好的计划也无济于事。也许，美国缺乏准备的明证是用于流行病规划的资金数量。多年来，保守派一直在推动"饿死野兽"，而"野兽"就是除国防外的政府开支。这个"野兽"包括流行病规划。这可以从政府预算中清晰地获知。预算中的一个主要类别是"应对新出现的威胁"，它列出了几个主题，但没有列出流行病。唯一提到流行病的文字是"国际大流行病防范"这个短语。[5]

表11.2展现了2021年美国政府预算中用于应对不同威胁的资金投入。军事预算达到了约7 410亿美元。疾控中心是追踪传染病的牵头机构，它获得的资金仅为126亿美元。其中，用于大流行病规划的只有4 000万美元，并且是针对流感的。这笔钱相当于每人每年10美分。更直观的对比是，美国人花在宠物食品上的钱竟是投入流感预防的1 000倍。

表 11.2　2021 年美国应对不同威胁的财政投入

分类	资金（2021 年美元，百万）
国防部	740 500
联邦研究与发展部	142 200
卫生研究	36 965
疾控中心	12 612
流感计划	40

资料来源：2020 财年美国政府预算。

这些数字让我想起了著名经济史学家熊彼特的话：

> 一个民族的精神风貌、文明程度、社会结构以及政策可能酿成的行为方式，所有这些甚至更多，都记录在它的财政史上。那些明白怎样读懂这一历史信息的人，比从其他任何地方都能更清醒地预感到震撼世界的惊雷。[6]

而对我们来说，听到的"惊雷"便是，美国的财政政策全然未有考虑过新疾病对社会的严重威胁。

有效执行

美国在抗击流行病方面的劣势之一是其联邦结构。许多关于公共卫生的最重要决策与法定权限都在州和地方层面，但拥有资源、专业知识和指挥权的是联邦政府。[7]疾控中心负责组织和授权检测，但拥有的财政资源有限；各州和地方有权封闭和隔离，但它们之间缺乏协调，也几乎没有专业知识，并且长期处于财政压力之下。

疫情应对与军事应对有天壤之别。如果敌人是飞机或军队，联邦政府有大量资金、庞大的军队和明确的指挥路线；然而，如果危险来自微小的病毒，当局资金不足，人手不足，并且组织涣散。

有效执行的重要性从新冠检测的失败推行中可见一斑。疾控中心有检测的设备和专业知识，但从一开始就搞砸了。主要失败有四个。第一，它最初的检测便存在缺陷，于是耗费了几周时间来纠正错误。结果就是，美国无形中就落后于其他国家若干周。第二，疾控中心不允许医院等其他实体自行设计检测。许多私人实体有能力，但疾控中心采取的科学上保守的方法将检测全部攥在自己"手"中，不巧的是，疾控中心的检测之"手"不住地抖动。第三，疾控中心不允许通过广泛的人群检测来确定新冠疫情的总体传染率。例如，后来的研究发现，在第一批病例被确诊之前，纽约地区已有数千例病例。最后一个错误，同样也是科学保守主义和疾控中心过度集权的结果，即疾控中心禁止混合检测（将多个样本一起检测）。而这种方法恰恰在传染率较低时最有价值，在确诊病例很少、检测试剂极为有限的早期阶段尤其奏效。

看上去，这仅仅是一个失败检测的例子，但事实上，这给美国带来了毁灭性的后果：这使得病毒在2020年2—4月悄无声息地快速蔓延。当检测终于跟上时，病毒已经蔓延到美国的每一寸土地，社区传播已广泛形成。尽管检测技术迅速发展，但依然无法跟上病毒传播的步伐。

沟通

毫无疑问，美国的主要失败是在沟通方面。此处，老布什政

府的流行病战略清楚地说明了这一点:

> 大流行病规划的一个关键因素是确保不知如何应对公共卫生危机的人或实体了解应做的准备和应对大流行病所需的行动和优先事项。(这要求)在大流行病暴发之前和蔓延期间,在国内和国际上进行明确、有效和协调一致的风险沟通。这包括在各级政府中确定可靠的发言人,以便及时有效地协调和传达有益的信息。[8]

而在现实中,特朗普政府的反应则是一个典型的管理不善的案例,其中充斥着特朗普和那些在政治上被他"感染"的人发出的混杂信息、对事实的否认、虚假声明以及荒谬的预测:

2月27日,特朗普表示:"它将消失。总有一天,它会奇迹般消失。"事实上,在两个月内,确诊病例数增加了100倍。

3月6日,特朗普声明:"任何需要检测的人,都可以接受检测。"而在那一天,在一个拥有3.3亿人口的国家,仅约有1 700人接受了检测。

3月26日,特朗普表示:"没有人想到会发生这样的事情(大流行病)。"然而,公共卫生专家早已多次对大流行病发出过警告,并撰写了应对报告。例如,2019年的一份政府报告称,"美国和世界在下一次流感大流行或传染病大规模暴发时仍将十分脆弱"。

4月24日,特朗普说:"我看到消毒剂在一分钟内就把病毒消灭了。一分钟！我们是否有办法，比如通过向人体内部注射类似的消毒剂或者给世界来个大清洗？"（特朗普推荐的那些消毒剂，如果注射或吞咽，将会带来生命危险。）

3月23日，特朗普表示："但我们从来没有因为流感而封闭国家……所以我们要问自己，'真需要这么做吗？'"

此处的重点当然不是要强调特朗普总统与真相之间若即若离的不稳定关系。我们从对鲍勃·伍德沃德（Bob Woodward）的采访中得知，特朗普事实上在2020年2月初就意识到了新冠疫情的危险性和致命性。但是，他对其政治前途和2020年大选连任的担忧完全超过了他作为总统的责任。[9]其结果就是，特朗普治下联邦政府的所作所为恰恰与真实需要背道而驰：沟通是含糊的而不是清晰的，是混乱的而不是有效的，是无序的而不是协调的。

此外，公共卫生被政治化，成为一种逃避应担责任的战略。特朗普从一开始就将病毒政治化，导致科学和政策的政治化。最具破坏性的是，将戴口罩也政治化，将一项政治上中立和高效的公共卫生措施变成彻头彻尾的政治玩物。

政治干预公共卫生是危险的。它使人们无法对采取某些关键措施形成全国共识。全民佩戴口罩，避开拥挤的空间，关闭大型体育场馆、酒吧和赌场等危险场所，可以有效延缓病例的增长。此外，采取这些措施也可能会让社会和经济的其他方面以近乎正常的方式运行。但如果很大一批人都误以为病毒纯属骗局，口罩也毫无作用，以及试图充分享受包括不佩戴口罩进入酒吧、参与大型集会的所谓公民自由，那么减缓疾病传播的必要措施可能会显得更具侵犯性，成本也更高。

黎明前的曙光

我们对社会灾难的介绍到此结束，重点是作为案例研究的 2020 年新冠疫情。也许，世界很快就会走出 2020 年的社会、经济、政治和健康梦魇，转而拥抱正常生活。如果命运之神垂青人类，我们或将再过一年左右的时间便可享受我们的日常生活，混在一起、工作、上学、度假。一旦有了有效的疫苗和成功的公共卫生运动，如同曾经对待天花和麻疹那样，新型冠状病毒也将像流感一样逐渐退化，不再威胁人类的健康。

但我们必须记住 2020 年的惨痛教训。社会灾难将以这样或那样的形式再次发生。我们必须时刻警惕，做好准备，而不是忽视它们，否则只能自食恶果。

第三篇

行为主义与绿色政治

第 12 章 作为绿色发展敌人的行为主义

"错误不在于我们的命运,而在于我们自己",这是莎士比亚笔下的人物尤利乌斯·凯撒描述其所处政治困境的名言。同样,我们的环境问题有时并不在于市场失灵,而在于我们的错误决策。这通常被称为"行为异常",这个奇特的术语指的是一类懒惰、无知或反常的有害私人活动。

行为异常的有趣之处在于,低效率源于私人行为而非市场失灵。假设你正在打篮球,你投篮总是无法命中。你不能把这归咎于你的学校或联盟。可能是你注意力不集中,也可能是你的技术太差,还可能是你没有听从教练的指挥。但无论什么原因,你得分很低。

同样,心理学家和经济学家也发现,这种较低的得分也会出现在许多个人决策中。证据最充分的行为异常之一是对能源的过度使用。此外,人们对价格信号不够重视,因此可能不会对环境政策做出反应。沉迷于酒精、毒品、手机和超速行驶都是异常行为。有时候,一个随意的行为也可能伤害自己或他人。重点在于,行为异常可能产生或加剧有害的副作用,在某些情况下,这些副作用可能是致命的。因此,我们需要在绿色政策要解决的问题清单中加入这类"糟糕的决策"。

在两类重要的案例中，行为异常都沾染了"棕色"。第一类案例是导致过度能耗和污染的行为偏差。这种偏差在我们的经济中普遍存在，经济学家称之为初始成本偏差（first-cost bias），本章稍后将对此进行研究。第二类案例是效率低下造成的浪费。这类案例并不一定像第一类案例那样由行为偏差所致，但因为它们使用了超过必需的资源（也许是过度使用了速生和清洁的水，以及过多的劳动力和资本），也会导致过度的污染。

在讨论决策失败的例子之前，让我们回顾一下分析的背景。长期以来，经济学家和心理学家一直对行为异常感到困惑。应该强调的是，决策失败并不局限于绿色部门。人们在很多方面都会犯错误：我们常常会对自己的健康状况（他们不按医嘱吃药）、财务状况（他们不仔细看抵押文件，失去了自己的房子）和生意（一半的小企业在第一年就倒闭了）做出糟糕的决策。心理学家阿莫斯·特沃斯基（Amos Tversky）和丹尼尔·卡尼曼（Daniel Kahneman）、经济学家乔治·阿克洛夫、罗伯特·希勒（Robert Shiller）和理查德·塞勒（Richard Thaler）以及律师丹·卡汉（Dan Kahan）和卡斯·桑斯坦等人对这些行为异常现象进行了卓有成效的研究。

鉴别行为异常和有缺陷的决策已经成为心理学和经济学（行为经济学领域）的一个主要话题。科学家们已经发现了一百多种不同的异常现象，从行为偏差到逐字效应（verbatim effect）。每当有奇怪的事情发生，都被视为行为经济学在背后"作祟"。其中两个重要的例子是贴现异常和初始成本偏差。

贴现异常

行为经济学讨论的一个核心问题是贴现的作用。主流经济学认为，人们应该使用市场收益率来评估投资（比如购买汽车或节能的房屋和电器）带来的价值。大量研究表明，人们使用的贴现率过高，导致投资偏向于耗费过多的能源。

这里的核心问题在于许多行动都需要通过今天的投资来降低明天的成本。例如，当我们投资于减少污染时，成本主要在短期内支付。然而，降低污染的好处可能在遥远的未来才会显现。假设我们用风力发电取代燃煤发电，如果我们顺着从建设风力发电场到减少硫排放再到减少损害的链条，那么从建设风力发电场到减少环境损害可能会有许多年或几十年的延迟。

贴现很重要，因为它能将未来和现在的美元转换成相同的单位。假设我今天花了 1 000 美元修理屋顶，结果是，10 年后这个新屋顶会为我节省 2 000 美元。这是一笔好的投资吗？要回答这个问题，我们需要为所有美元设置一个共同的标准。这可以通过将所有美元转换为现值来实现，它告诉你今天流入和流出的美元的价值。换言之我们通过贴现率把未来的美元转换成今天的美元。

假设年均投资回报率为 5%，那么我可能会使用 5% 的贴现率。将 1 228 美元以每年 5% 的回报率投资 10 年，可获得 $1\,228 \times (1.05)^{10} = 2\,000$ 美元。同样，10 年后的 2 000 美元相当于今天的 $2\,000/(1.05)^{10} = 1\,228$ 美元。

所以，回到修理屋顶的例子，把所有成本（负）和收益（正）加起来，得到的现值是 $-1\,000 + 1\,228 = 228$ 美元。因此，以5%的贴现率计算,修理屋顶是一笔划算的投资。

然而,假设我使用了一个高得多的贴现率,这实际上是说,我认为未来的钱更不值钱,或者我对未来"过度贴现"了。我可能会在计算中使用20%的年贴现率。按此贴现率,$2\,000/(1.20)^{10}=323$美元。如果我们将贴现流量相加,将得到 $-1\,000 + 323 = -677$ 美元。因此,在贴现率为20%的情况下,这笔投资的现值实际上为负。如果使用一个超高的贴现率,在标准的财务分析框架下,投资不会有回报。

这个假设的例子在家庭有关能源和其他投资的决策中普遍存在。下面是乔治·洛温斯坦(George Loewenstein)和理查德·塞勒总结的一些例子:[1]

> 一项研究比较了仅在能源使用和初始购买价格上不同的冰箱。结果显示,与购买较便宜型号相关的隐性贴现率高得令人难以置信:从45%到300%不等。另一项研究计算了几种不同电器的贴现率。他们发现,房间空调的隐性贴现率为17%。然而,其他电器的贴现率要高得多,如燃气热水器为102%,电热水器为243%,冰箱为138%。经济学理论对这些低效率电器有一个明确的预测:它们不会被生产出来。但在现实中,它们不仅被生产出来而且还有人购买!

另一种常见的行为异常现象是双曲贴现。研究发现,人们使用的贴现率在短期内比长期内高得多,因此贴现率的分布看起来像双曲线,而非常数。该领域的先驱戴维·莱布森(David Laibson)是这样解释的:双曲贴现函数意味着贴现率随着被贴现事件的时间加长而下降。近期事件的贴现率比远期事件的贴现率要高。[2]

双曲贴现可以看作"现在，未来"二分法的一个例子。我们想要现在的快乐，而不太关心未来，但我们不会区分近期和远期。这里的主要影响是过度低估了未来，也即过于强调当前的成本而忽视未来的收益。受到双曲贴现（或过度贴现）的影响，当前决策系统性地低估了未来的价值，这意味着，绿色投资太少了！

初始成本偏差综合征

第二个主要的行为问题，尤其是对长期投资的危害，是在多个可替代方案中的短视选择。这在经济学中被称为初始成本偏差。初始成本偏差已被反复观察到。它导致了消耗过多能源的投资，进而导致能源使用造成过度的环境影响。[3]

这里有一个关于住房的小故事，但也适用于空调或汽车。假定我正在考虑给我的房子做隔热层。施工者向我展示了两种方案：一种是易于安装的标准玻璃纤维棉；另一种是价格较贵的硬质泡沫板，但隔热效果几乎较前者高出一倍。玻璃纤维棉的安装成本为 5 000 美元，而泡沫板的安装成本为 7 000 美元。因此，前期安装成本很容易计算。

不过，计算节省下来的钱是比较困难的。为了确定哪种投资方案更好，我需要知道每种隔热材料的能耗情况。我的承包商告诉我，泡沫板的隔热效果几乎是玻璃纤维棉的两倍，并向我提供了每种材料的技术数据。需要计算隔热层能节约多少成本，我才能决定选择哪种材料。

我求助了一位专家工程师，他进行了计算，估计泡沫板未来的能源消耗成本为每年 500 美元，而玻璃纤维棉的能源消耗成本为每年 900 美元。

此时，我可能会放弃。这太复杂了，我没有时间或专业知识做必要的计算以确定什么是最好的选择。或者我可能会受到双曲贴现这一行为偏差的影响。人们还可能难以控制自己的信用卡透支情况，或面临子女高昂的大学学费，或有高额的医疗费用，出于上述任何原因，额外 2 000 美元的隔热投资都是不受欢迎的。人们将最大限度地降低初始成本。这一决策导致了更高的能源消耗以及由此带来的更多污染。

行为异常的来源

为什么人们总是会系统性地做出糟糕的决策，如在过度贴现或初始成本偏差中看到的那些？这个问题已被广泛研究，也没有唯一的解释。以下是一些最主要的原因。

信息问题

人们拥有的信息时常不完整，或者不能有效地处理信息。在我们的隔热层例子中，事实证明，要获得对房屋的最佳隔热层做出正确决策的足够信息是极其困难的。你可以试着在头脑中计算这两笔投资的现值，但这超出了大多数人的能力范围。在许多情况下，相关信息根本无法获得。例如，当我考虑更换冰箱时，我不知道它用了多少电。如果人们忽视他们不知道的东西，就会忽视不同的选择在未来成本上的差异。

决策问题

古典经济学假设人们是理性的，但我们知道，人们在日常生活中会犯各种琐碎而悲惨的决策错误。"信用卡异常"现象常常出现在人们的财务决策中。许多人以1%的年利率将钱存在银行，但每月以至少19.99%的年利率通过信用卡借款。消费者正在支付数百亿美元不必要的利息。他们不知道利率差异吗？是不是利息成本太小了，在信用卡账单上看不出来？也许有一种类似于隔热材料例子中的初始成本偏差的解释。在这种情况下，人们可能会想，"我知道我每年要支付300美元的利息，但每天还不到1美元"。不管是什么原因，这些决策失误让人们付出了沉重的代价。

制度问题

通常，制度也会使人们不受价格激励的影响，并阻止他们做出合理的社会决策。一个例子是能源度量的缺失，比如在大学。对于学生和教职员工来说，支付电费的人都不是做出能源使用决策的人。学生们倾向于在他们的宿舍里装满用电设备，如音响、电视、电脑、微波炉、冰箱等。但学生宿舍几乎从不计算能耗，所以学生把能源当作免费商品。实验室里的科学家几乎从不为他们的能源使用付费，所以他们没有购买节能设备的激励。这一点在前面的委托代理问题中已有过讨论，导致低效率的原因是做决策的与受决策影响的是两个不同的人或群体。

非经济偏好

经济学家通常认为，人们选择和使用商品或服务是为了最大化自己的个人利益。这一假设的背后就是有关竞争市场效率的"看不见的手"原理。实验室实验、市场调查和常识告诉我们，这一假设往往是不准确的，人们有非经济的甚至奇怪的偏好。奇怪偏好的一个例子便是双曲贴现，它导致人们较大幅度地忽视了未来事件的存在。在双曲贴现下，有今天也有未来，但不论是在下个月还是下个十年，未来的价值都很小。

研究人员已经发现了许多非标准偏好，如现状偏差、损失厌恶、无法控制的激情和愤怒，以及利他主义、不稳定和随机行为。人们有时买东西是为了和别人攀比，而不是因为他们真的想要。过去人们常常喜欢拥有长尾翼和大量铬合金的"油老虎"汽车；今天，人们可能会买一辆小型电动汽车，因为他们想保护环境。

行为异常的这四种原因事实上是我们经济和环境生活的重要组成部分。即使市场是完美的，没有垄断或外部性，糟糕的决策也会对个人和环境造成伤害。

行为异常的解决方案

行为异常带来的问题比外部性带来的问题更棘手。这是因为行为异常的来源不同于污染情况，因而其所需的补救措施也不同。假设选择汽车的初始成本偏差是由于信息不充分导致的，补救办法便是提供更好的信息。如果问题在于人们有大男子主义心态，想要类似坦克那样的车型，我们可以尝试通过提高汽油税或对"油老虎"征税来劝阻他们，但信息不会改变他们的想法。对于无须支付能源账单的学生，大学可以禁止使用能源密集型设备。但这种禁令不受欢迎也很难执行。比强制执行更有效的是在学生宿舍安装电表，让他们为超额使用付费。

有时候，人们只是需要"助推"措施来克服惰性，或者他们对某个问题的无知。助推理论和实践已经成为针对行为异常的现代政策的重要补充。[4]

这些例子表明，行为异常需要因情施策。在这里我想给出两个可能有帮助的重要解决方案：生命周期分析和监管法规。

生命周期分析

为了研究初始成本偏差的问题，我们需要引入生命周期分析这一关键主题。虽然许多人对生命周期分析并不熟悉，但它在可持续性分析中越来越重要，例如在经济学、建筑学、工程学和其他领域。让我们看看它是如何起作用的。

回到隔热材料的例子，生命周期分析首先需要两种材料的隔热性能信息。完整的计算不仅包括初始成本，还包括未来的成本。

表12.1显示了如何估算20年投资的生命周期成本。首先列出每一年的支出。第一年，用粗斜体表示的是资本支出。对于关注初始成本的人来说，决策就到此为止，他会选择更便宜的方案。然而，正确的生命周期分析还应考虑运营成本，运营成本在第1年到第20年的各行中。

财务专家使用三种不同的方法来选择投资。最简单的方法是投资回收期（payback period），它告诉你需要多长时间才能收回初始成本。在隔热层的例子中，你可以在五年内收回投资，这是相当短的时间。

表 12.1　隔热层投资的生命周期分析示例　　　　　　　　　　（单位：美元）

年份	低初始成本方案	有能源效率的方案	差值
0	*5 000*	*7 000*	*2 000*
1	900	500	-400
2	900	500	-400
3	…	…	…
4	…	…	…
5	…	…	…
6	…	…	…
7	…	…	…
8	…	…	…
9	…	…	…
10	…	…	…
11	…	…	…
12	…	…	…
13	…	…	…
14	…	…	…
15	…	…	…
16	…	…	…
17	900	500	-400
18	900	500	-400
19	900	500	-400
20	900	500	-400
现值	16 216	13 231	-2 985
投资回收期（年）			5
收益率			19%
年贴现率5%对应的现值			2 985

如果后续资金流不稳定，回收期方法就不能很好地发挥作用，因而大多数财务专家更喜欢后两种。第二种方法是投资的内部收益率（IRR），它计算一段时间内的平均投资收益率，大致为净收入除以投资。表 12.1 显示每年的收益率为 19%。内部收益

率方法很有用，因为你可以将一笔投资与其他潜在投资方案进行比较。例如，如果你的储蓄账户里有 2 000 美元，每年的收益率为 5%，而你在几年内都不需要用它，那么把这笔钱投资于隔热层将是明智之举。

最后一个概念是上面提到的投资现值（PV）。这告诉你以当前美元计价的流入和流出的成本及储蓄的价值。如果我们以每年 5% 的贴现率计算，昂贵的隔热材料的现值比便宜的隔热材料高出近 3 000 美元。因此，这笔投资相当于多了 3 000 美元的意外之财。

最后，回到过度贴现偏差上。假设人们受到这种偏差的影响，不是以正确的 5% 贴现率，而是以 20% 的超高贴现率来贴现未来收益。在这种情况下，节能投资的现值较低。

在进行生命周期投资时，你应该使用这三个标准中的哪一个？关键的一点是你一定要至少使用其中的一种，因为它们都涉及从初始成本分析转向生命周期分析。对于大多数投资，生命周期分析给出了类似的答案：它要么是一笔好的投资，回收期短，回报率高，有正的现值，要么相反。如果不做生命周期分析，你会发现虽然有相对低的资本投入但实际上却有很高的运营成本。

生命周期分析的一些技术细节

对于那些有兴趣进行生命周期分析的人来说，以下三点将会有所帮助。它们与通胀、税收和风险有关。

关于通胀，表 12.1 中的例子假设通胀为零。正确的分析需要将燃料或其他未来成本的趋势与适当的名义利率或货币利率结合起来。

税收更复杂。如果政府为这些投资提供补贴，节能投资可能会有更多的收益。例如，2016年，以下产品有资格享受30%的联邦所得税抵免：太阳能电池板、太阳能热水器、地热泵、小型风能系统和燃料电池。但是，房主在能源使用上的支出不可以抵扣税收。因此，减少能源使用会增加税后收入。如果对投资收入征税，那么可享受补贴的能效投资可能会有进一步的优势。

最后一个复杂的因素是风险。如果我们以隔热层为例，有几个风险需要考虑。最重要的是，节省的成本可能与工程师估算的不同。事实上，人们普遍认为，工程研究高估了节能效果。还有天气风险——也许冬天的气温会比平均气温高。另一个风险是火灾或其他损害，因为保险公司不太可能赔偿昂贵的隔热材料。还有，房地产市场可能会受到重大冲击，就像2006年之后那样，投资价值下降。最后，也许你会在20年之内卖掉房子，而下一个房主会受到初始成本偏差的影响，不想支付额外的隔热费用。

然而，我们不要忽视关键的一点。在投资时一定要使用生命周期分析，要包括所有成本，而不仅仅是初始成本。这种计算对于长期投资（如建筑）和未来运营成本较高的投资（如耗能设备）尤为重要。

行为问题的监管方法

大多数人可能都对生命周期分析的细节有点迷糊。它不是大多数学校课程或日常生活的一部分。每当我做真实世界的生命周期计算时，比如为我的房子隔热层做生命周期计算，那都是一场噩梦，因为数据不可得，而且我会从不同的专家那里得到截然不同的建议。当然，这并不是要你忽视生命周期分析，特别是对耗资巨大的项目，只是要让你认识到它的困难。

一旦我们认识到生命周期分析的困难，接着就会意识到政府在监管中的重要性。假设人们确实系统性地低估了未来的能源成本，或者贴现率过高，或者买家信息不畅，或者建筑工人在建造房子的墙壁时偷工减料，为了解决这些问题，政府可以要求对住房和电器进行节能设计。

在过去的半个世纪里，各国政府越来越多地监管能耗资本（energy-using capital）的效率。监管法规涵盖汽车、建筑物（如独栋住宅）和电器（如冰箱和空调）。有效设计的能耗资本降低了对复杂生命周期分析的需求。理想状态是，政府进行生命周期分析，并选择一个最低标准，以减少低效率的设计。

建筑法规是政府影响住房设计的主要途径。对建筑物的有效管理十分重要，因为它们的寿命非常长（比如，我的房子建于1905年）。此外，很少有建筑物是真正由建筑师设计的；然而，所有建筑物都受制于州或地方建筑法规。因此，引入绿色建筑的最有效方法是完善建筑法规。

这里有一种考虑效率标准和建筑法规的方法。假设人们（包括制造商和建筑商）存在初始成本偏差，致使在隔音设计、绿色或其他各个方面的投资不足。那么，这些标准和法规便是防止低效率设计的有效方法。它们就像限速一样，让最危险、最低效的汽车、电器和房屋不能"上路"。

第12章 作为绿色发展敌人的行为主义 151

第 13 章 绿色政治理论

我们现在转向绿色政治问题，或者说我们的政治体系如何处理污染和其他有害的外部性。本章的重点在于对政治理论的分析，随后两章将讨论一些案例。

前面的分析已经强调了包含外部性或溢出效应的绿色现象的核心概念，即企业或个人的活动对他人有直接的非市场影响。外部性在不同层面发挥作用，因此必须通过不同的机制加以管理。

管理个人溢出效应的机制

我们从个人溢出效应（personal spillovers）开始讨论对溢出效应的管理。最普遍的个人溢出效应发生在家庭中。这一点可能令人惊讶，但大多数人都知道如何处理家里相互冲突的目标。

假设你是一个不吸烟的人，但你的另一半是吸烟者。你们两人都知道二手烟的危害。你要怎么做呢？你需要和你的配偶协商这件事。你可能会心平气和地交谈、大喊大叫或者甩门而去。无论你采取什么方法，这些协商都是个人的，不涉及政府强制。对于大多数个人目标冲突的情况，协商是标准的解决方案，无论是在家庭、邻里还是同事之间。只有在出现暴力和虐待儿童等极端情况下，政府才会介入。

社会溢出效应与有效污染理论

其他溢出效应，特别是本书中强调的那些，涉及非个人溢出效应（impersonal spillovers）：从诸如街道垃圾或交通噪声这类局部和小的溢出效应，到诸如气候变化和致命的流行病这类全球性和重大的溢出效应，不胜枚举。

在转向对绿色政治的讨论之前，我们有必要解决两个问题：污染和其他外部性的有效内部化理论，以及追求有效绿色政策的可用工具。这一想法是在前面关于绿色效率的讨论中提出的，但需要在政治背景下进一步阐述。

思考有效污染理论的一个有趣而富有启发性的方法是回忆《金发女孩和三只熊》的故事。金发女孩在熊的房子里品尝了不同碗里的粥，第一碗太热；第二碗太冷；第三碗刚刚好，所以她吃光了。

环境政策也遵循"金发女孩"原则。最优监管出现在成本和收益既不太高也不太低，而是恰到好处、适当平衡之时。

> 不受监管的市场经济会产生太多的污染。在无监管状态下，额外减排的社会收益（边际社会收益）超过额外减排的社会成本（边际社会成本）。而效率要求减排的边际社会收益等于边际社会成本。

这是什么逻辑呢？在不受监管的市场中，企业不会在减排上花钱。在零减排的情况下，减少污染的收益很大而成本很低，因此减排的净收益会很高。在另一个极端状态下，减少每一点污染都是无效率的，因为此时的成本将远超收益。相反，当减少污染的边际社会成本与边际社会收益相等时，就达到了最优的水平。

针对外部性的有效政策工具

按照有效管理外部性的条件，政府可以使用哪些工具来应对非个人外部性呢？最显而易见的行动是政府的防治污染计划，这些计划通过直接管制或经济激励促使企业纠正外部性。更精妙的方法则是强化产权，这为私营部门协商有效解决方案提供了工具。[1]

政府行动

对于几乎所有的重大外部性，如污染、健康和安全，政府都依赖于直接监管工具，即社会监管。一个重要的例子是1970年美国的《清洁空气法案》，该法案要求减少汽车尾气中三种主要污染物的排放量。例如，要求一氧化碳排放量至少减少90%。

这些方法有时被称为命令控制型方法，因为它们与军事决策的结构类似。在命令控制下，将军认识到需要做的事情并确保采取适当的行动。将军会说："应该做这个，不应该做那个。"同样，在环境监管方面，政府要求企业采取某些措施，如在汽车上安装催化式排放净化系统以减少尾气排放。在这种直接监管中，假设政府了解最先进的技术，而企业只需要像好士兵一样服从命令即可。

这种方法被广泛使用，并配有大量复杂的监管法规来指导执行。任凭政治潮流变化，这些方法似乎是持久不变的。然而，它们的缺点是普遍缺乏经济效率。实现有效环境监管的基本要求是"减排的边际社会收益等于边际社会成本"。

在现实中，大多数监管规则的制定都没有进行过边际成本和边际收益的比较分析。而且政府很少知道实现排放目标的最佳技术，企业本可以用更低的成本，有时是低得多的成本实现减排目标。此外，不同企业可能有不同的生产结构，这意味着对有些企业而言减排是划算的，而对另一些企业则不是。

低效率的一个例子与地理位置有关。美国的大多数监管法规同等地适用于所有区域。然而，污染在人口稠密的城市造成的损害要比在人口稀少的农村地区造成的损害高得多。此外，针对不同的污染源采取的监管标准往往不同。例如，SUV（运动型多用途汽车）的燃油效率标准就没有轿车那么严格。研究发现，命令控制型工具的成本远远高于实现相同环境目标的必需成本。

为了克服直接控制的缺陷，许多经济学家提倡市场型监管。从本质上讲，市场型监管利用市场来纠正其自身的失灵。

一种方法是征收排污费，要求企业为每单位污染支付税款。例如，碳税可以设定为每吨二氧化碳40美元，这是排放每吨二氧化碳的边际损害的估计值。适当的排污费通过让企业承担其活动的社会成本，将外部性内部化。如果将排污费设定在边际社会损害上，利润驱动型企业就会像受到一只"修补过的看不见的手"指引，达到污染的边际社会成本等于边际社会收益的效率点。

私人方法

大多数人很自然地认为，与污染和其他外部性相关的市场失灵需要政府干预。法学学者已经证明，有效的产权界定有时可以替代政府行为。这一点与良治社会的第一个支柱有关，即一套界定产权和合同的法律，以便人们能够以确保可靠交易和公平有效裁决争端的方式互动。

私人部门的一种做法是依靠责任法，而不是直接的政府监管。责任法通过使施害人对其造成的损害承担全部责任将外部性内部化。[2]虽然责任规则在理论上是将生产的非市场成本内部化的诱人手段，但在实践中却有很多掣肘。它们通常涉及高昂的诉讼成本，在原有外部性的基础上又增加了额外成本。此外，许多损害无法提起诉讼，因为产权不完整（如清洁空气），或者因为外部性由大量公司共同造成（如化学品流入河流），或者因为某些领域的法律限制（如对集体诉讼的限制）。

第二种私人途径依赖于强有力的产权和各方之间的谈判。这种方法是由芝加哥大学的罗纳德·科斯（Ronald Coase）提出的，他指出，受影响各方之间的自愿谈判有时可以带来有效率的结果。它通常被称为"科斯定理"。

例如，假设一个农民使用的肥料流向下游并杀死了池塘里的鱼。如果池塘养鱼的生意足够赚钱，池塘主可以试着说服上游的农民减少化肥的使用。换句话说，如果联合经营能够带来利润，双方就有强烈的激励共同努力，并就肥料径流的有效水平达成一致。下游鱼塘主可以付钱给上游农民，让其停止污染，这样鱼塘主依然有利可赚。此时，即使没有任何政府防治污染计划，这种激励也会存在。

科斯定理提示了私人讨价还价的力量，即使对非个人的外部性也是如此。然而，在许多情况下，它并不适用。例如当产权无法清晰界定时（如清洁空气或气候变化）或者交易成本很高时（有许多当事方或不确定性很大的情况下），可能无法迅速有效地讨价还价。

因此，我们看到，解决外部性问题的方法有很多，所以需要谨慎选择适合问题的具体补救措施。不过，在更深的层次上，所有这些都涉及政府行动，可能是监管或征税，两者都是集体行动；制定责任规则和产权法律也是政治行为。例如，一个国家可以定义"污染排放权"，然后允许通过市场买卖这些权利。

这里的关键点是，对于非个人的溢出效应，即那些遍及整个经济和社会的溢出效应，应该由政府负责。人们可能会咳嗽和死亡，公司可能会繁荣或倒闭，物种可能会消失，湖泊可能会着火。但在各国政府通过适当的机制采取措施控制污染源之前，污染带来的危险还会继续存在。

作为个人偏好集合的政治

我们已经强调了绿色联邦制的重要性，它认识到绿色政策冲突的解决方案必然涉及不同的机构和决策过程。有些是个人层面的，有些会涉及企业，但最重要的外部性需要通过政府采取行动来解决。这就是绿色政治的切入点。

政治指的是由政体或民众集体做出的决策，通常是由政府做出的。一些重要的外部性，如空气污染、气候变化、基础知识的产生以及许多物质和智力基础设施的提供等，需要采取集体行动来应对。政府代表人民采取的行动包括提高收入、实施监管、对不合意的活动征税和对合意的活动补贴、界定产权和制定责任法等。

我们可以将政治视作聚合个人偏好的一种方式（见图13.1）。假设有一个问题，比如应对硫污染或保护黄石国家公园。人们（有些人知情，有些人根本不知情）对这个问题有不同的看法。然后，他们表达自己的观点并影响结果。一些公民不关心也不参与投票（图13.1中的空心圆）。有些人则通过竞选捐款或愚民政策产生不成比例的巨大影响力。

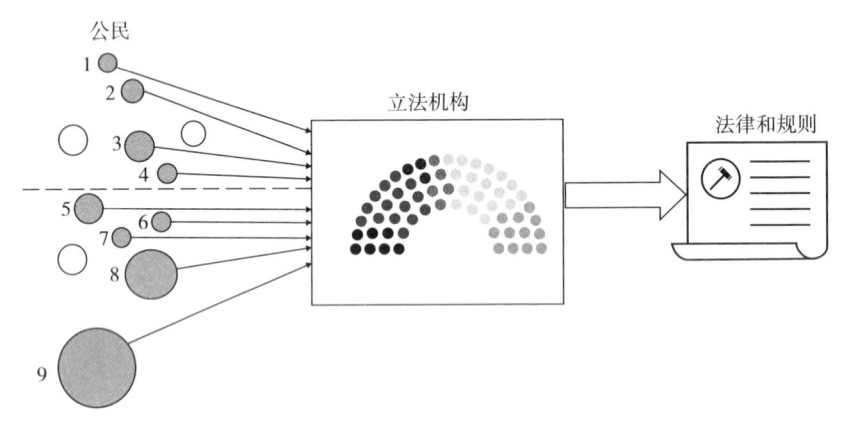

图13.1　上还是下？政治体系聚合公民个人偏好的过程

政治理论通常认为，决策是由"中位选民"做出的。因此，持中间立场的人往往成为投票结果的决定者。图13.1显示5号选民是中位选民，因为她处于频谱中间的位置。中位选民在直接投票中可能至关重要，比如加利福尼亚州就有害物质进行的公投（65号提案），或者英国就脱欧进行的公投。

在大多数情况下，政治决策是远离公民的，这意味着公民会选出能代表他们投票的立法者。假设选民既可以投票给"上"

（UP）党，也可以投票给"下"（DOWN）党。图 13.1 中虚线以上的人支持上党，虚线以下的人支持下党。下党获得了更多的选票，控制了立法机构。因为下党控制了选举结果，中位选民从 5 号选民移动到了 7 号选民，7 号选民是下党的中位选民。

或者是金钱影响了立法者，进而影响了选举。假设圆圈的大小代表美元的影响力。如果我们考虑中位数美元，中位数将转移到 8 这个既不代表政党也不代表广大人民的选民身上。

图 13.1 还显示了极化观点和政党的影响，这导致了绿色政治中的有趣扭曲。如果选民情绪发生波动，上党可能会获得支持，因为选民 5 会从下党转向上党。在情绪发生小波动的情况下，立法政治却发生了剧烈的波动，因为执政党的中位选民从 7 号选民变成了 3 号选民。

此外，极化理论表明，除非通过某种制度机制来稳定政治体制，否则，随着选举将一个政党推上权力宝座取代执政党，决策可能会从一翼迅速转向另一翼。

在美国，制度惯性阻止了实际政策的剧烈波动。例如，在联邦司法机构任职的人有终身任期，而参议员的任期为六年。但高连任率意味着许多国会议员一旦当选，就会任职几十年。

此外，美国的法律结构产生了很大的惯性，因为废除一项法律需要国会批准，这意味着一个政党必须同时控制国会两院和白宫，才能实施重大法律变革。事实上，即使在每一个地方都获得多数支持其实也是不够的，因为参议院对大多数法律只要求 60%的绝对多数。其他国家也有实施政治稳定的机制，以防止公众舆论的微小变化导致政治的剧烈变化。

第 13 章　绿色政治理论

环境政策也有周期?

美国已经形成了一套变化很慢但高度稳定的监管结构。尽管人们对空气污染的致命影响的认识最早可追溯到1952年的伦敦烟雾事件,但从认识到烟雾对健康的影响到美国出台联邦法律和监管法规,又花了近20年的时间。

然而,这些法律和监管法规一经制定,就会跨越多届政府持续存在。即使新一届政府想要让时光倒流(如1981年至1988年里根执政时期)或迅速收紧规则(如2009年至2016年奥巴马执政时期),立法和监管体系的惯性均意味着前进和后退的进程必然都十分缓慢。

考察监管体系稳定性的一个方法是看主要大气污染物的空气质量标准。图13.2显示了臭氧的空气质量标准,臭氧是最重要且需要花费高昂成本去控制的污染物之一。这一标准自20世纪70年代首次颁布以来从未放松过,实际上,民主党与共和党政府都收紧了这一标准。

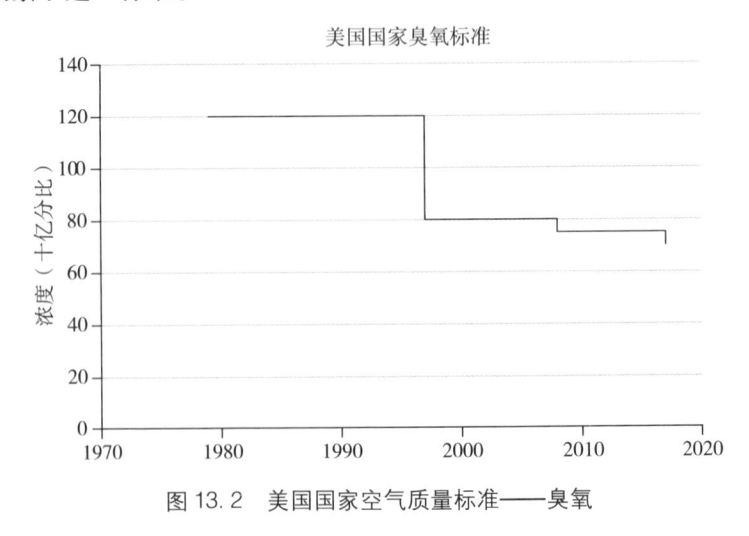

图13.2 美国国家空气质量标准——臭氧

如何理解美国环境规则的稳定性？在某种程度上，主要源于公众的大力支持。然而，同样重要的是，规则的确定需要通过一套冗长的程序，包括非正式的规则制定，其间必须要有新规则的详细提案和合理论证。当某一届政府试图在没有充分合法的理由的情况下撤销某些规则时，政府的提案很容易被美国法院以"武断和反复无常"为由驳回。

环境专家指出，与税收相比，规则的稳定性是一个重要的优势。当政治风向转变时，税法可以迅速改变。最近的例子是2017年特朗普政府的减税政策，当时对税法进行了大规模修改并在几周内通过。环保主义者担心，如果批评者掌权并在主要立法和行政部门获得多数席位，污染税可能会被送上"政治断头台"。

环境立法和规则是否有偏？

尽管美国的环境法律很稳定，但许多人怀疑这些法律和规则偏向于"金钱利益"，如图13.1中的大额美元选票。为什么会出现这种情况，证据是什么？

最简单的一种理解就是我们上面所说的，政治反映了公众观点的中间趋势。假设环境政策（如限制导致致命烟雾的污染物）的成本和收益在企业和公众之间分配。图13.3使用与图13.1近似的图形，但这幅图的底部是集中化的大型排污企业，它们可能是由富有的寡头拥有的化学公司。它们虽然数量不多，但主要集中在一两个污染行业，所以对它们而言减污成本巨大，可能高达数十亿美元。

然而，空气中的化学物质污染会使很多人的健康受损。它们由顶部分散且不协调的小圆圈表示。虽然有许多人的健康受损，但他们的政治力量微弱，因为他们的知识有限、缺乏协调、很分散，且每个人都只能从他们的个人行动中获得很少的好处。

如果我们把成本和收益分别加总起来，减少污染的净收益（收益减去成本）是正的，这表明环境政策符合公众利益。然而，公众利益往往并不占上风。图13.3中的两个大圆圈代表的利益集团会组织起来雇用游说团体，与联邦和州立法机构对话，提供大量竞选捐款，并在势均力敌的选举中发挥关键作用。

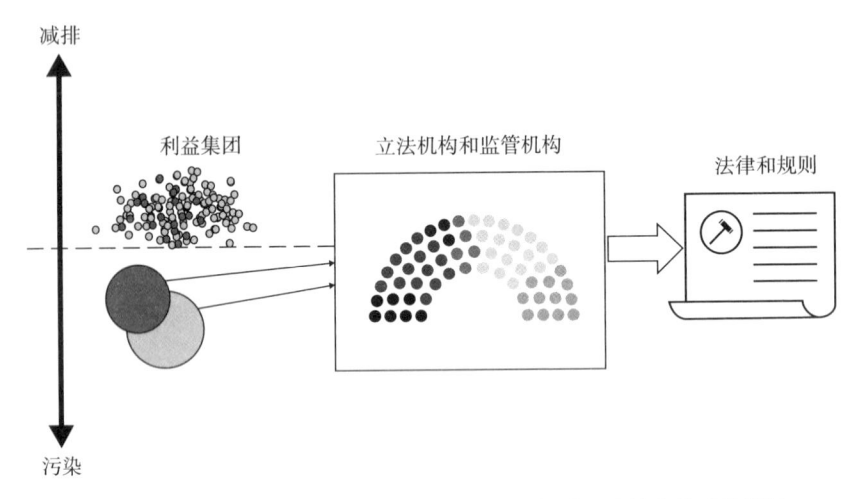

图 13.3　集中化的利益集团（两个大圆圈）超过了分散和缺乏协调的利益集团（小圆圈军团）

曼库尔·奥尔森（Mancur Olson）的集体行动理论为此提供了解释。他认为，少数人能够有效地组织起来以争取他们的利益，而多数人却没有足够的激励组织起来并得到有效代表。[3]

我们可以用钢铁关税的例子来说明奥尔森的理论。几十年来，钢铁关税被反复征收和取消，最近一次是在2018年。钢铁关税会使美国钢铁生产商受益，但给钢铁的消费者（如汽车、电器和管道的生产商和消费者）带来巨大成本。

这里就是奥尔森理论的用武之地。钢铁行业有自己专门的游说和律师团体为关税辩护。相比之下，美国数百万钢铁产品的消费者无法有效制衡钢铁行业。鉴于谈判能力的不平衡，钢铁行业在钢铁关税游说中经常占上风也就不足为奇了。

政治理论具有指导性，但也留下了太多的可能性。我们应该相信中位选民理论吗？如果我们认为中位选民是关键，那么这应该是所有选民的中位选民，还是执政党的中位选民，抑或是以财富衡量的中位选民？也许最具凝聚力和拥有最强大游说力量的团体将决定结果。或者，当公共卫生专家就烟雾、臭氧或硫污染的危害提出有说服力的证据时，他们的说辞能占据主导吗？下一章将考察绿色政治的实证证据，以确定是否存在普遍适用的答案。

第 14 章　绿色政治实践

上一章描述了理解环境政治的标准方法，本章将对环境政治的经验教训进行实证分析。本章将从经济增长和民主等广泛视角切入，然后探讨其中的一些重要领域。

民主与环境

我们从政治力量对环境质量的影响开始本章的讨论。也许最重要的问题是"民主"对环境的影响。

民主似乎是一个模糊的术语，但政治学家已经开发出了衡量国家民主或专制状况的量化指标。例如，"政体研究项目"*（Polity project）使用三个主要因素来衡量民主：一是存在公民可以选择其政策和领导人的制度和程序；二是对政府权力的制度约束；三是保障所有公民的公民自由。一个极端是完全民主的国家（计为10分），如美国、加拿大和德国。在另一个极端（计为负10分）

---

* Polity project，由美国学者 Ted R. Gurr 于 20 世纪 60 年代领衔的一个研究课题，对 1800 年至今的所有独立国家的政治组织进行编码，为研究人员进行比较研究和定量研究提供数据基础。——编者根据百度资料整理

是像朝鲜和沙特阿拉伯这样的专制政权。

关于民主对环境的影响有什么发现？事实上，几乎没有关于这一主题的实证文献。我们或许可以找到一些零散的研究，但这在很大程度上依然是一个未知的领域。本章试图将其中一些线索串联在一起，但仍有许多工作亟待完成。

政治学家发现了民主社会的几个特征。其中最重要的一点是，与其他形式的政体相比，民主国家更不容易与其他民主国家发生战争。这种趋势，有时被称为"康德式和平"，以提出者哲学家康德的名字命名，这一发现多年来一直很稳健。你可能认为康德式和平与环境问题相去甚远，但事实上战争是环境的死敌。实际上，对人类和全球来说，最糟糕的结果无非是一场大规模的核战争和"核冬天"。*

图14.1揭示了1945年以来战争致死人数的总体下降趋势。[1]在过去70年中，战争死亡人数和重大战争的发生率下降是民主对环境的主要贡献之一。

环境库兹涅茨曲线

环境改善的另一个关键因素是经济发展。富裕国家往往更加民主，它们也能够负担得起强有力的环境政策。因此，人们对财富与环境之间的相互作用非常感兴趣。

---

* 核冬天假说是一个关于全球气候变化的理论，它预测了一场大规模核战争可能产生的气候灾难。核冬天理论认为：当使用大量的核武器，特别是对城市这样的易燃目标使用核武器，会让大量的烟和煤烟进入地球的大气层，这将可能导致非常寒冷的天气。——编者注

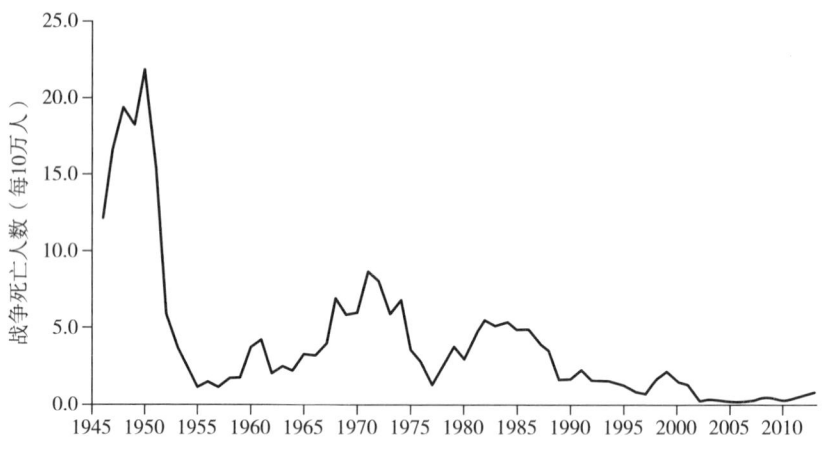

图 14.1　1946—2013 年战争致死人数

一种常见的解释是被称为"环境库兹涅茨曲线"（KEC）的理论。粗略地说，就是"环境会随着经济发展先变坏再变好"。更确切地说，该假说认为，在经济发展的早期阶段，污染排放量先随着工业的兴起而增加，然后随着收入的增长、服务业逐渐在产业结构中占据主导而下降。

正如我们将看到的，环境库兹涅茨曲线的证据是不明确的。一个有趣的例子是二氧化碳排放，这是一个有用的指标，因为它在几乎所有国家都得到了很好的测量，并且是表征气候变化的重要因素。图 14.2 显示了人均 GDP 和碳强度（单位产出的二氧化碳排放量）之间的关系。很明显，在人均 GDP 达到约 15 000 美元之前，碳强度随着收入的增加而增加，之后随之下降。下降的主要原因是产出构成发生了变化（从农业到工业再到服务业）。图 14.2 中的曲线展现了充满希望的未来，尽管在未来几年里碳排放水平几乎不会明显下降。

虽然图 14.2 中的环境库兹涅茨曲线看起来是倒 U 形的，但如果采取其他指标，则会有不同的结果。例如，如果图 14.2 的纵轴换成总碳排放量，我们会发现曲线无时无刻不在上升。

另一个趋势来自本地污染物，如细颗粒物（PM2.5，直径小于 2.5 微米的颗粒）。颗粒物的来源很多，但从污染控制的角度看，最重要的是来自燃煤的排放。目前的分析更多着眼于浓度而不是总排放量，因为浓度是对健康造成损害的重要因素。

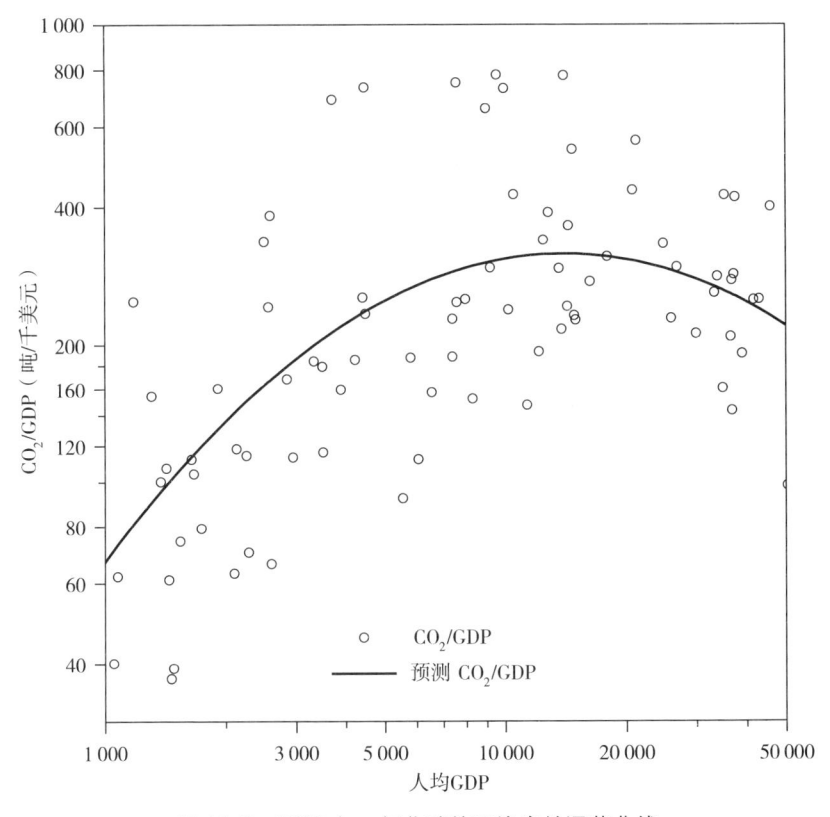

图 14.2　2000 年二氧化碳的环境库兹涅茨曲线

我们稍后将在本章后面讨论美国在颗粒物监管方面的经验，当下我们先研究世界各地的经验。最近的数据表明，颗粒物浓度并不遵循库兹涅茨曲线。相反，从 1990 年到现在，主要国家在各个产出水平上的细颗粒物浓度都在下降。2010年，人均产出每翻一番，PM2.5浓度就会下降25%。收入与污染的关系可以通过将国家分为高和低两组来观察。2010年，最贫穷的20个国家PM2.5的平均浓度为41微克/立方米，而最富裕的20个国家的平均浓度为14微克/立方米。

第二个关系是排放与民主之间的关系。我们可能会认为，民主国家应该更清洁，因为它们更能倾听民意，民众更知情且能自由表达自己的观点，以及民主政府更有可能在国际环境问题上与其他国家合作。

总体而言，证据支持民主制度的亲环保性。人们普遍发现，民主制度健全的国家污染更少。正如一项研究指出的，"民主可以帮助改善环境，但前提是要给它留有足够的时间来增强问责机制、推进信息披露、培育社团生活、促进国际合作和加强制度发展"。[2]

回到颗粒物的例子，图14.3显示了有数据的80个大国的民主得分对颗粒物浓度的影响。显然，民主国家的空气更清洁。据估计一个完全民主的国家要比一个完全专制的国家少45%左右的污染（在其他条件相同的情况下）。1990—2010年，在民主得分较高的国家，颗粒物浓度下降幅度也比专制国家更大。虽然影响是显著的，但这一统计相关性对样本选择和参数设定是敏感的。

关于民主制度重要性的结论强化了上一章的观察。早期的讨论表明，美国的制度结构对环境挑战反应迟缓，但它具有持久性且能够抵御政治风向的突然和临时转变。其他国家的经验加强了这一观察，表明民主力量在制定和持久执行强有力的环境政策方面能发挥其效力。

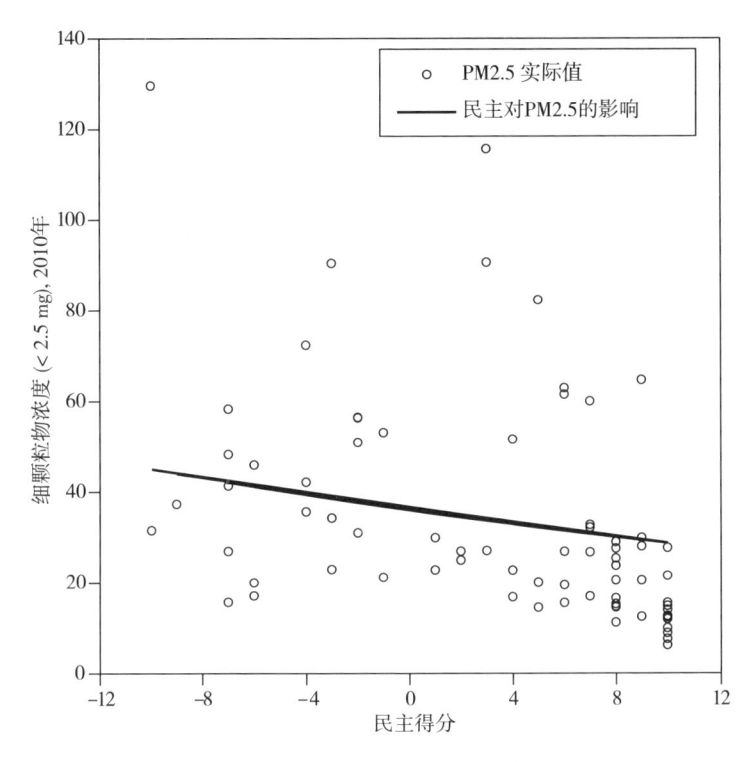

图 14.3　2010 年民主与污染

注：这张图表显示了各国 PM2.5 浓度与其民主得分之间的关系。直线是统计回归的预测，而圆圈是指具体的国家。

资料来源：关于全球污染死亡率的数据来自 Michael Brauer, Greg Freedman, Joseph Frostad, Aaron Van Donkelaar, Randall V. Martin, Frank Dentener, Rita van Dingenen et al., "Ambient Air Pollution Exposure Estimation for the Global Burden of Disease 2013," *Environmental Science and Technology* 50, no. 1 (2016): 79 – 88, doi: 10.1021/acs.est.5b03709；产出和人口数据来自世界银行；民主得分来自 Polity 网站：https://www.systemicpeace.org/polityproject.html.

政治、分配政治与环境政策

对环境监管的经验研究证明了上一章强调的两个因素的重要性。我们看到了社会福利与利益集团权力之间的冲突。有时，集中化的利益集团（如钢铁或石油行业数量少但大而富有的公司）

胜过了分散的利益集团（数以亿计缺乏信息或资源的石油消费者）。不过，我们可能想要知道，集中且富有的利益集团在多大程度上支配着（通常更关心自己日常生活的）公众的利益。简而言之，环境政策是更有利于社会福利还是与社会福利相背离？

目前并没有统一的方法来评估和衡量环境政策的有效性，本章用关税、硫污染政治与气候变化三个例子来说明奥尔森的集体选择理论是如何在分配政治和环境保护上发挥作用的。

关税

我们从关税开始讨论。关税似乎距离环境政策很遥远，但这是研究狭义利益和广义利益冲突的经典领域。关税是对一小部分进口产品（如钢铁或木材）征收的税，他们倾向于偏袒一个狭小的群体（征收关税产业的国内企业和该产业的工人），而损害广大消费者群体的利益。

举例说明：假设美国对进口钢铁征收10%的关税。下面列举的数据非常简化但足以说明问题。美国消费约1亿吨钢铁，耗资约1 000亿美元，其中30%来自进口。如果关税将钢铁价格提高10%，消费者将额外支付100亿美元。其中，约70亿美元将流向钢铁行业，可能会被70家企业瓜分，每家企业都新增1亿美元的额外利润。因此，钢铁企业较高的利润是集中的收益。相比之下，100亿美元的损失将由3.3亿消费者分摊，平均每人损失33美元。虽然这是个简化的例子，但钢铁关税是集中收益和分散损失的一个很好的例子。

詹姆斯·麦迪逊在《联邦党人文集第10卷》中清楚地描述

了关税政治的本质：[3]

> 土地所有者、制造业企业、商人、金融业以及其他小规模的利益集团，在文明国家里必然会形成，并在不同情感与见解的支配下形成不同的阶层。管理这些各种各样又互不相容的利益集团，是现代立法的主要任务……"本国工业是否需要以及在何种程度上通过限制外国工业而得到鼓励？"土地所有者和制造业阶层对此有不同的答案，可能两者都不会专门关心正义和公共利益问题。

美国关税的历史显示了麦迪逊的智慧。由于部门和行业利益的驱动，美国在其历史上的大部分时间里都是一个高关税国家。从1880年到1930年，美国的平均关税率接近40%，如图14.4所示。

关税有时被称为经济保护，主要集中在制造业，高关税保护了国内工人和企业免受进口冲击的影响。美国制造业大多位于其东北部和中北部，大致从缅因州到伊利诺伊州。这一地区在历史上一直是高制造业关税的政治支持中心（例如1828年和1929年的关税）。毫不奇怪的是，2016年特朗普竞选中的保护主义言论使其在中北部各州大获全胜，这些州自美国建立之初就是关税的笃定支持者。

如图14.4所示，1929年之前的关税"跷跷板"很大程度上反映了国会中两个主要政党的政治命运。[4]关税对理解绿色政治的启示是，正如麦迪逊预见的那样，这主要是地区利益集团斗争的结果，而不是财政结构有效设计决策的结果。

关税是消费者和生产者利益不平衡的一个很好的例子。如图14.4所示，数十年来，集中的生产商利益集团胜出，关税居高不

第14章 绿色政治实践 171

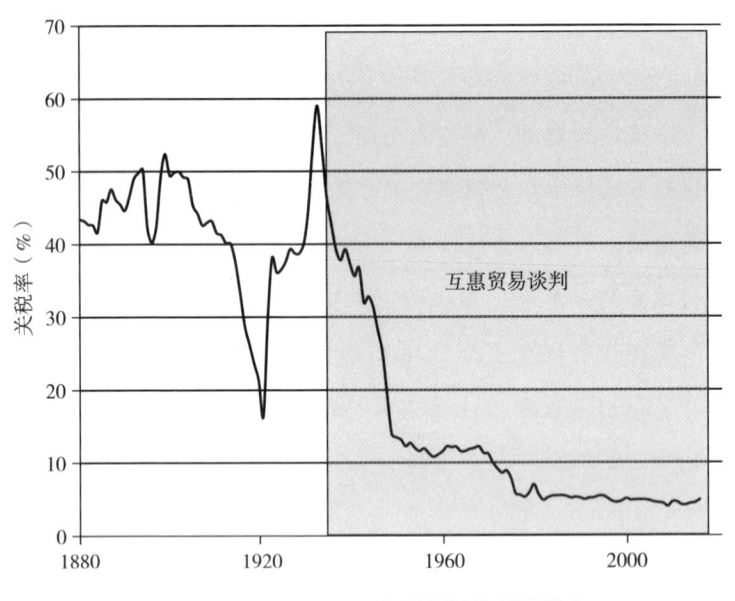

图 14.4　1880—2015 年美国平均关税税率

下。但这种情况又是为什么以及如何被结束的？20 世纪初发生了两个根本性变化：第一个是 1914 年引入的所得税，这降低了关税的财政必要性，且对资助战争和一战后福利国家的崛起至关重要。

第二个重要变化是互惠的出现，各国认识到，如果希望他国降低关税以促进其出口，就需要降低自己的关税。随着美国在一战后从工业制成品的净进口国（直到 1910 年）转变为主要出口国，互惠在美国变得尤为重要。

在富兰克林·罗斯福执政（1933—1945）早期，恰好发生了从非合作的高关税（直至 1929 年）转向合作的基于谈判的互惠关税。罗斯福（错误地）认为，高关税是大萧条持续和加深的主要决定因素，但他对关税政策没有明确的看法。然而，罗斯福的国务卿科德尔·赫尔（Cordell Hull）坚决主张通过合作和谈判降低贸易壁垒。1933 年，他写下了值得今天仔细阅读的文字：[5]

多年来的灾难性经历造成了无法估量的巨大损失和伤害，使长期以来奉行的狭隘和盲目的极端经济孤立政策完全丧失了信誉……经过深思熟虑，我决定宣布并致力于推行一项广泛的政策，即消除或降低各种过度的国际贸易、外汇和金融壁垒，并实施能够大幅提高国际贸易量的商业政策。我的这部分建议是基于一个信念，即这些自由的商业政策和贸易量的增长将构成文明国家在第一次世界大战后可能建立的任何和平架构的必要基础。

从1934年的《互惠贸易法案》开始，经过几轮谈判，美国和其他国家逐步取消了关税和非关税保护主义结构。全球化的兴起很大程度上得益于致力于减少贸易和金融壁垒的国际合作精神及其取得的实质性进展。

最近的历史提醒我们，各国每前进两步就会后退一步。特朗普政府为了政治目的，鼓吹关税和保护主义，疏远了盟友，破坏了国际贸易体制。小规模的贸易战已经发生，但就像军事战争一样，最后几乎没有真正的赢家。

截至2020年，国际贸易体系的前景仍不明朗。但绿色政治的教训是有启发意义的。在地区和行业利益占主导地位的历史时期，少数人的利益战胜了多数人的利益。但狭隘的利益集团对关税的铁腕控制逐渐松动，因为主张取消特殊利益集团的权力和相互合作的观点开始主导贸易政策。将关税的分配政治从国会手中夺走的合作政策战胜了特殊利益集团。

硫污染政治

空气污染的政治，特别是硫氧化物（SO_x），也许是美国所有绿色问题（气候变化是主要的长期全球问题）中最重要的。二氧化硫主要源于煤炭和其他化石燃料的燃烧，但也有其他来源，如采矿和燃木壁炉。二氧化硫是有害的，当它与其他化合物结合形成小颗粒或可吸入颗粒物时，变得特别危险。硫氧化物和可吸入颗粒物会对人类健康造成严重影响，并会破坏生态系统。

硫污染政治的一个有趣特征是早期环保行动主义者对"酸雨"的关注。硫氧化物（呈酸性）导致的酸雨会使湖泊和森林的酸度升高并损害这些生态系统。其不利影响包括对鱼类和淡水中其他生物的损害，酸化对土壤的损害，以及对森林的间接影响。20 世纪 70 年代末及以后，出于对酸雨带来的种种危险的担忧，美国政府首次出台了控制硫排放的重大政策。

关于硫污染的政治（以及更普遍的环境政策）可以通过关于酸雨的争论得到很好的说明。当保守的里根政府于 1981 年上台时，其目标之一是减少环境监管，并迅速将重点放在提议的酸雨监管上。在动机不纯的外部"科学家"的支持下，里根政府认为酸雨背后的科学理据不足以支撑昂贵的监管。根据里根政府的说法，造成酸雨的原因、酸雨的影响以及酸雨的形成机制都存在不确定性，而相互矛盾的证词和专家强化了这种不确定性。

与此同时，公共卫生专家正在研究空气污染对人类健康的影响。空气污染（烟雾和二氧化硫排放）与健康之间的联系逐渐显现，到 20 世纪 70 年代，公共卫生专家已经掌握了这种联系的具体证据。在 20 世纪 80 年代和 90 年代，量化的暴露－反应关系得到了有力的证明。

公共卫生专家的研究发现，空气污染对全球健康的影响巨大。据估计，2015年全球有400多万例过早死亡与空气污染有关，其中一半发生在中国和印度。最密切相关的污染物是颗粒物、臭氧、二氧化氮和二氧化硫。如果我们只考察颗粒物导致的死亡率，美国的死亡人数估计在1980年达到9万人的峰值，到2006年下降到6.8万人，到2016年下降到3.6万人。[6]

对二氧化硫和其他空气污染的监管在地方、州和联邦层面都有，但此处的讨论将聚焦在联邦政策上。最主要的法规是1970年的《清洁空气法案》以及1977年和1990年的修正案，每一次修订都允许采取新的方法并收紧标准。

1990年的修正案是环境法的里程碑之一，它引入了一种被称为"可交易的许可证"或"总量控制与交易体系"（cap-and-trade）。在这种全新的方法下，国家将限制每年全国硫污染物的总排放量。政府把排污许可证分配给排污企业。此外，企业可以根据运营需要购买和出售排污许可证，该体系能确保以最低成本达到总污染控制目标。

美国主要空气污染物的变化趋势令人印象深刻。以最具破坏性的排放源为例：工业二氧化硫排放量从1970年（《清洁空气法案》颁布时）每年3100万吨的峰值下降到2016年的270万吨左右。

绿色政治的一个重要问题是，政治体系如何应对硫污染的风险。对此的讨论，我将重点关注美国，尤其是从1990年到2016年这段时间。1990年是一个转折点，美国通过了允许硫排放许可证交易的法律。表14.1将过去25年分为四个时期（分界点是1990年、2000年、2006年和2016年），并显示了这几个时期的相关增长率。

表14.1的最后一栏显示了与发电相关的最具破坏性的污染物（细颗粒物或PM2.5）浓度。它显示了急剧下降的趋势，每单位电力的污染物浓度平均每年下降4%以上。最令人印象深刻的变化是二氧化硫排放量的下降，从1970年的3 110万吨下降到2006年的1 310万吨，再到2016年的230万吨。硫排放量的下降有许多原因，但主要是由于联邦的监管越来越严格。在1990年后的一段时间里，排放额交易制度起到了有效的作用；而2011—2015年间对空气排放中有毒物质的严格监管是另一个重要因素。然而，如表14.1所示，二氧化硫排放下降的其他助力因素还包括电力生产趋稳和煤炭使用（硫的主要来源）的减少，以及天然气竞争力的提高。

绿色政治的下一个极难回答的问题是，对空气污染的总体严格监管是否符合"不太强也不太弱"的金发女孩标准，即成本和收益的适当平衡。如何比较污染减排的边际社会收益与边际社会成本？

表14.1 决定空气质量的主要因素

时期	发电量	耗煤量	SO_2排放量	PM10	PM2.5	PM2.5/发电量
	年均变化率					
1990—2000	2.3%	1.8%	−3.4%	−2.5%	−2.8%	−5.1%
2000—2006	1.1%	0.4%	−3.7%	−1.4%	−2.5%	−3.6%
2006—2016	0.0%	−4.2%	−15.8%	−1.6%	−4.0%	−4.0%

尼克·穆勒（Nick Muller）及其同事研究了污染监管是否严格的问题。[7]他们估计，2010年多排放一吨二氧化硫造成的增量损害约为2 000美元，而当年二氧化硫排放许可的平均价格仅约为

每吨40美元。二氧化硫排放许可证的价格和排放的边际损害之间的差异表明，对硫的监管过于宽松了。

到2017年，硫排放许可证价格已降至每吨6美分，因此排放基本上是免费的。排放价格之所以大幅下降，是因为硫的排放相对于量化的监管标准实际上已经很低了。虽然没有计算减排的边际收益，但最近关于硫排放的边际损害估计是每吨超过6 000美元。[8]

环境监管已经大幅降低了硫污染的排放量，在过去的半个世纪里，排放量已降低了90%。但目前的监管制度过于宽松了，因为硫减排的边际成本（排放许可证的交易价格）远远低于它在改善公众健康方面的边际收益。如上所述，美国每年约有3.6万人因颗粒污染物而过早死亡，进一步收紧监管标准可以大大降低这一数字。

此外，硫污染监管说明了最初的"总量控制与交易"存在重大问题。当排放量下降到总控制量以下时（无论是出于监管原因还是出于市场原因），该污染物的市场价格可能会大幅下降，甚至降为零。早些年，欧洲碳排放交易体系（ETS）也是如此。价格的急剧下降可以通过设置价格下限来避免，或者更好的是，正如我们将在后文看到的，通过使用排放税（二氧化碳排放税，或此处讨论的二氧化硫排放税）来防止。关键在于，排放价格应反映额外排放的边际损害，这样即使排放量降至控制目标以下，排放价格也不会降为零。

气候变化政策

气候变化是我们可以用来研究政治体系如何应对绿色挑战的

最后一个例子。我们将在有关全球绿色问题的章节中讨论气候变化涉及的问题。那些章节将指出，一项有效的政策涉及为二氧化碳和其他温室气体制定合理的价格，以反映这些排放造成的边际损害。二氧化碳排放的边际损害有一个特殊的名称，即碳社会成本（SCC）。大多数计算都是针对全球层面的碳社会成本的，以反映碳排放对所有国家的损害。一项有效的政策将使每个国家每个行业都有统一的碳价，且等于碳社会成本。设定全球统一且合理的碳价是应对气候变化的有效政策的"全部"要求。

乍一看，这个要求似乎简单得令人难以置信。有效监管的唯一要求就是设定等于碳社会成本的全球统一碳价这么简单？是的，原因很直观。一个二氧化碳分子进入空气后就会与其他二氧化碳分子混合。可以说，每个分子都是匿名的，并且在未来对气候变化的影响也是相同的。因此，世界各地每个排放源排放的每个二氧化碳分子的监管价格应该是相同的。

碳社会成本的实际大小是多少？计算碳社会成本是极其复杂的，但已经通过若干模型对此进行了计算。美国政府全面评述了几项研究，并估计2020年全球层面的碳社会成本约为每吨二氧化碳40美元。这一估计仍具有很大的不确定性，但几乎可以肯定的是，它低于实现将气温升高限制在2℃这一国际目标所需的碳价。不过，我们可以在当前的讨论中使用美国政府估计的碳价。

绿色政治的关键问题是，世界各地的减排或实际的碳价与有效率的碳价相比，处于何种水平。世界银行估计，2018年全球实际平均碳价为2美元，约为碳社会成本的1/20。[9]全球唯一执行统一碳价的地区是欧盟。其他主要国家（中国、美国和印度）有一些地区性的碳价，但目前还没有全国性的碳价。

因此，关于气候变化的基本结论是，当前的政策力度要比有效率的政策或实现当前国际气候目标的政策弱得多。

为什么针对其他许多污染物的政策取得了成功，而气候政策却如此失败？对于政治上未能满足气候变化政策需要的原因，在有关气候变化的分析中有详细讨论，这里可以简要总结一下，有些原因与美国国内政策的原因相同。强有力的气候变化政策带来的收益是分散的，但其成本是集中的。此外，许多收益未来才能看到，而政治体系往往会过度低估未来的收益。

然而，政策失败的主要原因在于气候变化是全球外部性。各国可能只关心本国的碳社会成本，而不关注全球的碳社会成本。因此，与国内政策不同，气候变化受制于国际搭便车问题。这是一种典型的搭便车综合征，各个国家都不愿意采取强有力的气候变化政策，因为大部分收益可能是其他国家获得。我们将在有关全球绿色问题的章节中看到，搭便车是当前全球气候变化政策的一个核心缺陷。

把所有这些原因放在一起，我们看到气候政策面临强大的阻力。结果就是，这些政策过于温和，无法对二氧化碳排放、气温上升和海平面上升产生实质性影响。

小结

在之前两章回顾的绿色政治的众多发现中，有三点引人注目。第一个发现是，必须强调，绿色运动的许多挑战只能通过政府政策来应对。这些措施包括建立一套法律框架，让实体对其有害行为负责，以及对污染和传染病等最重要的溢出效应制定监管政策。这一点提醒我们，政府提供公共品是良治社会的核心支柱之一。

第二个发现是，环境政策往往落后于科学发现许多年。早在政府采取有效措施之前，科学家们就知道烟草、硫排放和烟雾、气候变化和流行病的危害。出现这种滞后的部分原因是政府甚至民主国家的政府在其行动中有很大的惯性。政治行动需要收集证据、权衡利益、克服异议、通过立法、制定监管规则和执行方案，最后才是采取行动。滞后也反映了集中化的既得利益集团阻挡和限制缺乏协调且分散的利益受损者采取行动。此外，政治领导人受到金钱利益和反科学派别的影响时会设置障碍，这也导致了政策滞后。

第三个发现是，需要合作与协调以克服国家层面的派系利益和国际层面的搭便车行为。在此处讨论的国际贸易、硫污染和气候变化三个案例中，缺乏合作阻碍了有效制度体系的形成。在贸易和硫污染方面，国家最终达成了合作，以实现集体利益。然而就气候变化而言，搭便车和缺乏协调仍然是有效政策面临的主要障碍。

第 15 章 绿色新政

从 2018 年开始，绿色新政（GND）的想法在美国人的意识中闪现。它的出现，部分是因为特朗普政府决心要废除许多环境政策，部分是因为人们认识到气候变化的严重后果。它也俘获了美国民主党自由派的心。考虑到它的重要性（可能是短暂的），这一想法值得仔细审视。

新政

绿色新政的灵感来自 20 世纪 30 年代的新政。原始版本的新政是民主党总统富兰克林·罗斯福在大萧条期间推出的一套创新型政策。1933 年 3 月罗斯福上台时，美国的产出水平比 1929 年的峰值下降了 30%，劳动力的失业率达到了 25%。[1]

罗斯福位列美国历史上最伟大的总统之一。历史学家推崇的是，他作为反法西斯联盟的缔造者和军事领袖，领导四面楚歌的民主国家在第二次世界大战中取得了胜利。然而，与他的政治和军事记录相比，人们对他在新政期间实施的经济政策的评价则没有那么耀眼。

新政的核心经济内容是什么？罗斯福结束大萧条的努力在很

大程度上是基于不可信的经济推理。新政的第一个特点是，它从根本上说是实验性的，但最终彻底颠覆了初衷。例如，罗斯福最初的倾向是财政保守主义，减少财政赤字，提高税收。

凯恩斯等经济学家的影响和罗斯福本人的直觉，导致了罗斯福的财政政策出现了彻底的反转。联邦非国防支出从罗斯福就职时不到 GDP 的 2% 上升到二战前夕的 5%。事实上，联邦投资占经济的比重在 20 世纪 30 年代末达到了历史最高水平，而商品和服务的联邦支出比重自那之后也一直在下降。[2]

尽管规模已经很大，但新政的财政刺激在当时来看还是完全不够的。用凯恩斯的话说，罗斯福像挣脱"金枷锁"一样废弃金本位制是经济复苏的另一个因素。当然，所有这些都还不够。经济史学家认为，是第二次世界大战的军费开支带来的大规模财政刺激使美国经济走出了大萧条。[3]

新政的第二个特点是罗斯福愿意动用联邦政府的所有权力来对抗经济问题。1933 年以前，政府机构相对较少，联邦政府支出也很少。新政时期，政府项目和机构激增。如今保留下来的机构包括民用航空局、进出口银行、联邦通信委员会、联邦存款保险公司、联邦住房管理局、国家劳工关系委员会、证券交易委员会和社会保障管理局。

回顾过去，我们发现许多项目都经过深思熟虑且效果持久，其中包括社会保障、失业保险、存款保险和证券法。其他机构，如国家复兴管理局，到 20 世纪 40 年代经济恢复充分就业时就消失了。今天的"绿色新政"遵循了前任的步伐，提出了一系列新的或扩大的社会和经济计划，以实现其目标。

新政的第三个特点是强调减少经济不平等。由于大萧条减少了收入，摧毁了家庭和社区，减少贫穷和不平等的最重要途径是恢复充分就业。其他关键政策包括社会保障（消除老年人的贫困）、福利（为低收入群体提供补充收入）和失业保险。同样，绿色新政依样学样，关注一些尚未被满足的需求。

第四，20世纪30年代新政中的重要内容直接推动联邦政府出台了环境政策。罗斯福政府在环境保护领域开创性地提出了若干政策。为应对严重的干旱和"沙尘暴"（这些沙尘暴使得克萨斯州到南达科他州的大片地区变成了荒地），1936年颁布了一部关于土壤保护的法案。第二个项目是1935年的平民保护团（Civilian Conservation Corps）。一小撮年轻人驻扎在平民保护团营地，修复历史遗迹，捕杀蝗虫，建造塔楼和小路，平民保护团还承担了美国大部分的森林种植工作。新政的环境保护精神早于现代的环保运动，但很少强调外部性和污染。不过，早期的新政在为国家采取政策积极干预影响人类和自然的事务提供合法性和有效工具方面取得了重大突破。

在今天回看新政，说明政府可以不只是守夜人；用法学家费利克斯·弗兰克福特（Felix Frankfurter）的话说，它还可以成为"社会福利的有力推动者"。他的提醒在当前尤其重要，因为包括美国政府在内的许多政府有时是为领导人或政党而不是为社会谋福利，甚至为此不惜曲解和颠覆开放和民主社会的宝贵传统。

绿色新政的起源

虽然"绿色新政"的想法在过去20年中只是偶尔出现，但它经常被用作调整当前经济和政治结构以应对生态和环境危机的机制。[4] "绿色新政"的想法显然起源于《纽约时报》专栏作家托马斯·弗里德曼（Thomas Friedman）2007年的两篇专栏文章。

> 如果我们想要扭转气候变化的趋势，结束我们对石油的依赖，我们需要更多的东西：太阳能、风能、水能、乙醇、生物柴油、清洁煤和核能，以及节能环保。这需要绿色新政，因为要将所有这些技术培育到能真正规模化应用，是一个巨大的工程。
>
> 我们需要绿色新政，在这个新政中，政府的作用不是像在原来的新政中那样为项目提供资金，而是培育基础研究，在必要时提供贷款担保，并制定标准、税收和激励措施。[5]

关于绿色新政的首次系统性阐述源于英国，英国的新经济学基金会于2008年出版了一本小册子《绿色新政》。[6] 除了气候政策和基础设施，他们还呼吁"建立一支'碳研究团队'，为庞大的环境重建计划提供人力资源"。有趣的是，这一提议是在2008—2009年金融危机和经济衰退期间提出的。正是在这次经济衰退中强调的创造就业和经济刺激形成了早期提议的核心，并被纳入了2019年的提议。

自从托马斯·弗里德曼提出"绿色新政"这一概念以来，这个概念就在许多圈子里风起云涌，它频现于外交官、法学学者、环保主义者，偶尔还有经济学家的演讲中。

2018—2020 年的绿色新政

2018 年美国选举后，在一群更进步的民主党国会新议员的激励下，"绿色新政"出现了新的转折，并在 2019 年 2 月，随着众议员亚历山德里娅·奥卡西奥－科尔特斯（Alexandria Ocasio-Cortez）提出一项众议院决议，承认联邦政府有责任制定绿色新政，以及参议员爱德华·马基（Edward Markey）也提出类似的参议院决议，出现了里程碑式的转变。

虽然赢得许多进步人士和环保主义者的广泛赞誉，但这种做法很快就陷入了党派之争。众议院的共和党人提出了反对决议，"表达了众议院当中的意见，即绿色新政与自由市场资本主义和私有产权的原则相悖，完全是不加掩饰地试图在美国引入创建社会主义社会的政策，它不可能在美国得到全面实施"。

国会决议中设想的 2019 年版绿色新政是什么？[7] 这些决议包括三个主要部分，首先是列出许多关键的环境和经济趋势，其中提到了关于气候变化的最新报告，据该报告估计，到 2100 年，气温升高超过 2℃ 将导致每年 5 000 多亿美元的产出损失。在社会经济因素方面，该决议指出美国的预期寿命正在下降，以及 40 年来工资停滞、收入和财富不平等加剧的总体趋势。

第二部分列出了五大目标，包括：（1）实现温室气体零净排放；（2）创造数百万个高薪工作岗位；（3）投资基础设施和工业；（4）确保若干环境目标，如清洁的空气和水、健康的食品和亲近自然的机会；（5）促进公平和正义，特别是对易受冲击的弱势群体。

如决议第三部分所述，这些愿景应通过 10 年的动员并辅以一系列具体的目标和项目。其中许多目标没有明确的界定且雄心勃勃（经济安全、健康的食品、高质量的医疗保健、家庭农业）。其他目标可能超出了新旧政策的能力范围，比如"保证所有美国人都有一份工作，且其工资能维持家庭生活，不仅有足够的探亲假和病假，还有带薪假期和退休保障"。

聚焦于绿色新政的绿色部分，我们注意到几项关键的提议。首先是到2050年实现全球温室气体零净排放。这一目标是基于目前对实现全球变暖不超过2℃目标所需条件的分析。然而，必须强调的是，真正实现零净排放并不具有可行性，甚至连2015年《巴黎协定》中商定的政策也无法接近这一目标（关于全球绿色问题的章节对此有讨论）。

第二个具体目标是"通过清洁、可再生和零排放能源满足美国全部的电力需求"。虽然没有指定时间表，但这可能适用于10年窗口期或者类似于2050年目标。看看美国能源信息管理局在其2019年报告中所做的预测有助于理解这一目标。[8]2018年，化石燃料发电占总发电量的61%，预计到2050年将下降到55%。即使在美国能源信息管理局最乐观的估计下，到2050年，化石能源也只会下降到41%。目前的估计表明，在当前或近期的技术水平下，转向零净碳电力系统将使发电成本增加200%~400%。[9]

第三个主题是关于气候变化的提议："在技术可行的情况下尽可能消除污染和温室气体排放。"在技术可行的情况下采取最大措施消除排放的目标适用于基础设施、制造业、农业和交通运输业。这究竟意味着什么？它意味着不对政策进行成本收益测试。相反，这是不惜一切代价采取最大力度的政策。这种表述让人想起早期的环境立法，这些立法也通常使用"可用的最佳控制技术"或"最大可行"标准。这种方法对监管机构来说极具挑战,因为原则上它们会允许成本极高而收益极低的措施。

这就引出了第四点,除了决议包含什么,我们还要关注决议没包含什么。站在 2020 年的角度看,一个明显的遗漏是决议并没有讨论市场方法,如污染定价、污染税和排污许可证交易等环境政策工具。2019 年版绿色新政没有提及污染税或污染定价(如碳价或其他污染物的定价)。这表明,其目标主要是通过监管手段强制执行,就像 20 世纪 70 年代的第一代命令控制型环境监管一样。然而近年来,严格的监管规定越来越多地被市场型或市场补充型监管取而代之。

还有一个关键遗漏是,没有讨论国际政策协调的必要性,这对气候变化等全球公共品至关重要。如果不建立国际联盟,美国自己的行动很难在全球问题上取得进展。令人惊讶的是,决议也没提及目前应对碳排放的唯一成功机制,即限制二氧化碳排放的欧洲碳排放交易体系。

最后,绿色新政的主要内容是加强平等和公平的政策,而不是绿色政策。我们对绿色政策的分析强调了污染和拥堵等市场失灵的重要性。换句话说,绿色问题主要涉及资源配置不当或未能有效处理重要的外部性。这些问题有别于不平等、失业以及住房和食品等私人商品不足的问题,尽管也有相关性。虽然绿色新政的一些愿望直接与绿色目标有关,如遏制全球变暖,但大多数是关于其他目标的,如减少不平等和改善私人商品的供应。

因此,绿色新政描述的是一套广泛的政策组合,其中有一些政策旨在促进绿色社会,而大多数政策旨在处理类似原始版本新政期间处理的一系列更广泛的问题。

无论是持批评意见还是保留意见，2019年版绿色新政都是一起重大的政治事件，对其发起者来说也算得上成功。它既强调了绿色目标，特别是气候变化政策的目标，也着重说明了减轻低收入群体或严重受影响群体遭受的不利影响需要制定的政策。不幸的是，它回避了一个难以忽视的事实，即要想实现政策目标，气候变化政策需要采取更激进的提价措施，很可能是通过征收碳税。未来某一天，我们将不得不面对这一现实。

第四篇

社会和经济图景中的绿色

第 16 章　绿色经济中的利润

以下章节将探讨绿色理念如何应用于经济、环境和更广泛的社会领域。这些内容都彰显了绿色税收的强大潜力，同时证明了创新在实现社会目标方面的重要性。之后，我们讨论个人、公司和投资者的伦理行为。

贯穿讨论的一个主题是导致"棕色"行为的扭曲，而棕色行为引起了污染、拥堵和全球变暖。我们还将探讨个人经济地位或利润同社会福利之间的权衡取舍。许多扭曲，尤其是那些与企业和金融市场相关的扭曲，原因在于利润给出了误导性的信号。一个追求利润最大化的企业有时会做出带来负外部性的生产决策。需要再次澄清的是，其根本原因是价格与利润的误导，而不是公司具有邪恶的意图。

在进一步讨论税收、创新和伦理行为之前，我们转而考虑利润在私人市场经济中的作用。虽然这个话题看上去与本书的主题相距甚远，但它是核心环节。无论好坏，利润都是市场活动的主要驱动力，也许本书中的最大"恶棍"恰恰是那些扭曲的利润动机。带着这种想法，让我们来研究一下利润的定义、衡量及其潜在的扭曲。

对利润的不同看法

公众对利润的接受程度不一。通常而言，利润被认为是对顾客或工人肆无忌惮剥削的结果，或者来自公司在物资短缺时哄抬价格，又或者来源于能够让管理层发家致富的三纸牌蒙骗法（three-card-monte）。在电子时代，脸书和谷歌通过在人们不知情的情况下出售个人数据或允许俄罗斯干预选举而获得巨额利润。最重要的是，公司被指控将私人利益置于公众利益之上。

教皇方济各从神学角度抨击利润，他写道："如果只考虑利润，就会忽略自然的节奏，以及它所包含的衰败和再生阶段，或者可能因人类干预而被严重破坏的生态系统的复杂性。"[1]

另一种观点来自"自由企业资本主义"的支持者。他们通常将利润视为对创新和企业家精神的奖励。芝加哥学派经济学家米尔顿·弗里德曼（Milton Friedman）是这样解释的：

> 公司的税后利润大约是国民收入的6%……微薄的利润激励人们投资工厂和机器，开发新产品和新方法。这种投资、这些创新，为越来越高的工资提供了必要的资金。[2]

出版商史蒂夫·福布斯（Steve Forbes）说得更简单"没有投资，就无法实现经济增长。资本来自储蓄和利润。就这样！"[3]

有关利润的经济学

所有这些批评和辩护都不全错，但都没有囊括市场经济中利润的全部经济功能。我们把重点放在私人商品的生产上，并特别强调有效市场的"看不见的手"原理是良治社会的四大支柱之一。"看不见的手"原理指出，在一个理想的市场经济中，如果企业从事使其利润最大化的交易，同样也会使社会达到福利最大化的状态。（需要注意的是，理想状态下的私人商品是在完全没有外部性的情况下生产的，而且不考虑不平等问题。）

原因如下。首先是教科书上对利润的定义：利润是生产商品和服务的收入和成本之间的差额。这意味着利润是对消费者的销售价值与对工人和其他生产者支付的生产成本之间的差额。当销售价值增加和成本降低时，利润会增加。在理想的市场中，这样做会从社会的稀缺资源中"挤压出"最大的消费者满意度。一个关键细节是，在"理想"的市场经济中，收入和成本准确反映了社会价值。

当"看不见的手"原理成立时，它大大简化了个人和企业行为的伦理规范。它意味着企业和个人可以在不担心自己伤害他人的情况下开展活动。在一个理想的市场中，一个人的行为要对社会负责，只需要成为市场共同体中负责任的成员：努力工作、遵守规则。

然而，在我们对市场致以三次欢呼之前，在我们过于迷恋这只"看不见的手"之前，我们必须牢记其缺点：扭曲经济，甚至可能产生致命影响的外部性是确实存在的。市场产生的收入很多时候都是极其不平等和不公平的。因此，我们只需对市场和利润的作用致以一次欢呼即可。

利润的趋势

让我们来看看美国经济的利润趋势。为此，我们着眼于非金融企业部门，这是经济的核心。它包括制造业、采矿业、通信、信息、零售和批发贸易、运输以及许多服务业。这些行业的占比略多于商业部门的一半，占整个经济的五分之二。

2017年，美国非金融企业合计拥有价值18.7万亿美元的国内资本（涵盖工厂、机器、软件等）。它们的税前国内利润和相关收入为1.638万亿美元，税后为1.383万亿美元。国内非金融企业资本的收益率为7.4%。图16.1从时间序列的角度展现了收益率的变化趋势。表16.1则体现了过去半个世纪的收益率（税前与税后）、税率以及国债实际收益率的变化趋势。

图16.1和表16.1主要反映了三点。首先，从1960年到2019年，税后资本收益率一直波动，但大体上没有变化。虽然企业目

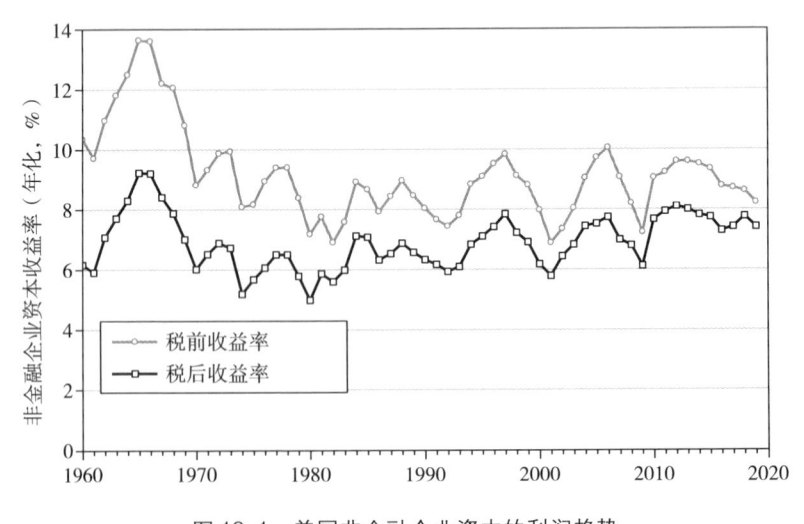

图16.1 美国非金融企业资本的利润趋势

前的盈利能力很强,但自有政府数据记录以来,它们的整体盈利能力只发生了轻微的变化。

科技巨头们日益增加的利润又是什么情况呢?实际上,它们只占企业总利润的一小部分。亚马逊、脸书、谷歌和微软等所有大型科技公司的利润仅占企业总利润的12%,尽管它们在股市中占据了更大的份额。

另一个有趣的趋势是,在此期间,公司所得税税率急剧下降,从前一个时期占利润的31%下降到后一个时期的19%,并在2019年达到10%的低点。这一税率下降趋势掩盖了税前利润的变化,而税前利润在过去60年中大幅下降。

表 16.1　美国非金融企业的盈利能力

	税前收益率	税后收益率	平均税率	国债收益率
1960—1985	9.8%	6.8%	31%	2.2%
1986—2019	8.7%	7.0%	19%	2.4%

注:此处的"利润"是广义的,是指包括利息在内的所有资本收益,下同。

最后一点是,相对于安全债券(国债)的实际利率或经通胀调整后的利率而言,公司资本是非常有利可图的。1960—2019年,公司的资本回报率比政府债券的回报率高出4个百分点以上。一般认为,这一差异反映了公司资本的风险溢价(风险源于公司利润的不确定性以及股票市场的波动性)。

然而,对大多数人来说,最令人惊讶的是,企业资本回报率虽然波动较大,但在过去60年里没有显示出任何大的变动趋势。[4]

作为股东价值的动态利润

利润是一个静态的概念,指的是一个时期内的净收入,比如一年。但人们更为关心的是利润随时间的变化,或当前和未来总利润的现值。对于企业来说,这被称为股东价值,是企业决策和企业社会责任的核心所在。

股东价值事实上并不复杂,它是公司所有股权或普通股的价值总和,有时也被称为市值。例如,在2020年秋季,苹果公司的股东价值为2.215万亿美元。

在最简单的公司金融理论中,股东价值是由股东未来的预期现金流决定的,或者更准确地说,是现金流的现值(包含股息和股票回购)。现值则取当前和未来的现金流,并以适当的贴现率进行贴现(见第13章讨论)。

对于不介意通过数学方式理解股东价值的读者,此处给出一个例子。假设ABC公司每年盈利100美元,并将其全部分配给股东。进一步假设贴现率为每年5%。那么股东价值(SV)和现值(PV)是2 000美元。

$$SV = PV = \frac{利润_1}{1.05} + \frac{利润_2}{(1.05)^2} + \frac{利润_3}{(1.05)^3} + \cdots$$

$$= \frac{100}{1.05} + \frac{100}{(1.05)^2} + \frac{100}{(1.05)^3} + \cdots = \frac{100}{0.05} = 2\,000 \text{美元}$$

因此,对于公司最大化利润的完整表述是它们应该最大化利润的现值,也即股东价值。

财务专家很快指出,这种理想化的股东价值观点基于许多不可靠的假设。例如,那些买卖股票的人不知道未来的现金流;他们不知道未来的货币政策或税收政策，所以他们不知道贴现率是多少；或许公布的现金流是由公司操纵的，目的是让管理层看起来不错，以推高股价。所有这些担忧都有一定的道理。但有一点需谨记：股东价值最终取决于无法确定的公司当前和未来的利润。

作为市场经济罗盘的利润

利润就像一个罗盘，为公司指明方向。在图16.2中，用北方表示社会需要的商品和服务，而南方指向破坏性活动，如产生有毒废弃物。因此，我们希望指针指向正北，而不是误导我们。在精确校准的罗盘指引下，经济探险队将朝着正确的方向前进，换句话说，在实践中，如果价格和激励措施得到适当校准，经济便能朝着理想的方向发展。

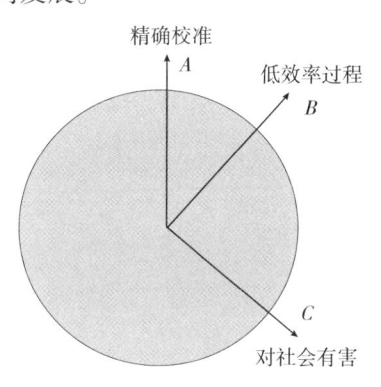

图16.2 作为经济罗盘的利润

然而，假设因为价格具有误导性，或者管理层的激励被扭曲，这个经济罗盘遭到损坏或校准出错，经济探险队很可能会朝着错误的方向前进，导致生产效率低下，如图中的B所示。或者，在极端情况下，罗盘可能指向完全错误的方向，如图中的 C 所示，出现给社会带来巨大危害的产品或活动。因此，准确的利润罗盘对引导经济走向正确方向至关重要。

重新校准经济的利润罗盘

为什么说利润如同经济的罗盘？首先，公司需要有利润才能生存。此外，由于利润归属于公司所有者，他们感兴趣的是利润最大化（或者，在动态视角下，股东价值最大化）。在此背景下，社会需要确保利润是社会价值的可靠衡量标准。

在一个精确校准的市场中，利润恰当地衡量了净社会价值，即社会价值和社会成本之间的差异。社会价值是消费者愿意支付的金额，而社会成本是生产者获得的收入。在此情况下，利润最大化就是净社会价值最大化。

假设利润因成分缺失而扭曲。例如，也许一种商品的社会成本没有包括污染成本，因为污染是不受监管且"免费的"，而污染的真正社会成本是每单位 Z 美元。然后，若遵循利润罗盘，将生产过多的产品，因为污染的成本未纳入考虑，其价格事实上低了 Z 美元。

重新校准利润罗盘：一个示例

重新校准利润的想法可能看起来很深奥，但事实上它是绿色经济有效运行的基础。如果利润提供了错误的信号，经济火车头就会开错方向。从气候变化政策的核心，即电力和二氧化碳排放的例子中可以清楚地看到这一点。

表16.2说明了这一点。表中第一栏显示的是2018年燃煤发电厂的运营成本，其中二氧化碳排放未被定价。收入为每1 000千瓦时60美元，燃料和其他可变成本为每1 000千瓦时32美元，因此利润为每1 000千瓦时28美元。这种计算说明了为什么即使考虑社会成本，燃煤电厂仍在继续运营，因为排放的价格实在太低了。

第二栏显示了利润计算如何随碳价而变化。在每吨二氧化碳排放价格为100美元时，每1 000千瓦时将增加81美元的额外成本。利润是负的，为每1 000千瓦时负53美元。在如此高的排放惩罚下，该电厂将停产并退出。

表16.2 外部性定价对燃煤发电利润的影响的说明性示例

成本/收入/利润	两种不同碳价下的成本/收入/利润（美元/1 000千瓦时）	
	每吨二氧化碳0美元	每吨二氧化碳100美元
收入	60	60
成本		
资本，燃料，其他	32	32
二氧化碳排放成本	0	81
利润（收入－成本）	28	－53

资料来源：成本估算来自能源信息管理局，详细说明见第19章。

准确估计外部性对利润的影响是一件复杂的事情。尼克·穆勒领衔的一项研究利用环境和经济数据估算了空气污染损害对真实价格和利润的影响。在某些情况下，污染成本如此之高，以至于实际利润（或产品的净社会价值）的估计值为负。在研究主要行业时，穆勒等人认为，由于排放监管过于宽松（换句话说，排放价格定得太低），七个行业生产的净社会价值为负。它们不仅包括燃煤发电厂（如表16.2所示），还包括采石场、固体废弃物焚烧、污水处理厂、燃油发电厂、码头和油煤产品制造厂。[5]

对利润修正的概述

对价格和利润进行修正的主要目的不是惩罚这些公司。相反，这是要为企业改变自身行为提供正确的信号。在表16.2所示的燃煤电厂的情形中，高碳价下的负利润信号将引导管理人员关闭电厂。同时，它亦给出了兴建低碳或零碳电厂的信号，这些电厂也许会使用天然气或风能。它还将进一步鼓励发明家和创新者开发更新、更好的低碳电力技术。这些例子无不在一定程度上强调了利润在为经济指明正确方向上的关键作用。

当利润激励导致公司管理层做出糟糕的决策时，会出现另一系列问题。管理层的薪酬经常与企业的短期表现挂钩，尤其是短期股价的上涨。这种激励可能会导致决策的"短期主义"。

例如，管理者可能会推迟降低本年度利润的投资项目，即使它们有很高的长期回报率。在最坏的情况下，如第20章讨论最不负责任的企业时将提到的，管理者可能会用危及生命的产品欺骗消费者，以维持利润，即使真相终究会败露，从而导致利润下降，甚至使公司毁于一旦。

因此，利润就像高速公路上的路标，指示着经济的发展方向。而绿色管理的目的恰恰是确保这个"路标"足够准确，不会使经济进入危险区域。随后几章进一步将这些概念应用于不同领域，包括税收、创新、个人伦理、企业责任和伦理投资等。

第 17 章　绿色税收

税收给人的印象历来很差。乔治·华盛顿依靠反税收运动成为美国第一任总统，他说："税收或多或少都会增加不便或令人不快。"[1]吉米·卡特说："联邦所得税制度是人类的耻辱。"[2]而老布什曾大声疾呼："听我说，我不会征收新的税款。"[3]此外，对最富有的美国人征收的高额遗产税被称为"死亡税"。总统候选人有数万亿美元的项目和补贴要兑现，但没有税收为之买单。

然而，经济学家却对税收持不同的看法：税收是我们为公共服务付出的代价。如果你需要给儿童提供良好的公共教育、给所有人提供医疗保健服务、环境保护、基础设施升级，你便需要为这些服务买单。正如大法官奥利弗·霍姆斯（Oliver Holmes）所说："税收是文明的对价。"[4]

人们常常认为税收和公共服务分属不同的世界。虽然这可能适用于个别项目，但总体上是错误的。算法很简单：从长远看，税收必须等于支出。更准确地说，如果一个国家没有债务违约，税收的现值必须等于支出的现值。

本章意在传递一个简单的信息。一些税收带来的伤害和痛苦可能比其他税收要小，事实上，有些税收甚至可能是有益的。表达这一观点的一种方式是："有一些税是受益税。它们用对坏商品的征税替代对好商品的征税。"本章将解释绿色税收背后的逻辑。

税收效率

一个多世纪以来，经济学家一直在关注税收的效率问题。经济学原理对税收的基本分析解释如下：当一种商品或服务被征税时，消费者获得的价格相应提高，生产者获得的价格相应降低。这种价格变动会降低该产品的产量。例如，有研究表明，高香烟税可以减少吸烟。

如果对投入（如劳动力或资本）征税，那么它将降低这些投入的税后收益，致使供给减少。因而，企业倾向于将业务转移到税收较低的国家，即所谓的"避税天堂"，如爱尔兰。因此，税收或补贴的净效应是扭曲了投入和产出水平，使它们从应税的活动转向了不征税的活动。

然而，税收的扭曲程度并不是一成不变的。对资本征税，尤其是在一个投资开放和资本自由流动的世界，往往是扭曲最严重的。例如，假设公司资本按净收入的50%征税，而对非公司资本不征税，结果便是公司资本数量减少，直至其税前回报等于非公司资本的两倍。如果征收高额公司所得税，房地产投资（因为特殊条款而税率较低）将会增加，而制造业投资（税率较高，因为几乎没有税收优惠）将会减少，这会导致整个经济体中住房太多而工厂太少。

对劳动收入征税的扭曲效应较小。研究发现，当税收导致税后工资下降时，人们倾向于维持工作时长。与资本不同，人们倾向于留在原处，不随便迁徙。人们不太可能因为高工资税而从美国移民到爱尔兰，因此工资税的扭曲效应小于资本税。

扭曲程度更小的是租金税，租金是土地和类似的供给固定的物品带来的回报。因为土地是完全无法移动的，无论赚多少，它都会"工作"。这意味着土地税根本不会影响土地的供给，土地租金税也不会产生任何扭曲。这一理论已被应用于高收入个人（如棒球运动员和商业大亨）的收入。不论税后收入上升（就像过去 20 年那样）或下降（如果对亿万富翁征收财富税），这些高薪人士都会努力工作。

绿色税收

环境税在扭曲程度最高（对资本征税）到扭曲程度最低（对土地征税）的税收序列中处于怎样的位置呢？事实上，它压根不在上述序列范围内。原因是环境税恰恰能够减少社会想要减少的活动。例如，对二氧化硫排放征收高环境税将减少这些排放的"产出"，从而降低了它们的危害。这意味着绿色税收是受益税，换言之，这类税收提高了经济效率，而不像其他税种降低了经济效率。

如果绿色税收是有益的，那么恰当的税收水平应该是多少？它们是应该设定在能够最大化政府收入的水平上，还是设定为所需财政收入（needed revenues）的固定比例？这就是最优污染理论能发挥作用的地方。我们对最优污染水平的讨论需要将污染的价格设定为等于其边际损害。在征收绿色税收的情况下，最有效率的结果是，企业为其污染支付的税收等于污染造成的外部损害。因此，假如公共卫生专家已经确定二氧化硫排放的社会成本为每吨 3 000 美元。那么，作为起点，对二氧化硫的有效税收将是每吨 3 000 美元。

这就引出了绿色税收的核心问题。当税率设定在等于污染的边际损害时，能够在商品、服务和减排之间实现最优的资源配置，也就是说，它将外部性内部化了。绿色税收不会造成扭曲。相反，它们减少了扭曲，因为它们减少了无效率的污染。假设对硫排放征收的适当税收可以减少燃煤电厂的产量，甚至关闭污染严重的燃煤电厂，那么这种反映了硫排放给社区带来的外部成本的税收，不仅减少了污染造成的扭曲，还提高了整体福利。

对此的基本分析如图 17.1 所示。图中纵轴是税率和收入，横轴是排放量。假设政府对污染物 XO_2 征收的污染税为 T，且等于污染的边际损害。考虑边际损害和税率等于每吨 1 美元的情形，如图 17.1 中的 A 点所示。税收收入等于税率（T）乘以应税的污染量，如图 17.1 中的 A′点所示。

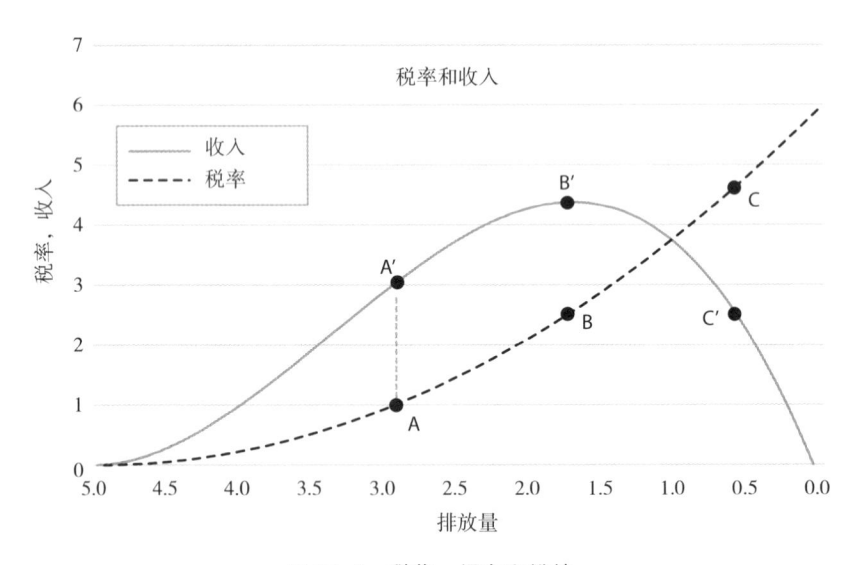

图 17.1 税收、损害和排放

注：税率（虚线）在横轴上对应排放量，在纵轴上对应收入。倒 U 形的收入曲线表明，当税率约为 2.5 美元时，收入达到最大值 B′（略高于 4）。此后，随着税率提高，收入下降。

假设图中 C 点时的损害更大，此时，将得到如 C′点表示的税收收入。令人惊讶的是，该收入低于税率和损害较低时的 A 点所示的情况。以 A′B′C′表示的圆顶形收入曲线是污染的拉弗曲线（以经济学家阿瑟·拉弗的名字命名）。

对传统税收来说，将税率提到如此之高以至于减少收入（越过了最大收入点 B′）将是愚蠢的财政行为，因为这既会造成高度扭曲，也会减少收入。而在绿色税收的情形中，最优税率却可能会高于税收收入最大化对应的税率。想想许多环保主义者的目标——将碳排放降到零，便能知晓这背后的逻辑了。（回想一下前面章节提到的绿色新政目标，即温室气体净排放量为零。）或许 500 美元的碳排放税就能实现这一点。在 500 美元的税率下，收入将为零。所以，我们或许会看到，最优绿色税率时的税收收入为零。

图 17.2 显示了净社会价值或福利作为税率的函数。最高的净收益出现在税收等于边际收益的那一点，即收益曲线的顶部。对于

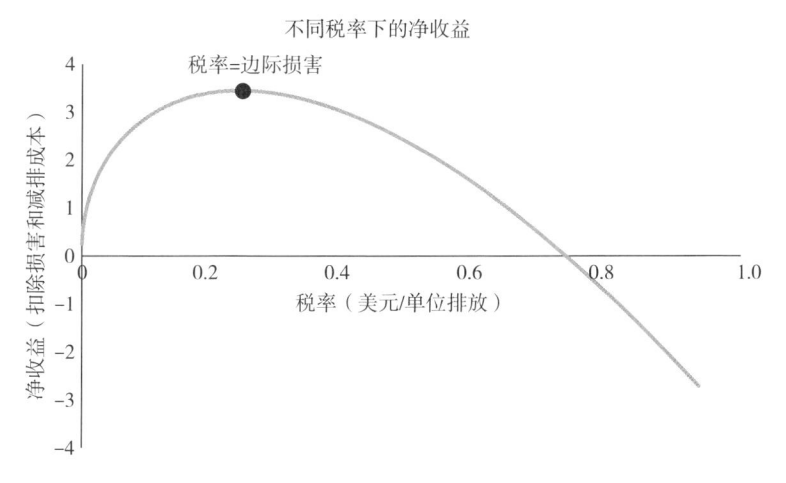

图 17.2　绿色税收的净收益是正的

注：净收益在达到最优绿色税率前保持上升。

绿色税收，收益曲线的顶部总有位于 x 轴以上的部分（表示来自税收的净收益），而对于普通税收，曲线总是位于 x 轴以下，反映了税收的净扭曲。

对交通拥堵定价：理论与实践

绿色税收最有趣的应用之一是对交通拥堵定价，这是经济学家多年来极为关注的话题。它最早由哥伦比亚大学的威廉·维克里教授（William Vickery，1914—1996）提出。1952 年，他在提议修建纽约地铁时提出了这些原则，并部分因此获得了 1996 年诺贝尔经济学奖。

此处的一个关键概念是拥堵的外部性。举个例子，当道路空无一人时，第一辆进入的车不会使任何车辆减速，因此第一辆车强加给他人的外部成本为 0。然而，随着交通流量的增加，每增加 1 辆车，后面的车就得减速。假设我驶入道路后，会使后面 120 辆车的交通时间各增加 1 分钟。如果人们的时间价值是每小时 10 美元，那么我造成的外部成本是 $120 \times (1/60) \times 10 = 20$ 美元。汽车数量越多，等待时间越长，强加的外部成本就越高。

维克里的基本想法是，人们应该为公共资源，如公用事业、道路、机场和其他部门买单，就像他们为食物、住所和娱乐等私人物品买单一样。此外，价格应反映它们的外部成本，即强加于他人的成本。根据维克里的说法，这一费用应该根据拥堵的程度随时变化，并且应该毫无例外地向所有人收取。他还在当时设想了奇妙的收费技术，现如今已在电子收费系统中司空见惯。

维克里承认，他的想法并不受公共政策制定者的欢迎。"人们认为这是一种增税行为，直观上看，的确如此。但是如果考虑到司机的时间，这真的是一种节约行为。"他坚持认为，这个想法不是要减少交通流量，而是要通过更均匀地分散流量来增加流量。

如今，拥堵费主要用于新加坡、米兰、伦敦和纽约等大城市。但它们中的大多数系统都非常原始，也没有遵循维克里的思路：它们只是在完成"收费站"的工作，即车辆进入城市需要付费。例如，在伦敦，周一至周五的 07：00 至 18：00，在收费区域内驾驶车辆每天要收取 11.50 英镑（约 13 美元）的费用。纽约也有类似的系统。新加坡已经采取了最接近维克里模式的措施，安装了一个先进的系统，包括数百个电子收费站和收费系统，这些收费系统根据车辆类型、一天中的时间和实时拥堵情况不断调整。

人们经常抱怨，征收拥堵费于事无补。然而，严谨的研究表明，事实上，拥堵费不仅减少了高峰时段的交通流量，还提高了交通速度。也许对公众而言最有价值的点在于，拥堵费的收入被用于增加公共交通，这进一步减少了交通拥堵和污染。

维克里提出的拥堵费方案超前了几十年。像其他能够解决主要外部性的想法一样，它可能需要等待许多年才能获得绿色精英和公众的认同。然而，随着越来越多的城市和政府机构采用它，随着人们的生活变得更加舒适，我们可以看到拥堵费带来的双重好处：它既减少了时间与精力的浪费，增加的收入还可以提供更多公共服务。

绿色税收的潜力

与研究传统税收的大量文献相比,研究环境税的文献数量较少。绿色税收的主要潜在来源是什么？梳理对这一领域的研究,可以发现许多领域的外部性定价过低。然而,评估何为恰当的价格被证明是极其困难的,所以我们只能进行粗略的测算。

环境税富有成效的主要领域是那些外部性（例如污染）得到很好度量的领域,在生产过程中有便利征税条件的领域,以及那些管理成本相对于收入较小的领域,如温室气体排放（尤其是二氧化碳）和汽油等燃料、空气污染和稀缺的公共水资源。以下是几种最值得关注的税种,它们主要集中在美国（因为美国有充足的数据和大量的环境破坏）。其他税种要么税基相对较小,要么实施起来困难得多。

碳税

在可能的若干种环境税中,迄今为止最重要的是碳税。该税种具有很大的税基,所谓税基是指税收所依据的活动的价值。碳税的税基之所以很大,是因为美国每年的二氧化碳排放量巨大。正如我将在讨论气候变化政策时进一步解释的,碳税不仅是十分有吸引力的减缓气候变化的政策,而且是重要的环境税。

下文展示了对美国碳税收入的近似估计。2019年,工业二氧化碳排放量约为50亿吨,甲烷等其他气体的排放量约为10亿吨二氧化碳当量。我们可以使用美国政府对边际损害的估计,即每吨40美元。如果排放量不变,那么总收入将为60亿吨×40美元/吨＝2 400亿美元。但排放量可能会下降；在这个价格下,排放量将下降25%至每年45亿吨。这将每年产生约1 800亿美元的收入，略低于2019年GDP的1%或联邦收入的8%。

如果政策制定者希望随着时间推移提高税收，比如提高到每吨100美元，那么这一税率将使收入增加到每年4 000亿美元左右，最高收入大约为5 000亿美元。因此，碳税至少可以产生可观的收入流，直到税率变到更高的水平，以至于能够几乎削减所有的排放，当然这时的碳税收入也会降为零。

最后，我要提醒大家，碳税目前还只是环保主义者和财政专家的愿望而已。如今，美国和大多数其他国家的实际碳税收入完全为零。

二氧化硫和其他空气污染物

另一个潜在的收入来源是其他的一些传统空气污染物，其中不仅包括二氧化硫，还包括氮氧化物、一氧化碳和颗粒物。

美国目前是免费发放污染许可证，但财政专家建议，这些许可证应该通过拍卖出售，因为这些许可证像石油或木材一样是宝贵的公共财产。二氧化硫拍卖或征税的潜在收入可以通过考察二氧化硫的排放和交易价格来估算。我们可以将隐含收入计算为拍卖排放许可的收入，即排放量乘以交易价格。从1994年到2007年，平均隐含收入接近每年50亿美元。在那之后，由于实际排放量远低于监管设定的上限，价格大幅下跌，因此隐性收入也大幅下降。

然而，这些数字低于理想值，因为交易价格远远低于对边际损害的估计值。据估计，每吨二氧化硫的边际损害约为3 000美元，而1994—2007年二氧化硫的平均价格仅为每吨300美元。如果硫排放价格设定为边际损害，排放量应该会更早地出现大幅下降。按照目前的排放量和3 000美元的价格，每年的收入将接近100亿美元。

此处得到的启示是，征收二氧化硫税会有很高的潜在收入，但远远低于征收碳税。

关于其他污染物的数据则更加难以确定，因为它们的量相对更少。氮氧化物也有一个交易计划，在2005—2010年间，这里的隐含收入在每年10亿美元左右，之后价格急剧下降。最昂贵的污染控制是对汽车尾气排放的监管，在2010年，这方面的合规成本约为每年260亿美元。如果用排放税取代监管措施，每年可能会增加数百亿美元的收入，当然这里的测算并不精确。

交通外部性和汽油税

环保主义者对汽车嗤之以鼻。根据一项研究，汽车产生的外部性包括健康损害、交通堵塞、交通事故、空气污染、噪声、气候变化、生境破碎化、视觉干扰、自然和环境退化、水污染、土壤污染、能源依赖和肥胖。[5]虽然对上述影响分别征收环保税是有可能的，但对一项有大量有害副作用的活动集中征税可能更方便。

最好的征税办法也许是对行驶里程征税。但是，这既困难又具有侵犯性，因此大多数国家将重点放在对汽油和柴油等燃料征税上。这类做法似乎与二氧化碳排放有关，但与其他溢出效应的联系不甚明显。研究发现，汽车带来的总外部效应为每加仑燃油1~4美元，而这远远高于美国的燃油税，接近欧盟的税率。

汽车燃油税有巨大的创收机会。目前，美国的平均税率约为每加仑0.5美元，每年产生约800亿美元的燃油税收入。如果税率增加到每加仑3美元，每年的收入将增至约3 700亿美元。

因此，就像碳税一样，汽油库中也有金矿。然而，与碳税不同，汽油税并不是理想的绿色税。虽然它会减少与石油消费密切相关的环境问题（如空气污染），但对其他问题（如交通拥堵或肥胖）则无济于事。

稀缺公共资源的拍卖

其他多个潜在领域也可能受到绿色税收（或更普遍的资源定价）的有利影响。其中最明显的就是机场拥堵，这个问题几乎一夜之间就可以解决。如果你曾飞过纽约肯尼迪、芝加哥奥黑尔或洛杉矶国际机场等繁忙的机场，你一定经历过等待起飞的飞机长龙。"各位旅客，大家好，我是本次航班的机长。我们是第 34 架等待起飞的航班，我们先排队等待，大约 45 分钟后起飞（让你们先'烤'45 分钟）。我会随时更新动态信息。"

这种问题不难解决。把奥黑尔机场下午 5：00 到 6：00 的 60 个起飞时段拍卖掉。飞往密尔沃基的小型飞机或不经济的航班将选择不飞行，而飞往伦敦的大型喷气机可以轻易地消化这笔费用。你可以搭乘火车去密尔沃基，并不会多耽误多少时间，但是从芝加哥到伦敦的其他交通方式却很难找到。

假设机场每年可以因此获得 10 亿美元收入，则其净好处包括，减少了地面等待时间，并有能力促进设施的现代化。这笔钱可以叫作基础设施救济费（relief fee）。

其他领域也可以从环境资源定价中受益。一个是美国西部的水资源短缺。在那里，水是现代的黄金，国家实际上是用水灌溉低价值的农产品。如果稀缺的公共水资源被拍卖给出价最高者，将得到最有价值的使用，而土地也可另作他用。

更普遍的是，放眼望去，我们能够看到的景象是公共资源的价值几乎都被低估了。这不仅包括空气、水、气候、地下矿物质、放牧权和公共土地，还包括其他一些不太明显的项目，如停机坪、公共高速公路和公园。在这里，应用绿色税收原则能够提升它们的使用效率并增加税收。

然而，需要考虑的第二点现实是，这些公共资源的财政收入可能并没有那么多，且反对声音肯定十分激烈。确保对公共资源的定价能力，需要同反税收团体以及那些目光短浅或想把"免费"公共资源留给自己的人进行艰苦的斗争。

罪恶税

最后一个很重要但与环境无关的领域涉及"罪恶税"，也就是对烟草、枪支、赌博和酒精等有害产品征税。虽然这些行为确实涉及一些外部性（如二手烟、谋杀、经济损失和交通事故），但这些行为背后的主要社会依据是需要制止自我毁灭的行为。

目前，烟草的罪恶税很高，酒精的罪恶税较低，而枪支和赌博的罪恶税几乎不存在。如果实施50%的税率，则能够遏制相关行为并同时反映社会成本，还将带来大量的额外收入。

绿色税收发展潜力：概述

表17.1显示了当前和未来潜在绿色税收的粗略估计。目前，绿色税收达1 440亿美元，约占联邦收入的4%。扩张的主要领域是碳税、燃油税和罪恶税。如果真能采取合理反映社会成本的税率，绿色税收可能还会增至占目前联邦收入的近四分之一。

表 17.1 对美国当前和未来潜在绿色税收的估算

外部性	当前收入	潜在收入
	（10 亿，2018 年美元）	
气候变化		
二氧化碳	0	159
其他温室气体	0	36
臭氧层破坏	~0	1
二氧化硫	0	10
氮氧化物	0	5
其他空气污染物	0	N. A.
气候变化		
水	0	[20]
拥堵	0	[20]
汽车燃油	80	370
烟草	31	60
酒精	16	50
枪支	2	40
赌博	14	70
总额	144	801
总额占联邦收入的百分比	**4%**	**24%**

注：括号内的数字是基于成本的粗略估算值，因为缺乏可靠的数据。
资料来源：现有绿色税收的收入数据通常来自美国经济分析局和财政部。

如果在关键领域实施绿色税收，则有可能带来可观的收入。这些税收不仅有助于支付必要的政府活动，而且有利于改善经济和社会的运行。也许更重要的是，它们可以帮助实现社会的绿色目标（如清洁空气或减缓气候变化），同时最大限度地减少官僚式的监管干预。

绿色税收实践

如果我们看看实践中的绿色税收，它们包含了对不同部门的税收实施现状。表17.2显示了不同国家以及主要部门的绿色税收的平均值。[6]

表17.2 按类别划分的环境税

部门	OECD国家1995年绿色税收的份额（%）
交通燃料	64
车辆	26
取暖燃料	5
电力	3
废弃物	1
其他	1

注：表中显示了OECD国家主要部门的绿色税收。
资料来源：OECD, *Environmentally Related Taxes in OECD Countries*, Paris, 2001。

有几点很突出。如表17.2所示，绝大部分环境税都是对道路交通征收的，无论是交通燃料税还是车辆税。这些税收占所有发达国家环境税的90%左右，在美国的比例更大。但进一步看，环境税只占总税收收入的一小部分，在诸多发达国家，这个数字只有5%。

另外，大部分环境税不是纯粹的环境收费，因为它们不直接对外部性征税。例如，汽油税确实减少了汽油消费，但它并没有直接对许多与交通相关的外部性征税。

那么，我们目前处于何种位置？政府如何使用这些税收？以下是一些基本的结论。

关于碳税

本书后面关于气候变化的章节将建议把边际损害和最佳碳税

大约定为每吨二氧化碳40美元。世界银行估计,目前主要国家的平均碳税(或碳价)约为每吨2美元。[7]这包括显性税收和碳交易制度的市场价格。美国根本没有碳税,其税率为零。

对二氧化硫征税

美国和其他一些地区使用总量控制与交易制度来限制二氧化硫的排放。虽然早年(1990年后)的交易价格很高,但近年来大幅下降。其实际价格远远低于估计的边际损害。最后,由于排放额度是免费发放给公司而不是拍卖的,所以没有收入。因此,作为主要污染物的二氧化硫不受绿色税收的限制。

破坏臭氧层的化学物质

美国为数不多的真正意义上的绿色税收之一是对氯氟烃等破坏臭氧层的化学品征税,税率与产品破坏臭氧层的力度成正比。虽然这一税种总体来说属于真正的绿色税收,但其税率还是远低于边际社会成本。

对不平等的影响

绿色税收的一个标准问题是,它们是累退的,也就是说,相对贫困的家庭受到的影响更大。累退的根本原因是,相对于高收入家庭,低收入家庭在能源和其他环境敏感型商品和服务上的支出占比更高。第4章讨论了控制污染的绿色政策的分配效应。

虽然绿色税收具有累退性,但财政专家提供了一个简单的补救办法。绿色税收的收入可以部分返还给家庭,以抵消其累退性。吉尔伯特·梅特卡夫（Gilbert Metcalf）出色地研究了绿色税收和税收返还的可能组合，以确定一个对不同收入群体中性的征税方案。他发现，如果通过降低工资税和个人所得税的方式将绿色税收的收入返还给家庭，一揽子绿色税收对收入分配的影响基本可以忽略不计。[8]

对绿色税收的总结

绿色税收是绿色思维促进国家健康和繁荣发展最清晰、最简洁的例子之一。绿色税收改革使各国能够在提高收入的同时改善环境。

然而，各国很少意识到绿色税收的前景，因此基本上忽视了这套具备强大功能的全新税收体系。除了汽油税（有价值，但仅与环境目标间接相关），现阶段基本上没有绿色税收。最有用的单一环境税是碳税，这一税种可以服务于核心环境目标，且易于测量和实施，同时有可能带来巨额的潜在收入。其他例子，如对常规空气污染物、拥堵、水和其他资源征税，虽然也有用，但更复杂，对收入的影响也不那么大。

本章的总结是，绿色税收属于近年来最有希望的创新之一。这一税种实现了环境政策目标的神圣"三位一体"：为宝贵的公共服务提供资金、有效地实现我们的环境目标且不会带来扭曲。很少有政策能够得到我们如此热情的支持与拥护。

第 18 章　绿色创新的双重外部性

船壳是植物和动物生长的沃土。这些"污垢"带来的麻烦在于，每年要花费大约 30 亿美元对其进行清理。传统上用于控制污垢的主要化合物是有机锡防污剂，如三丁基锡氧化物（TBTO）。它们虽然有效，但持久不散，从而在环境中持续积累并对贝类造成损害。

海事当局致力于禁止上述有机锡制剂的使用。为了应对这一监管要求带来的挑战，罗门哈斯公司找到了一种对环境安全的有机锡化合物替代品，名为 Sea-Nine 的防污剂，它能迅速降解，基本上没有生物蓄积（bioaccumulation）。该公司于 1996 年因该新产品获得美国环保署颁发的总统绿色化学挑战奖。[1]

Sea-Nine 防污剂是绿色设计。更一般地说，应对未来的环境挑战需要技术变革。船体除污只是导致环境创新的复杂过程和激励机制的一个例子。

以新冠疫情为例，最关键的创新是安全有效的疫苗。提早一年开发出有效疫苗带来的总收益是数万亿美元。成功的疫苗研发者可能会赚大钱，也许是几十亿美元，但实际上，他们获得的只是社会收益中微不足道的一小部分。社会回报和私人回报之间的差距是有效创新的主要障碍，事实上，正如我们将看到的那样，绿色创新的这一差距更要大于常规经济创新。

另一项环境创新是针对发电厂的二氧化硫污染。正如我们在有关绿色政治的章节中所述，美国发电行业的排放量急剧下降。这种下降是由诸多因素造成的：使用更清洁的煤炭、用天然气代替煤炭、清除烟囱中的硫、利用经济激励关闭最污染的发电厂以及节约能源。其中每一项都建立在技术或制度创新的基础上，并由硫排放监管或高监管价格推动。

通过征收拥堵费和使用电子收费等新工具，拥堵得以大大缓解。如果我们回顾一下更早前肮脏混乱的场景，便会想起汽车的引入恰恰是清除城市街道上堆积如山的马粪的关键。

现如今，也许我们面临的最大挑战是减少温室气体的排放，并逐渐在未来几十年实现绿色新政中提出的零排放。而实现这一目标意味着需要能源技术的巨大变革。

从长远看，我们将有赖于技术变革在贯彻绿色精神方面发挥的核心作用。本章讨论了可能出现的挑战，包括双重外部性这一核心问题。[2]

新产品的绿色设计

几年前，我参加了耶鲁大学的一次教职工大会，讨论新课程的提案。名单上有"绿色化学"。我此前从未听说过这个科目。那是什么？

稍加阅读学习，我就从这门课的描述中找到了答案：[3]

> 绿色化学包括两个主要组成部分。首先，它强调资源的

有效利用和由此带来的废弃物最小化。其次，它涉及与化学产品制造、使用、处置或再利用相关的生态、健康和安全问题。其基本原则是"良性设计"（denign by design），强调通过减少废弃物来防止污染，而不是采用末端解决方案，即废弃物处理。

"良性设计"的宗旨强调了创新在推动绿色原则方面的重要性，例如设计的新产品既能保持原有的功效，又能减少毒性。我们在 Sea-Nine 的例子中看到了绿色设计的成功应用。

然而，我们必须强调绿色创新面临的巨大阻力。环境产品和服务的研究、开发及创新都面临着双重外部性的挑战。原因不仅在于清洁生产定价过低，还在于创新的私人回报远低于社会回报。

此处，我们先解释一下本章的中心思想。当商品或服务的社会成本与私人成本不同时，第一重外部性就出现了。以空气污染为例。如果你去印度或中国的大城市旅行，可能会遇到严重的空气污染。公共卫生专家估计，这两个国家有数百万人因空气污染而过早死亡。空气污染大多产生于不受监管的排放，通常源于燃煤发电。那些生产和消费电力的人无须为这种技术造成的健康损害付费。换句话说，燃煤的市场价格低于其真实的社会成本。

在气候变化问题中也存在类似的外部性。事实上，我们所做的一切都直接或间接地涉及能源的消耗；当以化石燃料为代表的能源熊熊燃烧时，就会往大气中排放二氧化碳。那些从能源消费中受益的人亦不需要负担这些排放造成的当前和未来的所有成本。由此，污染定价过低是第一重外部性，其他章节已对此进行过深入讨论，环境问题研究者也对此有充分的理解。

第二重外部性则更为微妙，它不仅与绿色产品和服务的研究、开发及设计相关，而且与新知识的性质相关。新的设计和创新其实被认为是公共品，它们会带来正外部性。公共品满足两个条件：向额外的个人提供商品或服务的成本接近于零（非竞争性），且不可能或只能以昂贵的代价排除个人享受该商品或服务（非排他性或不可占有性）。这些词并不优雅，但它们是新知识的重要特性。

所有的新技术都具有这些关键特性。它们表现出非竞争性，因为一家企业使用一种新设计并不妨碍另一家企业的使用；它们显示出非排他性，因为一旦一项技术被开发出来并公开披露，就无法轻易地排除其他企业对该技术的使用。

知识和传统商品之间的核心区别在于非竞争性。传统商品显然具有竞争性，因为当我吃一片面包时，其他人就吃不到它了。但是知识和想法是非竞争性的，因为它们总是可以被任意数量的人同时使用。面包是稀缺的，但已经出现的想法却不是，想法不会因使用而枯竭。事实上，重复使用一项新技术（如疫苗或智能手机）往往会让新技术的使用门槛越来越低，也更能凸显其价值。[4]

非竞争性的一个重要例子是疫苗。疫苗的现代医学应用归功于爱德华·詹纳（Edward Jenner），他利用牛痘形成了对天花的免疫。一旦接种疫苗的想法被提出并被接受，它就可以一次又一次拯救数百万人的生命。历史上最致命的病原体是天花，不过它已被疫苗根除。当我在2021年完成本书写作时，世界各地的人们正在焦急地等待新冠疫苗接种的结果。不同的新冠疫苗建立在早期发现、科学研究以及成功和不成功疫苗的基础之上。在新冠疫苗的激烈竞争中，所有人都可以获得这些早期的思想成果。

此外，正因其非竞争性，想法最终也是非排他的。在现实世界中，有价值的新设计会遇到阻碍其传播的实践和法律障碍，所以发明者至少可以在一段时间内部分地排除他人对自己想法的利用。但是，随着时间的推移，有价值的想法最终会传播到世界各地。

防止技术外泄的一个例子是英国试图限制机器技术的出口。这是通过禁止纺织机械出口，甚至禁止纺织工人离开不列颠群岛实施的。上述禁令在18世纪80年代至1824年间生效。罚金为平均年工资的10倍，最高10年监禁。这些措施纵然严厉，却收效甚微。人们离开了英国，设备也被拆卸并私运出去，使得机器在国外越来越容易获得。正如一项研究得出的结论：

> 因此，在工业时期的早期，英国的限制性法律显然未能阻止技术信息通过人或机器传播到国外。实施和维持法律设想的那种保护需要严厉的措施，而对此，公众舆论不能容忍，内部经济和社会条件也不会支持。[5]

非竞争性和非排他性是创新外部性产生的根源。然而，这是有益的外部性。发明家不能将新知识的全部收益据为己有，他们无法强迫他人为其使用的全部价值付费。由于无法占有全部价值，创新的私人回报通常远低于社会回报。因此，创新的发生率低于社会最优水平。

埃德温·曼斯菲尔德（Edwin Mansfield）及其合作者研究了17项创新的社会和私人回报，表18.1显示了这一重要研究的结果。

最后一行显示了他们的估计值,社会回报是私人回报的两倍多。

其他研究表明,重要创新的这一差距比小创新的更大,更基础发明的这一差距比小改进的更大,竞争对手更易模仿的创新的这一差距更大。发明活动的社会回报与私人回报之间存在巨大的差距,这一结果已在数十项研究中得到验证,是经济学的一个重要发现。

表 18.1 创新的社会和私人回报

创新	回报率(%) 社会	回报率(%) 私人
初级金属创新	17	18
机床创新	83	35
控制系统部件	29	7
建筑材料	96	9
钻井材料	54	16
绘图创新	92	47
纸张创新	82	42
线程创新	307	27
门控创新	27	37
新电子设备	负	负
化工产品创新	71	9
化工工艺创新	32	25
化工工艺创新	13	4
主要化工工艺创新	56	31
家用清洁设备	209	214
除污剂	116	4
洗洁精	45	46
中位数	56	25

注:对关键创新的一项研究发现,创新者获得的回报尚不及社会回报的一半。

资料来源:Edwin Mansfield, John Rapoport, Anthony Romeo, Samuel Wagner, and George Beardsley, "Social and Private Rates of Return from Industrial Innovations," *Quarterly Journal of Economics* 91, no. 2 (1977): 221 – 240。

绿色创新的双重外部性：概览

双重外部性可以用来说明不可占有性和环境外部性如何大幅降低绿色创新的盈利能力。这里的讨论尤其适用于市场导向型创新，即主要对利润和市场激励做出反应的部门的知识产生过程。

我们可以用表18.1中的数字来说明这个问题。表中列出的创新项目的年平均私人回报率为25%。为了简单起见，让我们假设这是所有类型投资的平均私人回报率，因为各个追求利润最大化的企业的投资边际回报率应该是相同的。（此处和下文讨论的回报率是根据税收、补贴、过度贴现率、风险和不确定性进行调整后的回报率。）

然而，平均社会回报率要高得多，为每年56%。这种差异产生的原因是，当模仿者占领了一部分市场或当价格降低时，发明者损失了一部分利润，而消费者则从创新中获益。

让我们接下来考虑绿色创新，也许是一种节能的新涡轮设计。它能够带来25%的私人回报，但创新者损失了一些收益，所以社会回报是50%。然而，由于温室气体排放和其他污染物的减少，还有额外的好处。这进一步增加了社会回报，但这些回报发明者无法获得，因为二氧化碳和其他排放没有定价或定价过低。也许，如果我们加上环境改善的价值，总的社会回报是100%。双重外部性将社会回报和私人回报之间的差距从25%提高到75%。

图18.1显示了创新收益的可占有性如何随活动类型变化。横轴代表创新谱系，这是一个定性变量，显示从纯理论研究到应用研究、开发乃至生产等活动。纵轴代表每项活动收益的可占有

性，或开展创新活动的企业获取其全部价值的能力。

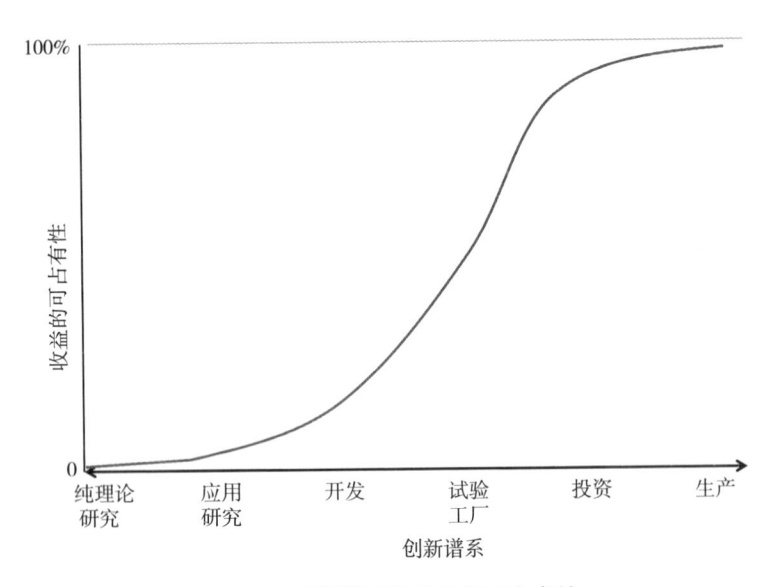

图 18.1 创新谱系和收益的可占有性

注：对纯理论研究而言，收益的可占有性（即创新者从其努力中获得全部收益的能力）接近于 0，而对生产而言则接近 100%。

纯理论研究收益的可占有性非常低，这既是因为它没有什么直接的收益，也是因为其结果通常不能申请专利。收益不可占有的一个典型案例是自然法则的发现，如万有引力或 DNA（脱氧核糖核酸）。另一个极端是生产，比如制造鞋子或袜子，这类活动几乎没有外部性，因此其收益可占有性接近 100%。其他种类的创新活动介于这两者之间。

我们可以用类似的图示来描述这些不同类型活动的社会和私人回报。图 18.2 底部的水平线显示了私人回报率，由于不同类型的知识和资本投资中存在市场竞争，私人回报率趋于相等。

图 18.2 中向下倾斜的曲线显示了普通行业的投资的社会回报率，这些行业的产品不受环境外部性的影响。对于这些行业而

言，如图的右侧所示，社会回报与私人回报接近，因为溢出效应较低，可占有性较高。在另一个极端，基础研究的社会回报和私人回报之间存在很大差异，因为基础研究收益的可占有性很低。

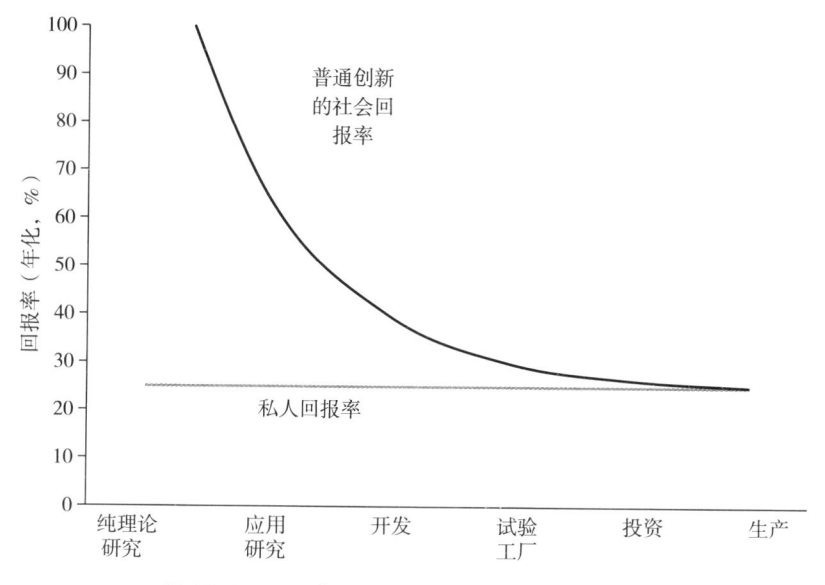

图 18.2　不同类型创新活动的社会和私人回报率

注：社会回报率和私人回报率之间的差距因收益可占有性的不同而不同。从创新谱系的角度看，纯理论研究人员能够从其发现中获得的市场价值微乎其微。

图 18.3 显示了环境外部性如何改变绿色创新的激励。绿色创新的私人回报率为底部的水平线，而绿色创新的社会回报不仅高于私人回报，还高于普通创新的社会回报。它之所以超高，是因为环境外部性增加了知识的外部性，从而进一步扩大了私人回报与社会回报的差距。

绿色政策对绿色创新激励的影响

关于绿色政策的一个核心问题是它们如何影响对绿色创新

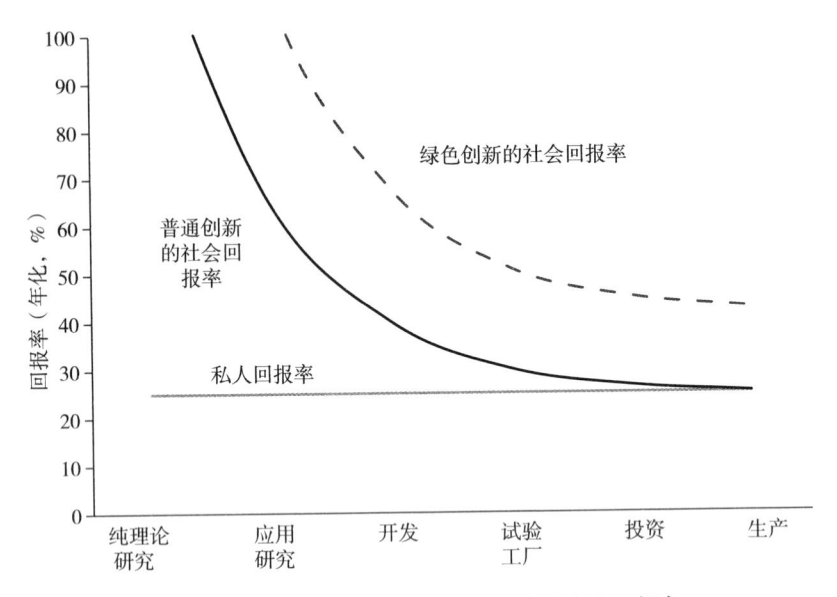

图 18.3　普通创新与绿色创新的社会和私人回报率

注：绿色创新的社会回报率和私人回报率之间的差距比普通创新要大得多，因为它们面临着收益不可占有和环境成本定价过低的双重外部性。

的激励。回想一下，纠正溢出效应的一项核心政策建议是"把价格搞对"。这主要涉及为外部性定价，要让某项活动带来的外部性的市场价格等于该活动的社会成本。在全球变暖的案例中，合适的政策是将温室气体排放的成本设定为排放造成的损害水平。

假设政府实施了一项外部性定价政策。由此，当外部性被纠正后，绿色创新不再存在双重外部性，而只有单一外部性，即所有部门的创新者都会面临的知识外部性。

图 18.4 说明了这一点。假设环境外部性已经被政府监管内部化。随着环境外部性的消除，代表绿色创新的社会回报率的虚线向左移动。

无论是在绿色行业还是在普通行业，创新的社会回报和私人回报之间仍然存在差距。然而，差距的大小现在由创新活动的规模和性质决定，而不再由部门决定。例如，试验工厂或绿色技术的基础研究可能仍会产生相当大的溢出效应，但这些溢出效应与机械、计算机或其他普通行业的溢出效应没有差别。

本章的中心思想是，绿色研发受到双重外部性的"诅咒"，一个是污染，另一个是创新。适当的污染治理措施只能解决其中一个问题，而创新的外部性却未能得到有效解决。

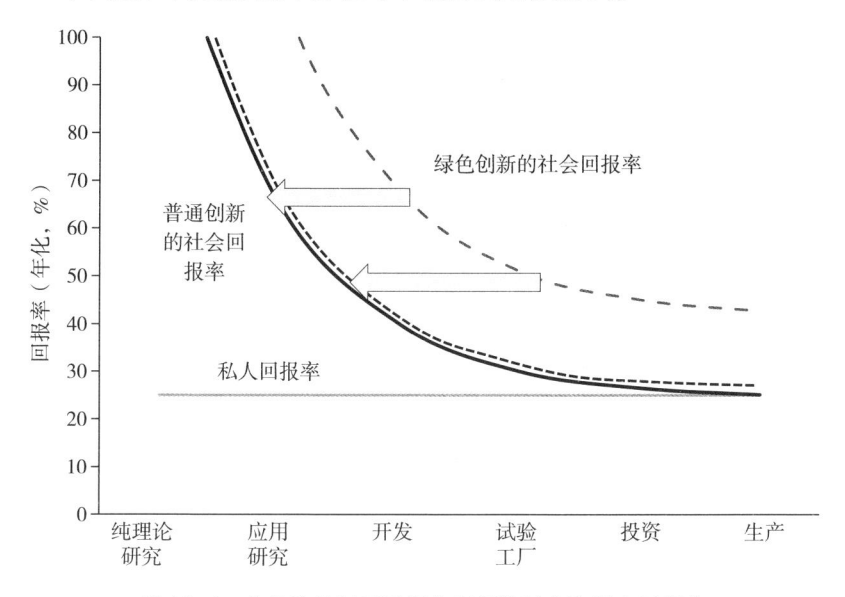

图 18.4　公共政策纠正后绿色创新的社会和私人回报率

注：当政府将污染和其他溢出的价格设定为完全反映其社会成本时，外部性就被内部化了，这种纠正措施消除了绿色创新的第二重外部性。但是，绿色创新与普通创新共同面临的问题依然没有解决，即创新活动的回报不能被完全占有。

低碳经济创新

为了说明绿色创新涉及的问题，本章还将讨论向低碳经济转型面临的挑战。这是当今气候政策的核心目标之一。虽然后续章节会有更完整的讨论，但我们可以在本章先提出有关创新的问题。

- 第一个问题是全球经济脱碳的挑战。这只是一个用电脑替换打字机，或者用新的 LED 灯替换爱迪生灯泡那样的常规问题吗？还是相比之下更困难、更昂贵？
- 第二个问题是技术问题。当前的经济主要是由石油和煤炭等化石燃料驱动的。什么技术能取代现代经济中的这些化石燃料？在低碳世界里，什么燃料能驱动我们的飞机，为我们的学校供暖？核能、太阳能、风能和其他低碳发电能源各扮演什么样的角色？这些令人兴奋的问题吸引了世界各地的工程师和科学家。
- 来自经济学的第三个问题有点微妙，不过同样重要。我们如何激励企业发明、开发和商业化这些新技术？我们如何说服消费者购买和使用这些新技术？光有太阳能热水器或食碳树（carbon-eating tree）的好想法是不够的。企业投资数十亿美元开发这些技术的前提是生产和销售这些技术有利可图。同样，消费者也必须发现它们有购买价值。什么样的机制才能促进低碳新技术的发明、生产和购买链条的形成？

低碳经济的挑战

让我们从经济脱碳的挑战开始。许多国家气候政策的目标之一是将全球变暖限制在 2℃ 以内。计算结果表明，为达成这一目标，需要在 2050 年左右实现全球二氧化碳和其他温室气体的零净排放，这是一个非常远大的目标。事实上，近年来，全球二氧化碳排放量一直在增长，而不是在下降。当今世界 80% 的能源来自化石燃料，其中大部分用于房屋和发电厂等长期资本。可想而知，到 2050 年实现零净排放的挑战会有多大？

故而问题的答案也很简单，这一目标就是极不可能和不可行的，除非我们在未来 30 年内替换绝大部分的世界资本存量。一些研究对实现上述目标带来的经济影响进行了评估。能源建模论坛的一项重要研究用一系列模型和不同的技术假设考察了实现 2℃ 目标所需的成本。在最乐观和最不乐观的技术假设下，成本（将损失折现为 2010 年的现值）从 40 万亿美元到 500 万亿美元不等。[6] 其他研究同样表明，如果没有全球政策的剧烈变化和极快的技术变革，2℃ 的目标是不可能实现的。

有前景的技术

考虑到实现低碳经济所需的巨大转型规模，哪些低碳能源才是真正有前景的？这是当今科学家和工程师的一个主要研究领域，而我们只能进行一些浅尝辄止的讨论。不过，简单的分析就能说明这一转型的性质。[7]

我们可以从美国目前和未来不同发电方式的成本入手。表 18.2 显示了能源信息管理局的估计，为我们提供了有关美国能源的最好数据。[8] 该表显示了当前和未来技术下，每 1 000 千瓦时电的成本。这三列数字为包含了三种不同碳价（或碳税）的发电成本。第一列显示了美国和大多数国家每吨二氧化碳为 0 美元时的发电成本，这意味着没有气候政策。后两列显示了低碳价和高碳价的影响。较低的是美国政府推荐的价格（每吨二氧化碳 40 美元），而较高的是与积极减排目标相一致的价格（每吨二氧化碳 200 美元）。

表 18.2　用不同碳价估算的发电成本

发电厂类型	系统成本（美元/1 000 千瓦时）		
	每吨 CO_2 0 美元	每吨 CO_2 40 美元	每吨 CO_2 200 美元
现存			
太阳能光伏	12	12	12
陆上风电	16	16	16
传统煤炭	26	58	187
传统联合循环	37	51	105
当前			
传统联合循环	46	60	114
陆上风电	56	56	56
太阳能光伏	60	60	60
传统煤炭	75	107	236
未来			
高级联合循环	41	55	109
配备碳捕存的高级联合循环	68	69	75
高级核能	77	77	77
带有30%碳捕存的煤炭	104	130	232
带有90%碳捕存的煤炭	127	132	151
目前平均成本	41	NA	NA

注：NA 表示不适用（由于碳价为0）。该表显示了不同碳价下不同发电类型的成本估算。第一组代表现有的发电设施。第二组代表使用当前可用技术的新设施。第三组代表未来几年可能出现的技术。

资料来源：标准化成本估算来自美国能源信息管理局；不同碳价下的成本由作者补充。

有三组情形需要考虑：

- 第一组是现有的发电厂。对于这些企业来说，资本已是沉没成本，因此唯一的成本就是燃料和其他当期成本。
- 第二组是当前可用的技术。
- 第三组是正在开发的技术。有些技术正在开发进程中（如下文所述的高级联合循环），而另一些技术则需要经历多年的开发和测试环节（如高级核能）。
- 最后一行显示的是目前的平均发电成本为每1 000千瓦时41美元。

首先在没有气候政策（碳价为0美元）的背景下考虑最划算的现存技术。在目前41美元的平均成本下，表18.2中所示的四种现存发电技术都是划算的。

在碳价为40美元时，在第二组的新电厂和当前技术中，前三种技术都较为划算，但由于监管成本的影响，传统煤炭变得不经济了。其中的主导技术是天然气（传统联合循环）和陆上风电。事实上，这些是过去几年中增长最快的能源。

接下来，让我们看最后一列，它显示了在强有力的气候政策和200美元碳价下的电力成本。目前，唯一成熟的低碳技术是可再生风能和太阳能。如果将碳价计算在内，煤炭和天然气电力的成本是目前成本的3～5倍。然而，可再生能源发电不仅在技术（如负荷曲线）上有严重缺陷而且其长期供应也有局限。还要注意的是，用可再生能源发电替换当前的电力结构将是一项无比艰巨的任务，因为可再生能源发电只占总发电量的一小部分，2018

年，它仅贡献了总发电量的大约10%。

如果我们着眼于未来的技术，也许可以考虑以下两项技术：配备碳捕存的天然气联合循环，以及高级核能。此类技术的发电成本大约是当前发电成本的两倍，但从理论上讲，它们可以满足整个经济体的需求。此外，它们距离大规模使用还有很长的路要走。目前还没有大型发电厂使用配备碳捕存的天然气联合循环技术，抑或高级核能技术，因此大规模引进这些技术需要时间。

表18.2值得仔细研究，它仅仅显示了电力这一个行业向零碳经济转型过程中必须克服的主要挑战。主要结论如下：第一，未来零碳目标下，能源成本将远高于今天的生产成本。其次，为实现零排放，国家需要替换绝大部分的电力资本存量。再次，最优的长期解决方案是开发新技术，但其高昂成本势必会给各国的监管和经济体系带来极大负担。

但终究，我们需要谨慎看待上述所有估计，因为我们无法预见遥远的未来和诸多领域迅速发展的科学技术。因此，我们必须为新的可能性做好准备。更重要的是，我们需要鼓励基础科学和应用科学研究，并确保市场能为发明家和投资者提供合理的激励，以促进新低碳技术的发现和引入。接下来，本章的最后一节便着眼于此，探讨政府推动低碳创新的政策。

推动低碳创新

大多数关于能源和环境的决策都是由私人企业和消费者根据价格、利润、收入和习惯做出的。主要的能源决策是在市场供求的背景下做出的，政府只能通过监管、补贴和税收来影响决策。

当我们想到能源和环境决策时，我们通常会想到新车、新电器，或者翻新我们的房子和工厂。所有这些都发生在现有的设计和技术下。然而，正如本节所示，从长远看，转向绿色经济还涉及有关新技术和目前未开发技术的关键决策。例如，快速脱碳要求我们的发电技术发生重大变革，包括上文提及的碳捕存等全新的技术。

技术变革是如何产生的？答案是，通常通过个人的才智和坚持不懈、经济激励、公司结构以及市场需求的复杂互动而产生。

例如，太阳能很好地说明了大多数基础发明的曲折历史。故事始于1839年，当时年轻的法国物理学家埃德蒙·贝克勒尔（Edmond Becquerel）在试验电解电池时偶然发现了光生伏特效应。1905年，阿尔伯特·爱因斯坦解释了光电效应背后的物理原理，并因此获得了诺贝尔奖。

在贝克勒尔的重大发现之后的一个多世纪，光伏电池才得到了它的第一次重要实际应用。贝尔电话实验室的科学家在20世纪50年代中期研发了太阳能电池，多国政府也参与其中，因为它们意识到太阳能在太空卫星和偏远地区的应用潜力。

自那以后，太阳能技术蓬勃发展，应用于太空卫星、房屋上的小型太阳能板和大型太阳能发电厂。到2020年，太阳能的效率（单位太阳能的照明能量）从第一批太阳能电池的4%提高到目前最佳应用的47%。自第一批太阳能电池问世以来，其成本已大幅下降。图18.5显示了光伏组件的价格变动趋势，自1976年以来，光伏组件的价格以每年10%的速度下降。回顾表18.2的内容，在碳价适中的情况下，太阳能光伏发电可同当今最划算的燃料发电竞争。

太阳能光伏组件价格
（美元/瓦，2017年美元）

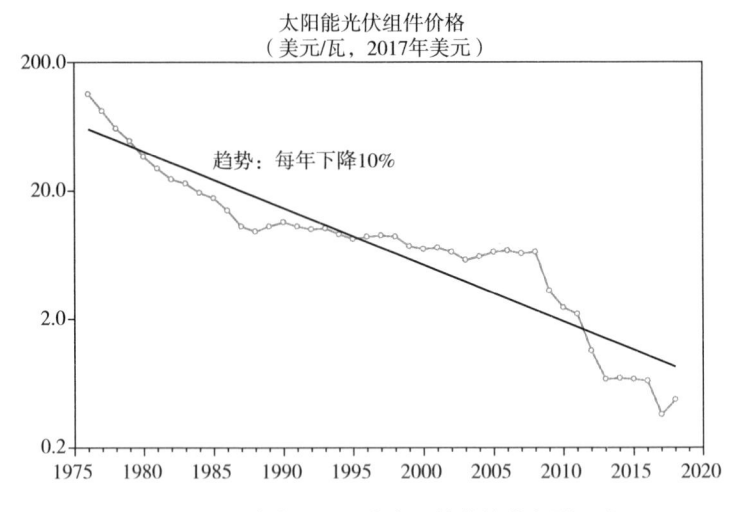

趋势：每年下降10%

图 18.5　近半个世纪以来太阳能价格的急剧下降
资料来源：美国国家可再生能源实验室。

让我们回到绿色创新的双重外部性问题。低碳技术的投资受到抑制，是因为创新的私人回报低于社会回报；由于碳的市场价格低于其真正的社会成本，私人回报进一步受到抑制。

我们对低碳技术的讨论表明，低碳或零碳世界将需要碳捕存等新技术。碳捕存到底是什么？下面的描述基于麻省理工学院工程师和经济学家团队的一项严谨研究。基本思想很简单。碳捕存是指在化石燃料燃烧时捕获其排放的二氧化碳，然后将其运输并储存在某个地方，在那里保留数百年，因此这些二氧化碳不会进入大气。

我们以煤炭为例，因为煤炭是存量最多的化石燃料，也是需要大规模使用碳捕存的主要候选能源。工程师们认为，相比美国目前的天然气价格，使用配备碳捕存的天然气成本会更低，不过煤炭的基本原理与天然气相似。

我们可以将煤假设为纯碳，从而可将基本过程表示为化学反应：

碳＋氧气→作为热量的能量＋二氧化碳

因此，化石燃料燃烧得到了合意的产出（可用于发电的热量）和不合意的副产品二氧化碳。

关键便是在二氧化碳分子进入大气之前将其捕获。目前，二氧化碳分离技术已在石油和天然气田中投入使用。然而，现有技术只能小规模操作，尚不足以应用于大型燃煤发电厂。

一种有前景的技术是配备碳捕存的集成气化联合循环（IGCC）。这一过程将从煤粉开始，将其气化生成氢气和一氧化碳，然后使一氧化碳反应生成高浓度的二氧化碳和氢气，用溶剂分离二氧化碳，将之压缩，然后运输到指定地点储存。这些流程看起来十分烦琐，的确如此，但它们并不比目前使用的煤炭发电技术复杂多少。

碳捕存的主要问题是成本和存储。碳捕存对电力成本的影响如表18.2中最后一组技术所示。引入碳捕存后，高级联合循环的成本增加了63%（从每1 000千瓦时41美元增加到68美元）。

二氧化碳捕获是整个碳捕存过程中成本高昂的部分，但运输和储存可能更具争议性。一个问题是储存介质的规模，最合适的储存地点是地下多孔岩层，如枯竭的石油和天然气田。另一个问题是泄漏的风险，这不仅会降低项目的价值（因为二氧化碳会进入大气），还会对健康和安全形成威胁，我个人认为，最好的选择是在深海中使用重力储存，如果比水重的二氧化碳沉积在深海，则会在那里停留好几个世纪。

目前，碳捕存的大规模使用尚面临许多障碍。要做出实质性的贡献，每年需要捕存数百亿吨二氧化碳，但目前每年仅捕存2 500万吨。这意味着需要将现在的规模扩大近1 000倍。此外，关于地下储存性能的数据不足，需要丰富的经验来确保科学性和公众的可接受性，否则，人们会持续为捕存的二氧化碳喷发造成的巨大、不可预见的损害而担惊受怕。

与其他许多大规模和资本密集型技术类似，碳捕存似乎也陷入了一种恶性循环。由于一些强化因素（reinforcing factors）的恶性循环，企业不会大规模投资碳捕存。它有财务上的风险，公众接受度低，大规模使用不仅面临巨大的监管障碍，且缺乏经验。打破这一恶性循环是公共政策面临的重大困境，这一点与其他新的大规模能源系统无异。

这里的关键点是外部性的价格对创新激励的影响。假设目前可以按每吨100美元的成本消除二氧化碳。如果二氧化碳的价格为零，那么工厂就会赔钱。如果知道二氧化碳的价格将永远为零，任何利润驱动型企业都不会对消除二氧化碳进行投资。

然而，假设一家企业认为，全球将实施一项雄心勃勃的应对气候变暖的政策，如表18.2最后一列所示，在这项政策中，碳价将在几年内上升到每吨200美元。按照这个价格，企业估计投资碳捕存将是有利可图的。该企业将以每吨100美元的成本捕存二氧化碳，却可以以每吨200美元的价格出售给政府。企业会谨慎行事，考虑不同的方法，但它们会有经济理由投资这项技术。同样的逻辑也适用于太阳能、风能、地热和核能的投资。事实上，同样的观点可更广泛地适用于各类绿色创新。

―――

本章得出三个主要结论。第一，绿色创新受到双重外部性的影响。不仅生产绿色产品和服务（如那些快速降解或降低温室气体排放的产品和服务）的回报不足，而且研究的社会和私人回报之间存在巨大的差距，这削弱了开展创新活动设计新型和改进型绿色工艺和产品的激励。

第二，当今面临的许多绿色挑战都呼吁深刻的技术变革，无论是科学、工程还是制度层面的。我们在讨论电力行业零碳发展的潜在技术时看到了这一点，在这一领域，亟待大规模应用的技术尚待开发。

第三，实现绿色目标的进程取决于利润驱动型企业的创新行为，而这反过来要求对企业提供适当的激励，使其创新活动有利可图。这可以通过确保主要外部性的内部化来实现，比如为污染定价。例如，碳价必须高到使低碳技术投资能够获得切实可靠的财务回报。没有高碳价，创新者和企业没有动力投资低碳技术。因此，对外部性的补救措施可以进一步推动未来绿色新技术的发展。

我们可以把这些观点放在更广泛的情境中。美国可能拥有最优秀的气候科学家，他们能开发出最有技术含量的气候变化预测模型；它可能也拥有最顶尖的材料科学家，他们可以在二氧化碳产生过程中的各个环节高效地作业；它还可能拥有最聪明的金融奇才，他们可以开发出新的金融衍生品为所有这些投资提供资金……但是，如果碳价为零，那些前途光明但成本高昂的低碳技术项目将在进入一家利润驱动型企业的董事会讨论之前便已夭折。

第 19 章　绿色世界中的个人伦理

绿色运动具有很大的规范性内容。"你应该减少你的碳足迹。我们应该保护重要的栖息地和物种。我们应该为了子孙后代保护大自然。我们应当成为负责任的业主和投资者。"

这些规范支撑起了本书中出现的许多问题，特别是那些同企业和投资者责任相关的问题。在考虑伦理维度之前，我们首先应该退一步思考："绿色伦理的本质是什么？它的重要假设和准则是什么？我们如何将之应用到不同的领域？"解决这些问题正是本章的主旨。

伦理学是一个庞大的领域，其根源可以追溯到《圣经》、亚里士多德、天主教会的思想家以及启蒙运动和现代的重要思想家。在最一般的层面上，伦理学涉及正确行为与错误行为的系统概念。伦理学既包括一般原则（"不作恶"），也适用于特定领域，如堕胎、人权和战争。此处，我们将讨论限制在经济、政治和环境问题的伦理上，而忽略其他一些重大问题。[1]

伦理联邦制

一些伦理学著作涉及个人的"正确行为"，而另一些涉及公共政策。仔细观察，尤其是在市场行为等领域，伦理变得很复杂，因为它往往涉及不同层面的正确行为，这一体系可被称为伦理联邦制（ethical federalism）。这一概念在本书前面被称为绿色联邦制，它承认伦理义务需要政府、私人机构和个人伦理的互动。事实上，某个层面的伦理规范可能因其他层面的表现而有所不同。

个人伦理是其他任何伦理结构的基础，它们是我们作为个体应当如何对待彼此的准则。而在这个结构的中间层面，是公司或大学等私人机构的伦理规范，最高层面则是国家的伦理规范，即我们的政府应该如何制定和执行法律法规，以促进良治社会的形成。伦理的一个核心复杂性是，上述所有伦理都在相互作用，因为个人伦理可能取决于他是生活在一个良治国家（如瑞典）还是生活在可怕的暴政中（如纳粹德国）。

此处的讨论主要涉及机构和个人层面的伦理规范。然而，我们也需要考虑政府的伦理结构。为易于理解，假设我们生活在一个良治社会中（第 3 章描述了良治社会的要素）。[2] 请注意，一个良治社会的关键在于提高其成员的福利，并且有四大支柱，包括便于人们公平有效互动的产权界定和合同法律，人们可以进行私人商品交易的有效市场，纠正重要外部性和提供公共品的法律、监管、支出和税收，确保收入、财富和权力公平分配的矫正性税收和支出。

伦理行为：消极、积极、中性

我们每天都在与他人进行多次互动。有些是在市场上发生的

（比如买一双鞋），而另一些则更直接（比如在街上开车）。

我们如何判断我们行为的伦理状况？这里遵循的方法是"结果主义"标准，它基于我们行为的外部影响：如果我们的行为改善了他人的福利，则在伦理上是积极的；如果我们的行为损害了他人的福利，则在伦理上是消极的；如果我们的行为对他人没有影响，则在伦理上是中性的。如果某些行为对其他行为有混合影响，那么它们在伦理上是不明确的，但此处暂不讨论这种复杂的情况。

我们可以首先将这一定义应用于日常市场交易。现代经济学的主要成果之一是"看不见的手"原理，它代表的是自由竞争市场的效率。这一点在《国富论》中得到了雄辩的阐述："我们期待的晚餐并不是来自屠夫、酿酒商或面包师的恩惠，而是源于他们对自身利益的关注。"

"看不见的手"原理背后的理念是，在运转良好的市场经济中，企业对利润和消费者对产品满意度的追求会推动资源的有效配置。当我从事买卖时，这通常会提高与我交易的人的经济福利。"看不见的手"原理意味着在监管良好的社会中一个人的市场交易在伦理上是积极的或中性的，因为这些交易通常会提高或至少不会降低他人的福利。

"看不见的手"原理大大简化了我们的伦理生活，因为它意味着我们可以进行日常经济活动，而不必担心会伤害他人。伦理行为需要的只是成为市场共同体中负责任的成员：挣钱和付钱，而非偷窃或欺骗。

"看不见的手"原理鲜为人知的另一面是它可以有效传递有关伦理行为的信息。我们不需要了解屠夫、酿酒商或面包师的任何情况，就可以确信我们的行为是伦理中性或积极的。有了运行良好的价格体系，我们就不需要收集大量的信息来确定何为伦理行为。当我们考虑如何处理我们的外部性时，这一点将变得特别重要。

我以强调"看不见的手"原理的不足为本节作结。经济学家已经写了很多书来分析"看不见的手"的限制条件并指出例外情况。对本书而言，重要的限制条件是存在负外部性。不确定性、收入分配不平等、宏观经济扭曲和个人非理性还会引致其他重大问题。我之所以忽略这些限制条件，不是因为它们不重要，而是为了强调在一个监管良好的经济体中，市场交易的核心伦理含义。

良治社会与个人伦理

让我们告别亚当·斯密描绘的理想情境，而转向"看不见的手"原理失效的现实世界，毕竟，我们这本书主要讨论棕色现象和绿色政策。在现实生活中，人们正以负外部性的方式相互碰撞，有时还以威胁生命乃至社会的方式碰撞。无论这种互动是实际的还是虚拟的碰撞，社会都需要运用一些方法来减少碰撞带来的危害，如污染、全球变暖和战争等外部性。

如上所述，一个良治社会的治理要求之一是分析和监管重要的外部性。以开车为例，良治社会将通过多种法律和习俗来处理汽车引发的外部性，比如限速、信号灯、交通罚款和规范驾驶行为的责任法。

这就是一个良治社会的伦理联邦制的切入点。只要政府监管将外部性内部化，个人就可以将驾驶行为视为伦理中性的：我需要遵守交通规则，小心驾驶，但我不需要考虑每个信号灯的设置是否合乎伦理。我并不是交通工程方面的专家，所以应该由工程师来决定信号灯应该设置在哪里。我的确可以对信号灯的设置提出非议，但这样做所需的信息与制度成本非常高，高到我们一般不会轻易违反交通规则。与汽车驾驶一样，许多受到良好监管的其他外部性也是如此。

以污染为例，良治社会要求污染的外部性被内部化。这可以通过监管、污染税或责任规则来实现，但哪种方法最好还要考虑技术方面的因素。一个重要的例子是二氧化碳排放引起的气候变化。经济学家认为，减缓气候变化最有效的方法是制定碳价使之能充分反映二氧化碳排放的社会成本。

借由碳排放的例子，我们可以得出关键的伦理要点。假设各国已经实行了与排放的社会成本近似的普遍碳税。因此，所有商品都包含了反映其碳足迹的碳费。碳费的存在可以减轻我们对个人碳足迹的担忧。当碳被合理定价时，我们可以在日常生活中自信地认为我们个人的碳排放处于伦理中性区间。我们就像购买鞋子和面包一样购买我们的碳排放。

图19.1显示了我们自己和他人的福利在面包等私人商品或正确定价的外部性方面的权衡。每条轴都显示了自己和他人的经济福利，对它们的衡量是基于诸如美元或一揽子商品。如果我多减少一单位的排放，我的损失正好等于别人的收益。这是有效治理污染的根本结果。

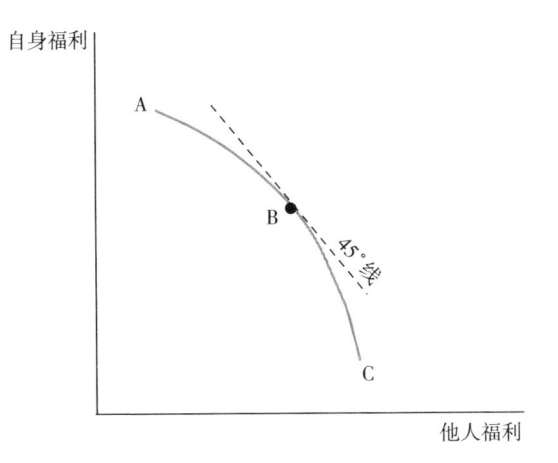

图 19.1　曲线 ABC 代表一个人在良治社会中对自身福利和他人福利的权衡。在市场均衡状态 B 点，自身福利与他人福利的边际替代率为 1

偏离良治社会：不受监管的外部性

但愿经济世界如此简单，但愿我们生活在一个良治社会里，在那里，政府和市场齐心协力，有效而公平地管理经济。然而，我们必须承认，没有一个社会能够完美地满足良治社会的所有条件。

事实上，道德哲学细致地研究我们的行为可能对他人产生的有害或有益影响。如上所述，经济伦理学认为我们应该承担我们的活动产生的全部成本。如果做不到这一点，我们就给他人造成了没有得到补偿的伤害，这正是我们对非伦理行为的经济学定义。

对于不受监管的有害外部性，一个可能的道德原则遵循如下伦理观：你不应该伤害他人，如果你确实伤害了他人，你应该补偿他们。例如，你不应该损坏邻居的汽车，如果你损坏了，你应该赔偿邻居的损失。

损坏的汽车就是法律将伦理义务（ethical obligations）内化的一个例子，也即你必须赔偿损失。然而，许多其他案例涉及代价高昂的溢出效应，但不承担赔偿那些受损者的义务。最常见的情况是交通堵塞。当我经由一条拥挤的高速公路开车去纽约时，我通常会为浪费的时间感到痛惜。但我也常常忘记，我自己也增加了交通拥堵，因此浪费了别人的时间。没有机制来惩罚我对他人时间的浪费，其他司机也没有得到补偿。

在这个拥挤的世界里，我的伦理义务是什么？我应该待在家里吗？抑或我应该绕路，在一条不拥堵的小路上开车，多浪费我几个小时的时间？据我所知，这是一个伦理学家尚未触及的难题。

相比之下，伦理学家就气候变化问题撰写了大量文章。毫无疑问，当你开车的时候，你是气候变化的制造者之一，你会增加一点点气候变化的损害。

对于不受约束的外部性，个人有哪些伦理义务？我提出一个重要也令人惊讶的答案。作为公民，我们的首要伦理义务是支持法律纠正溢出效应。例如，我们应该努力确保针对有毒废弃物的现有规定得到执行，或者通过能够减缓气候变化的法律。这一原则特别适用于相关行业的公司经理和董事。例如，汽车和能源公司应该在说服立法机构通过有效法律的政治过程中发挥作用。

除了积极公民权规则，外部性的伦理规范还是显得模糊不清，因为行动的有效性将取决于制度结构和技术。让我们研究一下其中的一些困境和可能的解决办法。

无悔政策

经济学里有个有趣的发现，可以帮助我们思考如何管理有害的溢出效应或足迹（碳足迹、拥堵足迹、噪声足迹，等等）。我称之为"无悔政策"（no-regrets policy）。在不受监管的外部性方面，小幅减少我们的足迹对我们自己的影响非常小，但对他人的伤害却会大幅下降。换句话说，通过采取微小的措施，你就可以实质性地减少溢出效应，而你自己不会后悔采取这些措施，因为它们对你几乎没有影响。

下面以空调为例进行基本推理。假设夏天你喜欢把家里的温度调到 70 华氏度（约 21.1℃），所以你就将恒温器设置于此。然而，仔细一想，你几乎分辨不出 70 华氏度和 71 华氏度（约 21.6℃）的差别。因此，你把恒温器调到 71 华氏度。对你而言，福利损失难以察觉。然而，这个微小的变化对燃料使用的影响是重大的。一个典型家庭将减少 10% 的用电量，对全社会而言，碳排放和污染足迹将大幅减少。

图 19.2 显示了处理外部性的三种不同立场。与图 19.1 相同，每条轴都显示了以某种共同的度量标准衡量自身和他人的经济福利。如果一个人只追求自身福利最大化，而忽略了对他人的影响，此时个人的福利最大化在曲线顶点 X；如果做一点小小的牺牲（到图中点 Y），将对他人的福利产生很大的影响，而自身福利仅会受到微弱影响。这个重要结果之所以出现，是因为在福利曲线的顶端斜率接近于零。因此，微小的变化对自身的福利影响很小，但对于重要的外部性，可能会对他人的福利产生很大的影响。

自身福利

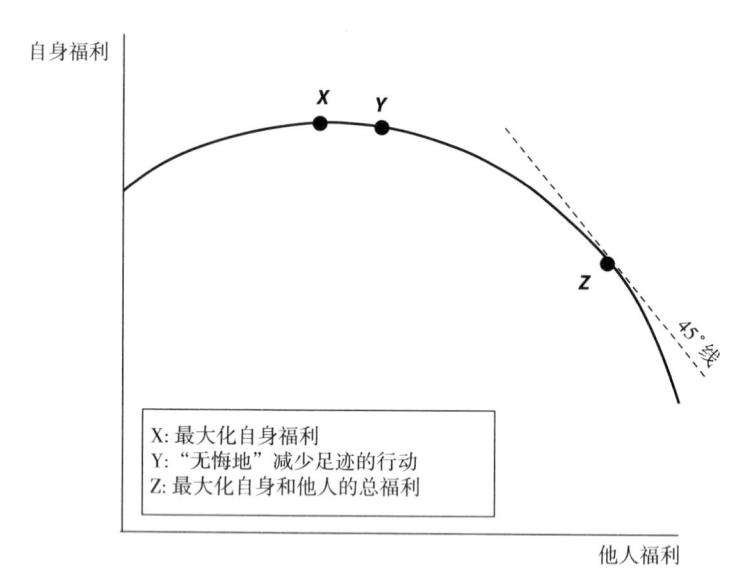

X：最大化自身福利
Y："无悔地"减少足迹的行动
Z：最大化自身和他人的总福利

他人福利

图 19.2　减少足迹的影响存在三种可能：不采取任何行动；无悔行动；完全利他主义

如果一个人是完全的利他主义者，并对每个人的平均福利最大化感兴趣，那么他将让出很多福利直到点 Z。在这一点上，牺牲自己一单位的福利只会给他人带来额外一单位的福利。此处的主要观点是，在存在重要外部性的情况下，小的利他行为对自身的影响微乎其微，但对整体福利有重大影响。

这里通过一个例子来说明这一点。假设你驾驶在一条空荡的高速公路上，遇到一对被困在路上的老夫妇。他们解释说，他们的车坏了，而且手机也没电了。请你帮忙打电话叫他们的朋友来接他们。对这种几乎没有代价的善举的回报是，你挽救了他们一天的时间，甚至可能更多。实验表明，人们经常会做出这种微小的牺牲。所以从点 X 到点 Y 对大多数人来说都是可行的。

然而，如果他们的要求很过分，比如老夫妇说既然你有两辆车，你应该把现在开的这辆车送给他们。他们会载你回家，然后你可以继续过日子，他们则可以分享你的财富。这种情形不太可能吸引太多人，因此从点 X 移动到点 Z 是不太可能的行为。这里有一个关于环境伦理的核心发现，它依赖于无悔原则：

> 你可以通过采取一些小行动来减少你的外部性足迹，减少你对他人的外部影响，从而大幅改善总体福利。

外部性的伦理：以气候变化为例

如果没有强有力的法律和监管措施，空气污染或气候变化等重大外部性将无法解决。但是伦理超越了法律。作为个人或公司，我们的伦理义务是什么？我们是否应该采取低成本的无悔措施来降低上一节所述的我们对外部的影响？如果是，多低的成本算低成本？

牛津大学的道德哲学家和经济学家约翰·布鲁姆（John Broome）深思熟虑后提出了解决方案。他的结论是你应该通过个人的行动达成"碳中和"。我将在这一节中考察其论点的优缺点。[3]

布鲁姆认为，正义的原则是不伤害他人，而如果你伤害了他人，你应该赔偿受伤害的人。布鲁姆的正义义务与英美的法律以及常识十分相似。布鲁姆对赔偿（或他所谓的恢复原状）提出了几个前提条件。这七个条件是：你伤害了某人，你对该行为负有责任，危害严重，该行为不是偶然的，该行为对你有利，对方没有对等地获益，恢复原状的行为不是太贵。

布鲁姆认为温室气体排放符合上述所有七个条件。此外，在他看来，恢复原状可以通过完全抵消排放即零碳足迹来实现。布鲁姆认为，具体的抵消措施包括节能、种树和从商业公司购买碳补偿。

这里有一个例子。假设我决定从纽黑文开车往返波士顿，大约270英里。如果我使用碳足迹计算器，发现排放量约为200磅二氧化碳。如果我考虑市面上较为流行的碳补偿项目，比如Terrapass，我可以按每吨10美元的价格购买碳补偿额度，因此这将使我的旅行成本增加约1美元。如果Terrapass是有效的（下面会讨论这一点），购买它们的补偿似乎就是某种意义上的"恢复原状"。

然而，作为伦理学家，我们需要更进一步。布鲁姆的论点有多大的说服力？首先，满足所有七个条件相当不容易。他的"恢复原状"计划还有一个有效性的问题。假设你决定在一个限制总排放量的地区节约能源，比如欧盟。如果总排放量是受限制的，你的节能将不会对排放或危害总量产生影响。相反，当你限制自己的排放量时，其他人的排放量增加会抵消你的减排，因为总排放量是不变的。

这个例子似乎过于技术化。然而，它反映了源于外部性的一个深刻问题。在大多数情况下，个人行动的有效性取决于外部性的具体技术结构。以布鲁姆的补偿为例，我注意到，在一个总排放量受到限制的地区，你的补偿将不会对未来的损害产生影响。然而，如果像美国那样不限制总排放量，这种补偿确实会减少排放，进而减少未来产生的损害。

布鲁姆回避的另一个问题是成本和收益问题。他的条件之一是赔偿"不是太贵"。这是意味着以无悔政策为标准，还是意味着任何不会让我破产的行动？

如何减少你的碳足迹？

如今，许多人都关心全球变暖问题，并希望通过个人努力来减少碳排放。他们已经了解了不同的方案和建议。他们应该怎么做？碳补偿的困境说明了我们在处理不受监管的溢出效应时面临的问题。[4]

第一种可能性是住在洞穴里，显然这不是什么上乘的建议，因为不是每个人都觉得它有吸引力，甚至可行。第二种更合理的方法是减少我们个人的碳排放。这包括购买节能汽车和设备，使用节能灯泡，尽可能使用可再生能源，以及改善我们房子的保温性能。但即使最勤勉的人也无法将碳足迹降到零。

因此，问题是能否购买"补偿"，以减少其他地方的碳排放，从而使抵消后的总排放量很小，甚至为零。例如，一家公司在亚马逊种植树木，这些树木可以吸收一吨二氧化碳，通过购买对应的补偿，相当于你自己有效地减少了一吨的排放量。

到目前为止，一切顺利。但是你怎么知道排放量真的减少了呢？你必须确保这家公司是可靠的，它真的在种树，且有人在核查那块土地，这些树将永远长在那里。这些似乎很难，但是可以实现。

然而，最棘手的部分是确保减排是"额外的"。也许土地所有者无论如何都要种树。或者这些树原本会种植在邻近的地块上，然后只是搬到你的地块上而已。

有一些人试图验证补偿涉及的所有这些存疑的方面。但许多经济学家担心，在一个没有总排放量限制的世界里，几乎不可能确保"补偿"是额外的。设计更好的方法来衡量补偿的有效性是极其重要的。[5]

对解决外部性的个人行动来说，其底线是：个人的行动，例如无悔方法建议的行动，是廉价而有效的。但是，它们终归是微小的，因此并不是解决重大问题的有效办法。它们也是低效的，因为它们缺乏协调，最终不同的人和企业会采取不同程度的行动。回到上文的中心点，这些努力不能取代政府强有力的集体行动。

绿色伦理的信息负担

大多数伦理决策涉及的问题相对简单，不需要什么新信息。《旧约》的戒律包括不可偷盗、杀人或奸淫。这些行为很容易理解。今天，我们可能会问：你撞了一辆停着的车吗？你抢银行了吗？还是用铅管砸别人的头？这里的伦理和法律简单明了。如果有人拍到你在某银行拿着枪和空袋子，那你就没什么可争辩的了。

绿色伦理涉及的非个人活动更为复杂。增加拥堵会带来什么伦理问题？增加空气污染呢？吃肉呢？对于这些来说，行动和后果之间的联系更加遥远。

气候变化是说明伦理受到信息缺失影响的重要例子。在我进行上述计算之前，我不知道去波士顿旅行的二氧化碳排放量是多少。我同样不确定我的总碳足迹。碳补偿公司碳基金（Carbonfund）的网站告诉我，我家的碳足迹是每年24吨。但它没有问我的收入、我的飞行次数，抑或是我家的房子大小。该估值毫无价值，主要是为了出售碳补偿。

然而，假设我们决定通过购买碳补偿来覆盖我们的碳足迹，我们可能想知道碳补偿公司是否真的减少了排放。回到 Terrapass 的例子，我查看了它的网站。其方案组合的一部分是风力发电。它拥有位于俄克拉荷马州邓普西山脊一个名为"大微笑"的风电场（Big Smile Wind Farm）的一部分。复杂的是，俄克拉荷马州有一个自愿的可再生能源组合标准，该标准建议 15% 的电力来自风能等可再生能源。"大微笑"满足了这一目标，但我们担心"大微笑"风电场的发电只是取代了另一个风电场的发电而已。如果是这样，就不会有总的减排。由于现在它是自愿的，也许它是额外的减排，但如果颁布强制性标准，这种情况可能会改变，就像许多州的情况一样。

推进绿色伦理

以下是对上面讨论的谨慎总结。它无法描述道德哲学家在绿色伦理领域精妙而深刻的讨论，但试图简化忙碌但负责任的公民在日常活动中的困境。

第一，如果我们遵循绿色精神的结果主义框架，在一个良治社会中，市场交易在伦理上是中性的或积极的。这一结论极大地简化了日常市场交易的伦理。

第二，环境伦理的主要困境涉及具有有害外部性的活动，这些外部性尚未被法律或习俗内部化。这种外部效应源于市场失灵，即我为我的活动付出的成本远远低于它们的社会成本。

第三，个人和组织的主要责任是采取集体行动以纠正外部性。集体行动比缺乏协调的私人行动更有效。这种集体行动可以通过提供来自科学家和公司的可靠信息、制定更好的防治污染法、社会保险和其他社会机制来实现。

第四，无悔政策是一个特殊而有用的案例。当我们遇到不受监管的外部性时，我们的外部性足迹的微小减少对自己的影响很小，但可以大大减少对他人的损害。然而，这些行动终究很小，不能取代强有力的集体行动。

作为最后的警示，我们发现，采取个人行动减少外部性（如减少碳排放）往往会因为可能阻碍有效行动的制度、技术和信息因素而变得复杂。由于缺乏知识，个人很难确定处理溢出效应的最有效方式。

第 20 章　绿色企业和社会责任

ESG（环境、社会和公司治理）是现代社会的主要发展成果之一，也有人称之为企业社会责任、社会责任投资或者可持续金融。在本书中，我们选择目前已被广泛使用的 ESG。

ESG 指衡量企业社会影响的三个核心指标，是绿色理念在商业世界的投射。其基本想法是，企业不仅仅是购买钢铁、生产汽车、竭尽全力为其所有者谋利的赚钱机器，相反，它越来越被视为具有一定法律、经济和伦理义务的社会成员。ESG 不仅仅是遵守法律，它还涉及商业监督、确保企业遵守法律精神、伦理标准以及国家或国际商业规范的自愿行为。此外，ESG 理论认为，商业的核心目标——利润有时会带来误导，需要纠正。

本章讨论的是企业的社会责任，内容涉及企业自身的行为。下一章将转向社会责任投资的作用，探讨如何从绿色视角看待金融投资。

企业社会责任

ESG 是近半个世纪以来的重要发展成果，其基本观点是，企业是强大的经济及政治实体，如果想在民主社会获得支持，就必须认识到自身具备的广泛影响力。针对企业管理，通常有三种不同的强调角度：股东利益最大化、利益相关者利益最大化和社会价值最大化。[1]

股东利益最大化观点认为公司的唯一责任是实现利润最大化，或者更宽泛地说是实现股东价值最大化，这一观点对一些金融和经济领域有很大的影响，将在下一节进行讨论。

利益相关者利益最大化观点将股东延伸到了利益相关者，从而扩大了第一个观点。利益相关者是指那些受到公司行为严重影响的人，包括内部利益相关者（如股东、员工和客户）和外部利益相关者（如社区）。因此该观点认为，公司应该在考虑股东价值的同时平衡对其他利益相关者的影响。

社会价值最大化观点强调企业在社会中的地位，不同于利益相关者的观点，它将利益相关者的范围扩大到整个社会，这种方法将公司当作公民看待。

上述涉及的定义范围极其广泛，从微观经济利益主体到整个社会福利，大多数企业责任的倡导者认为公司应该承担更多，然而它们的义务是仅面向受影响最大的利益相关者还是更广泛的公共利益，抑或两者兼而有之，这是一个有争议的话题。

利益最大化的社会责任

在以上的简单概括后，让我们从米尔顿·弗里德曼有力地阐述的极端企业责任观开始。

弗里德曼认为传统的企业社会责任实际上是不负责任。他经常被怀疑是一个自由市场原教旨主义者，让我们看看他实际上说了什么："企业的社会责任有且只有一个，那就是在遵守游戏规则的前提下，利用资源从事获取利润的活动，也就是说，进行公开、自由的竞争，不存在欺骗和欺诈。"[2]

弗里德曼的观点形成了价值最大化的策略，在商学院广泛教授。哈佛商学院的迈克尔·詹森（Michael Jensen）是价值最大化理论最有影响力的支持者之一。在他的表述中，价值最大化是指管理者做出的所有决策都应当增加企业的长期市场价值总额。价值总额是公司所有金融索取权的价值之和，包括权益、债务和其他权利。[3]

詹森的观点与弗里德曼的观点相似，但存在一些瑕疵。他从弗里德曼的利润的社会角色开始："200年的经济学和金融学研究表明，当一个经济体中所有企业的价值总额最大化时，社会福利也会实现最大化。"[4]詹森还极力反对将企业行为扩大到包括"利益相关者"的利益。他认为，这个概念太过模糊，不能作为管理目标，这会增加管理层的自由裁量权以投资他们喜欢的项目，并从合法所有者那里转移资金。

在芝加哥学派的理论中有一些隐含假设，这些假设遭到了ESG倡导者的反对。现实中"看不见的手"原理得以成立的条件很难满足，主要的阻碍因素包括谷歌或脸书这类大公司的市场势力、污染等外部性以及收入和财富的不平等。由于市场缺失、不确定性、宏观经济扭曲和非理性的个人决策，还会出现其他重要问题。[5]

我们认为弗里德曼的观点适用于经济学教科书中经常列举的原子式的参与完全竞争的农场主琼斯。琼斯需要密切关注利润，否则就会破产。然而，现代企业并不是经济图景中微不足道的斑点，它们在经营管理上有很大的自主权。随着全球化和放松管制，政府对企业活动的管控越来越少。可以说ESG的兴起是对公司日益增长的自主权的反应，它要求公司更好地自我管理。在此背景下，企业的经营目标应当综合考虑环境影响、劳工惯例、教育培训、透明度以及充足的投资回报。

弗里德曼认为，企业责任要求企业应当"遵守游戏规则"。弗里德曼的规则到底是什么？他的游戏指的又是什么？这些规则是否只涉及遵守法律条文？或者它们是否也涉及尚未写入法律的外部性问题？企业是否应该忽视经济上的外部性，比如工厂关闭对工人和社区带来的伤害？事实上，一些重要的外部性（如二氧化碳排放）在美国并没有被内部化。此外，企业有广泛的自由裁量权，可以通过参与政治活动、干预科学研究和左右公众舆论来影响自己的利润。因此，遵守游戏规则的指导方针太过模糊，没有用处。[6]

一些人根据弗里德曼的理论，认为上市公司必须实现利润最大化。但对此有哪些法律约束？在美国，人们普遍认为亚马逊或通用汽车等上市公司的董事必须以公司的最大利益为出发点，但这并不意味着单一的利润最大化。美国最高法院明确指出：

> 当然，营利性企业的中心目标固然是赚钱，现代公司法不要求它们以牺牲其他所有利益为代价追求利润，很多企业也不会这么做。营利性企业在获得所有者许可的情况下也可以支持各种慈善事业，如果所有者同意，营利性企业也可以采取昂贵的污染控制和节能措施，尽管这并不是法律要求的。[7]

然而，关于价值最大化需要强调的一点是，避免短期主义或专注于短期目标。关注季度利润或每股收益等短期目标对管理层具有吸引力，因为管理层的薪酬通常与这些短期因素挂钩，这就激励管理人员做出短视的决策。詹森等人强调，明智的价值最大化（enlightened value maximization）目标会鼓励管理者从长远出发，更好地思考利益相关者的利益，这其实与实现企业市场价值最大化目标并不相悖。

ESG 和法律的不完备性

政府不可能监管所有的社会弊病，有时候监管成本可能会比社会弊病造成的损害还高。或者说，在许多情况下，私人利益相关者比那些代表公共利益的人有更大的政治影响力。在政治体系中，短期目标如赢得下次选举，往往会损害未来的利益。此外，现实的情况是，立法机构没有足够的时间制定所有必要的法律。

由于法律不能覆盖所有市场失灵或社会失灵，所以法律是不完备的，也就是说法律无法包括所有可能出现的意外事件。威廉·兰德斯（Williams Landes）和理查德·波斯纳（Richard Posner）如此解释这个问题：[8]

> 人类预见未来的局限性、语言的模糊性以及立法审议的高成本，使大多数立法颁布时严重不完备，给法院留下了太多不确定的空间。

有两种策略可以应对法律的不完备性：一是填补空白使法律

结构更加完整，这主要体现在集体行动非常重要且争议最小的领域。例如，网络犯罪和侵犯隐私的发生率迅速上升，这显然是一个世纪前立法机构没有预料到的，改善这些领域的法律结构是当务之急。同样，应对全球变暖问题也需要国家和国际的集体行动。

但是我们必须认识到法律在许多领域仍然不完备，而 ESG 在填补法律空白方面发挥了重要作用。

克里斯托弗·斯通（Christopher Stone）在他的巨著《法律的终点：企业行为的社会控制》中分析了法律不完备引发的问题。[9] 与绿色思想的精髓大致相同，他的出发点也涉及市场这只看不见的手无法将企业限制在社会期望的范围内时法律固有的局限性。在一个民主社会中，如果大多数政治家认为现行法律不足以限制企业的活动，他们可以颁布更严厉的法律。但是，正如我们在关于绿色政治的章节中强调的，民主是不完美的：政府行动缓慢，反应迟钝，而且往往不具有代表性。在全球化时代，各国政府对全球市场的管辖权有限。斯通认为，由于法律没有也不能完全引导社会，公司需要重组以填补社会目标和不完善的法律体系之间的空白。

因此，斯通的 ESG 观的出发点是重新设计企业，使它们能够弥补法律体系的缺陷。例如，政府应该通过征税或限制二氧化碳排放来减缓全球变暖，如果政府不能控制二氧化碳排放，那么采取措施限制二氧化碳排放就成了企业应承担的社会责任。

假设我们接受斯通的观点，即公司应该填补市场效率低下、政府未能采取行动的空白，这将会引向何方？社会责任的理念涵盖了非常广泛的潜在活动，让我们很难找到一个立足点。ESG 在这个广阔的领域中处于什么位置？公司应该花多少钱？它们应该建在离家近的地方还是去最需要帮助的地区？谁是利益相关者以及哪些利益相关者是最重要的？

最后，当我们对企业施加 ESG 约束时，我们需要将企业的无效率与市场的无效率进行比较。具体一点说，可以考虑 ESG 对你最喜欢的商品或服务的潜在影响。你愿意企业以减缓创新为代价，把更多的资源投入 ESG 吗？ESG 比改进智能手机更重要吗？与更快的 Wi-Fi 服务比呢？或者与引进更有效的疫苗比呢？ESG 的任务是确保经济社会继续生产高质量的商品和服务，同时减少这些生产过程的溢出效应。

因此，这里的基本观点是：在市场和政府都无法确保有效地提供重要的私人及公共产品和服务的情况下，ESG 应当介入。

企业应对外部性的责任

鉴于 ESG 可能包含的目标有很多，这里将重点讨论外部性，以此作为确定合适的 ESG 活动的一种方式。当某个行为的成本外溢到其他人身上，而这些人没有得到相应赔偿时就会产生外部性。

正如我们在第 4 章中讨论的，外部性有两种：技术上的和经济上的。本书和经济学的大部分讨论都是关于技术上的外部性，也就是溢出效应，就像污染一样，这种影响发生在市场之外。

另一种溢出效应是经济外部性，即通过市场间接产生的影响，当经济行为影响其他人的价格和收入时，就会出现经济外部性。

当一家公司关闭缅因州的木材工厂，转而从加拿大购买较便宜的木材时，就会产生经济外部性。类似的决定可能会降低建造房屋的成本，提高数百万人的生活水平。然而，工厂关闭摧毁了数百名工人的工作，导致他们的收入急剧下降。这种相互作用通过市场发生，被称为经济外部性；而不像发生在市场之外的，如污染和拥堵。

ESG 可以用来应对这两种外部性。由于政治程序并不能充分保护和补偿那些受到损害的人，因此就需要企业的介入。科学的不确定性、政治上的阻碍、国际搭便车行为或者薄弱的社会安全网都会导致社会保障的缺乏。

在存在技术不确定性的情况下，ESG 变得尤其重要。DDT、石棉、二氧化硫、二氧化碳、低强度辐射和破坏臭氧的化学品的危害非常大，其产品含有或排放这些物质的企业应当对其带来的影响承担法律责任。它们正是或者应该是最了解这些危害的人。

因此，总结如下：当一家企业以合法的方式污染了当地社区，或者通过劳工惯例或工厂关闭损害了其工人的利益时，ESG 自然就成为一个问题。本书将 ESG 的定义修订如下：

> 环境、社会和公司治理或 ESG 是指，有助于减轻企业在经济或技术上的外部性，最重要的外部性是对企业利益相关者（如员工和当地社区）产生影响的外部性，足以产生严重社会影响的外部性，以及企业拥有专业知识和专有知识的外部性。

ESG 与利润的权衡取舍

ESG 的核心问题是获取利润和承担社会责任之间的潜在冲突。有些策略是双赢的，既有利于社会又能增加利润。从长远看一些 ESG 活动实际上是有利可图的，也许会提高公司声誉，扩大销售或降低成本。任何负责任的董事会都不会反对减少短期利润但增加长期利润的双赢行为。这种企业行为显然是一种更明智的利润最大化，这里不存在真正的取舍。

ESG 中的困境大多涉及有输有赢的行为。ESG 活动增加了非所有者的经济或社会福利，但减少了利润和股东价值。如果一家企业减少的排放量超出要求，或让国内工厂的运营时间更长，抑或改善工作条件使之高于竞争标准，这些都可能损害其长期最终利益，所以就出现了有输有赢的情境。

图 20.1 显示了不同层次的 ESG 或绿色活动下的股东价值或利润。A 点的 ESG 活动为零，如果以这种方式行事，企业在社会和经济上都是不负责任的。A 点实际上比 B 点的利润要少，B 点安排了能够增加利润的 ESG 活动，如提高员工健康水平或标示绿色产品。

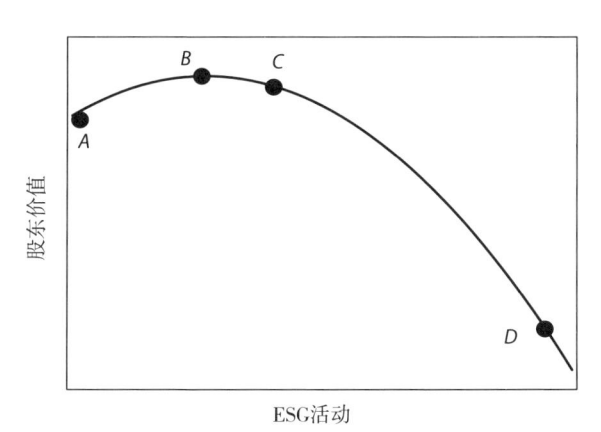

图 20.1　企业责任的四个策略

向 B 点移动时增加了有利于公司股东价值的双赢行为，包括吸引顾客、减少抵制、降低资金成本、维护良好的公共关系，这些行为的益处是毋庸置疑的。事实上，如果说服弗里德曼控制当地污染或培训劳工是有利可图的,他也会支持这样的 ESG 活动。然而,他会认为这是为了赚钱,而非由 ESG 驱动。

从 B 点到 C 点的 ESG 活动,属于有输有赢的类别。也许企业按照法规要求降低城市污染会带来一些成本,但它促进了员工及其家人的健康。作为负责任的公民,企业越过了明智的利己主义而转向 C 点,以公共利益来弥补利润损失,此时股东的年回报率会略微降低。

然而,C 点体现了一种无悔政策。有可能是企业减少的排放量比要求的多一点,或努力维持工厂的运营,或为员工开设一个日托中心,或设立激励员工储蓄的养老金计划。以上每一种行为都可能造成利润损失,但可以为利益相关者的福利做出重大贡献。

我们也可以设想 ESG 可能使企业走向悬崖,就像 D 点。此时企业的行为可能是决定收购一家破产的企业,或者迁去火星,这些行为将使企业陷入无利可图的窘境。很少有经理或股东会为这一战略辩护,因为这样的话企业很快就会倒闭。

ESG 的无利可图原则

企业是否应该从事无利可图的活动?关于 ESG 的文献在这个问题上纠缠不清。在考虑 ESG 是否会降低利润时,支持的一方列出了六个理由说明 ESG 实际上不是无利可图的,因此会实现双赢。然而,一些 ESG 活动不会带来双赢且降低了企业的利润。对于无法带来双赢的行为,ESG 应该遵循什么原则呢?

文献中没有明确的答案,但我想提出以下三点建议。ESG 的第一个准则是,即使无法通过私人的成本收益测试,这些活动至少要能通过社会成本收益测试,如果企业污染的外部性会导致100美元的社会损害,它最多愿意承担100美元的减污费用,而让企业(和社会)用200美元的成本来减少100美元的社会损害是没有意义的。第一条准则能明确地将许多活动从社会责任活动的列表中剔除。

无疑有大量项目可以通过社会成本收益测试,包括资助非洲的教育,或在贫困社区建立诊所,然而企业如何在一系列ESG项目中进行选择呢?另外两项准则或许可以提供帮助。

第二条准则是,企业应将资源集中在其具有信息或经济比较优势的领域。例如,企业通常非常了解其产品或生产过程中涉及的危险,它们可以通过行为研究以识别危害并采取措施预防。杜邦公司就是一个典型例子,它引入新产品来替代会破坏臭氧层的氯氟烃(CFCs),其利润可能会受到一些损害,却成功淘汰了氯氟烃。然而通常情况下企业不会这么做。汽车公司延迟使用的安全气囊等后来被证明非常成功的新技术,最具破坏性的隐瞒信息案例之一是脸书,该公司利用其客户信息获利,对自身的行为瞒天过海,利用信息优势影响选举和公众舆论。

第三条准则是重点关注那些首先会使利益相关方受益且具有较高社会收益成本率的ESG活动。例如针对员工子女的早期幼儿保育和员工健康计划;企业可能会考虑修改与工人的隐性合同以改善工人的经济和社会条件;企业不关闭那些利润微薄的工厂。利益相关者理论认为,企业是一个微型社会,而不是赚钱的机器。企业应该积极参与到这个微型社会中来,并特别关注员工、社区和长期客户的利益。

这些准则基于如下认识：企业了解自己的业务和社群，但对什么是符合公共利益的行为缺乏专业判断。它们专攻自己的市场。一家汽车公司知道如何设计安全气囊、如何有效地减少排放，但其管理人员通常没有接受过有关公共卫生、成本收益分析以及不同健康和安全法规的相对价值等培训。因此，最后一点是强调ESG应该涉及公司有特殊专长或责任的领域。

最不负责任的企业行为

商学院和学术写作的重点大多是企业责任：做这个、做那个、衡量这个、报告那个。我用另一种方法看待公司的不负责任，并以此结束本章。一个广泛使用的评级是KLD社会评级数据库，这一评级将不负责任的行为分为几类，包括环境问题（如危险废弃物排放）、公司治理（如高管薪酬过高）和有争议的行业（酒精、烟草和化石燃料）。正如许多ESG的衡量标准一样，没有简单的方法能从这些数据中生成一个总体指数。

企业的许多最恶劣行为都涉及提供有关自身产品和生产过程的误导性或欺诈性信息，这种行为对公众来说是危险的，因为这些信息对公众了解情况至关重要。这种欺诈比偷窃更严重，因为是那些最了解情况的人利用他们的知识误导公众。

当但丁写《神曲·地狱篇》的时候，他把第九层地狱描述为最深的一层，那里的罪恶是背叛，就连主人也背叛了他们的客人。

由于他用心险恶，
我又对他十分信任，

我先是被捕，随后丧命。

(《神曲·地狱篇》，第三十三篇)

最不负责任的企业也是如此。如果我们信任那些恶意的企业，我们就如同被捕的囚徒。这些企业明知道自己的产品是危险的，却秘而不宣，甚至为了狭隘的商业利益颠覆科学，相当于是把他们的客户"处死"。

最近的一个臭名昭著的例子是大众汽车，它不仅隐瞒其柴油汽车的排放情况，还在设备上动了手脚来伪造结果。它这样做是为了节省生产"清洁"柴油发动机的成本。有多少人因此而死亡？有多少人购买大众汽车的时候认为它是绿色的？虽然这些问题尚未得到解答，但这种行为不仅违法，而且属于最不负责任的企业行为。

以下是最不负责任的企业样本：

- 大众，操纵设备伪造排放检测结果；
- 菲利普·莫里斯公司，隐瞒显示吸烟致命的研究结果；
- 埃克森美孚，拒绝承认气候变化的科学性，并为否认气候变化的人提供资助；
- 约翰·曼维尔（Johns Manville），多年来明知石棉的危害却一直否认，直到诉讼揭开了真相；
- 普渡制药，歪曲奥施康定（OxyContin）的成瘾性；
- 脸书，歪曲处理用户信息的方式，并将用户信息出售给世界各地的供应商，包括在其他国家制造争端的俄罗斯人。

学生们如果想影响自己大学的投资政策，就应该系统地发现和评估这些最不负责任的行为。

小结

浏览一下有关企业责任的文献就会发现各种主题和观点鱼龙混杂，令人困惑。然而，如果我们抽身远离，并俯瞰全貌，就会有四个关键的发现。

第一点，关于 ESG 的讨论很多，但共识很少。目前没有标准的 ESG 指标，也没有公认的方法将不同指标聚合为一个综合指标。企业经常获得（或声称获得）很高的 ESG 评分，但它们的公开报告往往不够深入，令人很难评判。此外，许多对 ESG 进行评级的公司并没有公开其评级系统，因此我们无法判断 ESG 评分实际上代表了什么。ESG 的实际衡量情况仍然处于一团迷雾中。

要强调的第二点是，企业应避免短期主义，这一点几乎贯穿本书讨论的每一个领域。换句话说，企业应该从长远角度考虑什么能提高盈利能力和股东价值，这涉及构建管理层的激励机制，以避免太过关注短期回报。我们强烈建议企业从更广泛的视角看待企业文化和所在的社区，将资源用于改善工人的生活和产品的可靠性，是明智的长期投资。

第三点是记住无悔原则。当企业纠正外部性时，便可以对利益相关者和社会做出重大贡献，且对利润的影响很小。这一原则适用于许多领域，对最优水平的微小偏离便可以产生巨大的外部影响，但内部影响很小。

此外，对于那些评估企业业绩的人来说，他们需要很好地测算投入 ESG 的资源，并将公共关系方面的支出分离出来。我们应该对致力于建立商誉的企业社会支出保持警惕。如果你路过纽约的林肯中心，你会看到大卫·科赫剧院，对艺术的支持可能会转移对科赫兄弟破坏环境监管的批评，而这对保护环境毫无益处。

最后，在技术复杂的现代经济中，企业应当在提供其产品和生产过程的潜在风险信息方面发挥重要作用。这方面企业最了解。它们有责任对客户诚实，而不是隐瞒危险或误导政府监管机构。最糟糕的企业故意通过危险或有缺陷的产品损害他人，它们应该受到最严厉的惩罚。

第 21 章　绿色金融

我们已经认识到，运用行为准则和外部监督来确保企业以对社会负责的方式行事有其困难。另一种有趣的想法是，这些上市企业的所有者/投资者可以要求企业从事社会责任行为。这便是上一章讨论的 ESG 原则的另一个应用。它被称为"社会责任投资"或"伦理投资"，但越来越多的其他内容也被融合到 ESG 中。

ESG 对金融来说意味着什么？简单地说，它在金融投资的决策中加入了对环境、社会和公司治理等因素的考量。由于所有者拥有决定企业决策的法律权力，也即付钱的人说了算，故 ESG 能够成为引导企业转向绿色行动的有力工具。

ESG 近年来发展迅速。根据一项调查，2018 年，美国专业管理的资产中有 12 万亿美元在投资中采用了 ESG 标准，这一数字占到了资产总量的近四分之一。[1] 它们主要关注的领域是气候变化、烟草、冲突风险、人权和透明度等。

在我的家乡附近，人们敦促大学将它们获得的捐赠资金投资于对社会负责的企业。在早些时候，一些大学便要求有关公司不要到南非设立机构，而另一些大学则撤出了对烟草股票的投资。近来，一场声势浩大的运动提议有关大学卖出生产或分销化石燃料的公司，因为此类公司会导致全球变暖。

推动绿色投资的运动面临着社会责任企业提出的许多类似问题。什么是社会责任？我们如何定义和衡量它？它是否主要涉及确保长期盈利和避免短期主义？它是否为了让企业将其决策的外部性比如气候变化内部化？绿色投资会惩罚投资者吗？以及，或许最重要的是，它能有效果吗？

什么是社会责任投资？

事实上，金融中的 ESG 同上一章分析的社会责任企业中的 ESG 定义非常类似。但它们有一个主要的区别：绿色金融特别关注企业生产的产品，而企业责任主要关注企业生产的方法。

举一个例子。埃克森美孚主要生产和销售化石燃料。分析师可能会问，作为一家负责任的公司，埃克森美孚是否采取了公平的劳工惯例，是否披露了自己的产品及环境影响，是否对减少碳足迹设定了雄心勃勃的目标。令人惊讶的是，在过去几年中，埃克森美孚公司还在多个领域获得了多项最佳社会责任企业奖。

然而，在金融业中，由于埃克森美孚生产和销售石油与天然气的行为导致了气候变化，所以它成为许多伦理投资倡导者抨击的对象。另一类被 ESG 投资排除在外的企业是那些生产枪支、烟草、酒精和军事武器的企业。这些企业可能被称为"罪恶企业"，不是因为它们从事罪恶行为（它们可能像埃克森美孚一样成为模范企业并完全遵守法律），而是因为它们销售的产品会带来有害的影响。

为什么要对社会负责？明智的利润

投资者面临着与社会责任企业同样的困境和权衡。一个目标是选择符合其所有者长期利益的企业，这一目标要求企业在充分考虑社会趋势的前提下，实现股东价值最大化。关于上述ESG目标的一份代表性声明来自养老和货币基金巨头美国教师退休基金（TIAA）：

> 作为资本的提供者，市场恶化和资产价格下跌首当其冲的是长期投资者。因而，此类投资者会充分利用其影响力和杠杆，推动良好的公司治理和有效运行的市场。我们的参与者和客户希望我们管理他们的储蓄，给他们提供财务保障。[2]

这份声明中没有体现利他主义，也不关心投资带来的外部性，只关心长期财务回报。

投资行业的另一个巨头加利福尼亚公共雇员养老金系统（CalPERS），管理着超过3 000亿美元的资产。该公司最近向其投资经理表示，他们需要将ESG目标纳入其战略规划。以下是加利福尼亚公共雇员养老金系统2015年给其投资经理的声明：

> 加利福尼亚公共雇员养老金系统必须考虑风险因素，例如气候变化和自然资源的可用性，这些因素只会在很长的时间内缓慢显现，但很可能对公司或投资组合的回报产生实质性影响。[3]

仔细阅读该声明后可以发现，气候变化应纳入考虑，不是因为公司行动会导致气候变化，而是因为气候变化会影响投资组合的回报。因此，上述声明为 ESG 战略中的长期盈利能力找到了正当理由。

为什么要对社会负责？公共目标

尽管上述两家大型养老基金关注的重点是财务回报，但其他一些伦理投资者确实考虑了其投资的公共影响。

为了探讨具有这类更广泛社会目标的 ESG 投资，我们可以从个人投资者开始。与企业不同，个人的利他目标不会受到法律或经济方面的限制，也不会遭到股东的反对。如果激进利他主义者彼得·辛格（Peter Singer）想要捐赠所有钱财以均等化全球的满意度，那完全没问题，因为那是他的钱。如果自由主义哲学家罗伯特·诺奇克（Robert Nozick）反驳说，他没有义务帮助他人，那也没人能强迫他把养老金放进绿色基金。因此，个人可以在不违法的前提下自主提出自己的投资理念。

相较个人，企业在更严格的约束下运作。在早些时候，人们并不清楚企业的慈善捐赠是否被允许。好在当下，法律并不限制企业的慈善捐赠。但是，企业的章程、董事和所有者对此会有约束。因此，虽然企业采取某些减少股东价值的行动，比如将 1% 的利润用于社区活动，可能会得到允许，但如果企业捐赠 99% 的利润，无疑会遭到企业所有者的反对。

大多数投资公司的 ESG 政策通常很模糊，它们能为投资者提供的信息或指导非常有限。美国教师退休基金和加利福尼亚公共雇员养老金系统的声明就是 ESG 政策的典型用语。你几乎找不到一份明确的声明，其中陈述了企业愿意为促进社会正义牺牲多少投资回报。

耶鲁大学的伦理投资政策

大多数投资经理对其 ESG 目标的陈述都较为模糊，但我的母校耶鲁大学清楚地阐述了它的观点。由于我熟悉耶鲁大学的情况，而且它阐明了其目标，因此我将围绕耶鲁大学的投资理念展开讨论。

耶鲁大学投资政策的中心思想体现在由该校法学院教授约翰·西蒙（John Simon）和两位同事撰写的一份开创性报告中。该指导方针有两个关键前提：第一，"选择和保留大学捐赠证券（endowment securities）的唯一标准是经济回报最大化"。

第二，在少数情况下，大学可以为了社会目标牺牲其投资组合的回报。[4] 如果所投企业的行为造成了"社会伤害"，学校将通过股东决议采取措施，甚至撤资。这些"社会伤害"主要指公司的活动"对消费者、雇员或其他人产生了有害的影响"。重要的是，它还特别包括"违反或阻碍执行旨在保护个人健康、安全或基本自由权利不被剥夺的国内或国际法规则的活动"。

因此，不能纳入投资组合的标准有两个。首先，这种投资会造成社会伤害（换句话说，它会产生某种外部性）；其次，这种行为会违反或阻碍保护个人的国内或国际法律。在 ESG 指南中，第二种限制是不同寻常的，它把重点局限在非法而非不合乎伦理的活动上。

多年来，耶鲁大学一直就南非种族隔离问题采取行动，反对烟草公司以及在南苏丹经营的石油和天然气公司。它就气候变化采取审慎的措施，鼓励披露排放量，并分析气候变化对投资绩效带来的风险和其他影响。不过，鉴于这些行动的范围有限，耶鲁大学捐赠基金的回报率（在所有主要大学中，耶鲁大学的长期回报率是最高的）并没有受到太大的负面影响。

耶鲁大学制定的上述规则的不同寻常之处在于它对合法污染和其他广泛存在的外部性所持的立场。如果只是某一家企业的过错，该企业的行为自然可能会受到制裁。然而，对整个行业的外部性，该报告担心，如果只对某一家企业制裁或撤资，将使其处于竞争劣势。在诸如禁止突击步枪或限制排放等领域，政府必须采取一定的行动。

在全行业污染这样需要政府采取行动的情况下，耶鲁大学将不会撤资或制裁，但会"与公司管理层沟通，敦促其寻求政府机构采取必要的行动"。例如，这项规定将排除耶鲁大学从某些化石燃料公司的撤资，但会要求这些公司主动寻求强有力的政府政策。

正是在涉及整个行业的社会伤害的问题上，耶鲁大学的指导方针与它的许多学生和其他大学的看法有所不同，他们希望看到耶鲁大学从那些合法生产化石燃料、枪支和烟草的公司撤资。

实践中的社会责任投资

我们可以通过一些最重要的 ESG 基金实例来理解它们的投资理念。先锋社会指数基金（Vangward Social Index Fund）是规模最大的 ESG 基金之一。其投资理念如下：

> 该指数基金排除了违反下列事项或存在争议的公司：(1) 环境影响，(2) 人权，(3) 健康和安全，或 (4) 劳工标准，或 (5) 未能满足与多样性相关的标准。同样被排除在指数基金之外的还有：与 (1) 武器、(2) 烟草、(3) 赌博、(4) 酒精、(5) 成人娱乐或 (6) 核能有关的企业。

值得注意的是，先锋基金的上述清单中同时包含了合法的和非法的活动。目前还不清楚为什么有些行业被列入清单，而其他行业没有列入。并且，该基金也确实投资了石油、汽车、化工、银行服务和其他可能令人反感的行业。另外，令人迷惑的是，先锋基金为什么惩罚核能部门，它们明明减少了温室气体的总体排放。

第二个重要的例子是美国教师退休基金和加利福尼亚公共雇员养老金系统的社会选择股票基金（TIAA-CREF's Social Choice Equity fund，以下简称"TIAA-CREF"）。以下是其声明：

> 本基金的投资须符合某些 ESG 标准……所有企业必须达到或超过 ESG 的最低标准，才有资格成为本基金的投资标的。我们的投资更青睐同业者中 ESG 表现更好的企业。

"生产和销售酒精、烟草、军事武器、枪支、核能和赌博产品"的企业会受到惩罚但并不会被自动排除在外。但 ESG 的最低标准是什么并没有明确的说明。

实践中的绿色投资组合

观察不同绿色基金的实际投资组合能让我们从关注它们的言论转向关注它们的行动。前文提及的先锋基金和美国教师退休基金是最大的绿色投资组合，我们可以将这两个绿色投资组合的持股情况与整个美国市场的标准指数基金进行比较。[5] 表 21.1 显示了 20 家市值最大的公司在市场所占的份额以及它们在这两家 ESG 基金投资组合中所占的份额。

表 21.1　20 家市值最大的公司在市场指数基金以及在 TIAA-CREF 社会选择股票基金和先锋社会指数基金中所占份额的比较

公司	市场指数	TIAA	先锋
微软	3.86%	4.10%	5.77%
苹果	3.56%	4.00%	5.98%
亚马逊	2.63%	2.40%	
脸书	1.62%		2.44%
伯克希尔哈撒韦	1.42%		
摩根大通	1.34%		2.11%
Alphabet	2.64%	3.00%	4.04%
强生	1.23%		1.87%
宝洁	1.10%	1.50%	1.64%
维萨	1.09%		1.65%
埃克森美孚	1.01%		
美国电话电报公司	0.99%		
美国银行	0.92%		1.40%
家得宝	0.90%	1.30%	1.37%
英特尔	0.88%	1.30%	1.33%
威瑞森	0.88%	1.30%	
万事达	0.88%		1.32%
迪士尼	0.82%		1.21%
联合健康	0.81%	1.00%	1.27%
默克	0.78%	1.20%	1.19%

注：表中的 TIAA 和先锋分别指 TIAA-CREF 社会选择股票基金和先锋社会指数基金。
资料来源：相关基金公司的网站（数据截至 2019 年 11 月）。

有一些重要的问题需要说明。首先，个股在绿色投资组合中的占比通常更大，因为这些绿色投资组合只能涵盖整个市场中的少部分股票。例如，微软在市场指数基金中的占比约为 3.9%，在先锋社会指数基金中的占比约为 5.8%。

其次，某些选择可能令人困惑。以亚马逊和脸书为例：两家公司的 ESG 得分均处于平均水平，然而，美国教师退休基金投资了亚马逊，却未投资脸书，而先锋基金则恰恰相反。因为生产化石燃料的缘故，埃克森美孚的 ESG 得分较低，而在 2019 年之前它的得分都很高。美国教师退休基金排除了银行和信用卡公司，而先锋却没有，这同样令人困惑。而美国教师退休基金将迪士尼排除在投资对象之外，可能同样会让它的股东们感到意外。[6]

从上述简单例子得出的结论是，排不排除哪些企业似乎是武断的，并主要取决于基金投资经理的偏好。从财务的角度看，排除相当一部分顶级公司也会降低投资组合的多样性和回报率。这种排除的武断性其实也充分体现了我们在本章和前一章中反复提到的缺乏对公司 ESG 进行系统性评估的方法。

绿色投资组合的成本

虽然有些伦理建议是毋庸置疑的，但大多数问题需要衡量成本和收益。许多投资者可能会问，将某些企业或行业排除在外的成本是多少？

如今，一般的投资建议是持有多样化的证券投资组合。例如，一只典型的指数基金可能持有被标普 500 纳入的 500 家最大的公司。这是一只被动基金，因为它不需要任何人来决定投资什么公司,这降低了基金的运营成本。

多样化投资组合能够减少对一家企业的风险敞口。例如,单独持有脸书股票的波动性是标普500指数的两倍多。

因此,持有绿色投资组合有两类成本:第一,雇人决定排除哪些企业的成本;第二,排除某些企业或行业因而降低组合多样性的成本。接下来,将用一个简单的例子说明绿色投资的成本。[7]

表21.2显示了限制TIAA-CREF社会选择股票基金、先锋社会指数基金以及一般ESG基金的投资组合选择范围对年回报率的预期影响。[8]第二列显示了投资组合的预期回报率。因为多样化程度较低,TIAA-CREF社会选择股票基金的预期回报率略低。但对于大多数基金来说,回报率的损失并不大,每年在0.1%到0.2%之间。

表21.2 绿色基金的收益率

投资组合	回报率	费用率	净回报率
市场基金	6.00%	0.04%	5.96%
先锋社会指数基金	5.93%	0.18%	5.75%
TIAA-CREF社会选择股票基金	5.81%	0.22%	5.59%
一般ESG基金	5.80%	0.93%	4.87%

注:表中显示了这两只绿色基金和一只假想的高成本基金排除某些股票对风险和预期回报的影响。最后一列表明,回报的损失可能很大。

但是,主要的"成本"体现在较高的费用率上(见表21.2)。先锋和TIAA-CREF每年的总损失约为0.3%,但一般ESG基金的损失要大得多,可能会损失近1/6的回报。

上述结果旨在说明ESG基金"排除"某些企业或股票对投资回报的影响。事实上,对ESG基金实际回报的研究发现,结果差异很大。原因之一是,许多研究着眼于事后或历史回报,其中包括了一些随机因素和一次性因素。绿色基金的收益损失通常比表21.2显示的要大，但原因尚不清楚。一个可能的解释是绿色基金经理糟糕的投资选择。

还有一些研究考察了排除个别股票的影响：如果仅排除某一只股票，影响确实很小。例如，"无化石燃料"行动（Fossil Free U）的倡导者可能就会做这样的分析，计算排除埃克森美孚对一个包含500家最大公司的投资组合的回报率有多大影响：使用与表21.2相同的计算方法可得，预期回报率将从6.000%下降到5.997%，这显然是可以忽略的。回报率损失如此之低的原因是埃克森美孚只占投资组合的一小部分。相比之下，如果该投资组合不包括能源企业、银行、汽车企业、公用事业公司、在有伦理争议的国家有业务的公司，以及化工企业，那么回报率的下降程度会高得多。

绿色投资者的投资策略

可以从绿色投资中获得什么经验教训呢？以下是一些要点：

第一，无论你是否对绿色投资感兴趣，一定要关注那些有长远眼光的公司，而应避开那些在管理上自私和短视的公司。

第二，我们可以把无悔原则应用到绿色金融中。如果投资组合一开始的目标就是追求回报最大化，那么，排除少数股票对投资组合回报的影响可以忽略不计。因此，如果一只基金只排除了少数几家企业或一个小的行业，它的长期回报只会受到很小的负面影响。

第三，如果你想让自己的投资组合更"绿色"一点，那就应当更加谨慎地选择投资目标。如果你想要最"清洁"的投资,那回报率可能会受到较大的负面影响。这意味着投资者应该关注基金实际持有的资产。如果投资组合排除的行业太过宽泛,或者投资组合的选择难以理解,抑或不符合你的投资理念,那么建议你看看别的基金。

最后,请密切关注费用。如果不小心,它们甚至会"吃掉"所有的投资收益。例如,FundX 可持续影响基金(FundX Sustainable Impact)是最差的基金之一,其年费用率高达 2.1%。一些基金甚至还会额外收取销售费。如果你选择年费率 0.20%、销售费率 0.00% 的先锋基金,应该能获得更高的收益。

第五篇

全球绿色问题

第 22 章　绿色星球？

到目前为止，大多数关于绿色话题的讨论都停留在个人、地方或国家层面。然而，一些最棘手和最危险的外部性都是全球性的。在前面的章节中，我们讨论了一种重要的全球性问题即流行病。本章和下一章则概述了以全球变暖为代表的全球绿色问题。

作为全球外部性的气候变化

气候变化是一个特别棘手的外部性问题，因为它是全球性的。当今人类面临的许多关键问题，如全球变暖和臭氧消耗、新冠疫情、金融危机、网络战和核扩散，其实同样是全球性的，已经超出了市场和国家政府的控制范围。这种全球外部性的影响遍及整个世界，它们并不是新出现的，但随着快速的技术变革和全球化进程，它们正变得越来越严峻。[1]

全球变暖是所有外部性中的"巨人"，因为它涉及如此多的活动。它将影响整个地球几十年甚至上百年，而且不是个人或者单个国家凭自己的努力就能够减缓的。

长期以来，全球外部性一直是各国政府面临的挑战。在之前的世纪里，各国面临着宗教冲突、军事侵略以及天花和鼠疫的大流行。在现代世界中，旧的全球性挑战并没有消失，正如我们在新冠疫情中看到的那样，新的挑战又出现了，不仅包括全球变暖，还包括核扩散威胁、毒品贩运和全球金融危机等其他挑战。

进一步思考就会发现，各国在协商处理全球经济外部性方面很少取得成功。两个成功的案例包括处理国际贸易纠纷（当前主要是通过世界贸易组织）和限制使用破坏臭氧层的氟利昂议定书。哥伦比亚大学的经济学家斯科特·巴雷特率先对环境条约进行经济层面的研究。他和其他学者都认为，这两个协议之所以成功，一是因为其收益远远超过了成本，二是因为建立了有效的制度来促进国家间的合作。[2]

治理是处理全球外部性的核心，因为有效管理外部性需要主要国家协调一致的行动。然而，根据目前的国际法，没有任何法律机制可以让没有利害关系的大多数国家要求其他国家分担管理全球外部性的责任。此外，如果目的是说服各国合作行事，那么使用武力等法外手段并不是可行的选择。

必须强调的是，全球环境问题引发的治理难题同国家层面的环境问题（如空气和水污染）截然不同。就国家公共品而言，问题主要涉及让国家政治机构对分散的公共利益而不是集中的私人利益做出回应。对全球公共品来说，问题在于单个国家只能享受到其行动带来的一小部分收益。换句话说，即使为了自身利益而采取不合作行动的民主国家，也只会采取最小限度的行动，因为大多数收益都会溢出到其他国家。只有通过设计、实施和执行合作性的跨国政策，各国才能确保政策的效力。

本章讨论了气候变化的科学和经济背景。下一章将针对管理全球外部性面临的激励不足问题，探讨解决这一问题的全球机制,我称之为气候俱乐部或气候公约。

不断演进的气候变化科学

如果你看报纸,听广播,或者浏览推特,几乎必然会遇到关于全球变暖的叙事。以下是来自各种信息源的示例:

> 过去十年是有记录以来最热的十年。
> 全球变暖的概念是由中国人创造的,也是为中国人创造的,目的是让美国制造业失去竞争力。
> 北极熊可能在一个世纪内消失。
> 格陵兰岛冰盖融化量创纪录。

显然,全球变暖在当前受到了很多关注。同样明显的是,人们对它是否真实、是否重要以及它对人类社会意味着什么存在分歧。感兴趣的民众能从这些相互矛盾的叙事中得出什么结论?如果答案是全球变暖是真实的,那么它有多重要呢?我们对全球变暖的担忧应该排在我们面临的各类问题(如持续的不平等、大流行病和核扩散)中的哪个位置?

简短的答案是,全球变暖是对人类和自然界的重大威胁。这是对绿色政策的终极挑战,有可能将地球变成"棕色星球"。

我曾打过一个比喻,气候变化就像一个巨大的赌场。我的意思是,经济增长正在给气候和地球系统带来意想不到的危险变化。这些变化将导致不可预见的甚至可能是危险的后果。我们正在掷"气候骰子",结果是无法预料的,其中一些可能是危险的。

接下来的这些章节要传达的信息是，我们或许应该放下"气候骰子"，走出赌场。

全球变暖是我们这个时代至关重要的问题之一。它与大流行病和经济萧条一样，是在不确定的未来塑造人类和自然环境的力量。全球变暖是一个复杂的问题。它跨越了基础气候科学到生态学和经济学，甚至还包括政治和国际关系。

气候基础知识

本书中区区几个章节不可能涵盖气候变化的方方面面。相反，我们的讨论将突出其中涉及的主要问题，解释为什么气候变化威胁着地球，并展示这些问题与本书的整体绿色理念之间的关系。[3]

我们认识的起点是地球科学。气候科学是一个高速发展的领域，但其基本要素是由地球科学家在20世纪发展起来的，并且已经相当成熟。全球变暖的根本来源是化石（或碳基）燃料的燃烧，如煤、石油和天然气，这会导致二氧化碳的排放。二氧化碳等气体被称为温室气体（GHGs），它们在大气中积累并长时间存在。

大气中温室气体浓度升高会导致陆地和海洋表面变暖。最初的变暖通过大气、海洋和冰盖的反馈效应被放大。结果包括气温以及极端气温、降水模式、风暴位置和频率、积雪、河流径流、水的可得性和冰盖等发生变化。其中每一项都将深远地影响对气候变化敏感的生物和人类活动。

过去的气候，从无冰状态到冰雪覆盖的地球，都是由自然因素驱动的。而当前的气候变化越来越多地由人类活动造成。全球变暖的主要驱动因素是化石燃料燃烧排放的 CO_2（二氧化碳）。

1750年，大气中的CO_2浓度为280ppm（百万分之一），如今已超过410ppm。模型预测，除非采取强有力的措施减少化石燃料的使用，否则到2100年，CO_2浓度将达到700~900ppm。根据气候模型，这将导致到2100年全球平均变暖3~5℃，之后还将进一步显著变暖。因此，除非采取强有力的措施来大幅减少CO_2的排放，否则大气中的CO_2将持续累积，由此导致的全球变暖及其后果不难预见。

这一切都是那些正在筹措项目资金的科学家的幻想吗？这种愤世嫉俗和误导人的观点不仅侮辱了在这一领域辛勤工作的人们，也忽视了他们提供的有力证据。图22.1显示了一项关键的证据，即过去80万年来大气中CO_2浓度的记录。我们可以看到冰河时期CO_2浓度的"跷跷板"。在寒冷期，CO_2浓度急剧下降（可能是因为它进入了深海），而在暖和期，则有大量的CO_2排放。在前工业化时期，空气中的CO_2浓度从170ppm左右到280ppm左右不等。在最近的冰河时期，全球气温比当前低约5℃，大气中的CO_2浓度处于最低点，为180ppm。

然后，在1750年左右，随着人类开始砍伐森林和燃烧化石燃料，CO_2浓度开始上升。在1950年左右打破了80万年的纪录，到2020年达到了410ppm。碳循环模型显示，碳排放水平的升高是由工业排放造成的，20世纪的碳排放总量中约有一半仍留在大气中，而且可能会留存一个世纪或更长时间。

不断累积的CO_2与其他温室气体，导致气温上升和其他伴随的气候效应。20世纪，全球气温上升了1℃以上。气候模型显示，如果排放持续不减，到21世纪末全球气温将再上升2~4℃。一些地区，如北极，将会出现更剧烈的气温上升。但气温上升只是影响的一小部分，其中的许多影响人类还没有很好地理解。其他影响包括中部大陆地区的干旱、更强烈的暴风雨、不断缩小的冰川和积雪，也可能有更广泛的野外火灾，以及季风模式的改变。

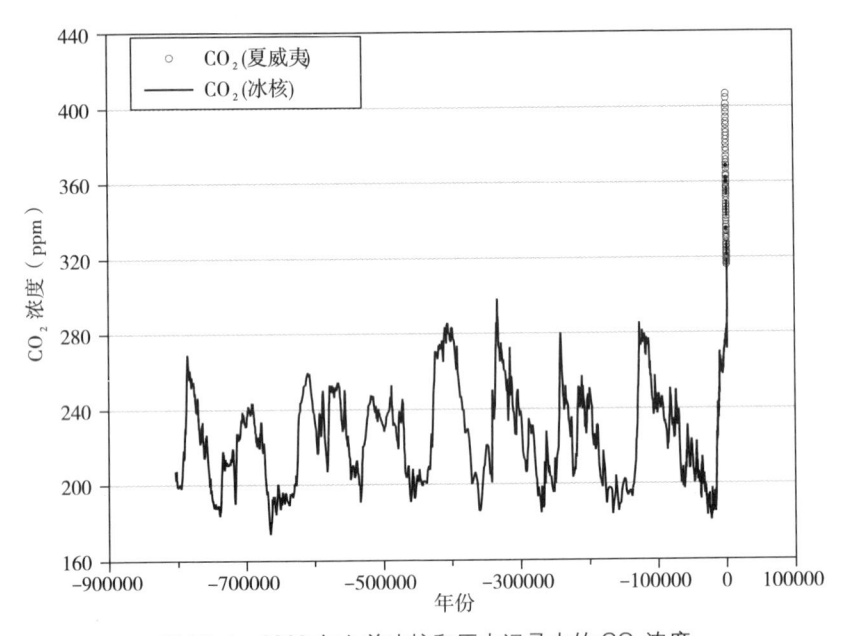

图 22.1　2020 年之前冰核和历史记录中的 CO_2 浓度

注：较长的实线来自南极洲等大冰盖的冰核，始于 1957 年的圆点来自夏威夷的仪器记录。

图 22.2 显示了利用南极洲冰核数据重建的过去 50 万年的全球气温。目前的气温标准化为 0℃。最右边的点线预测了在没有减缓气候变化的政策下未来温度的上升情况。如果不控制全球变暖，未来的气温将很快超过过去 50 万年的历史最高水平。

气温上升并不是气候变化影响的主要问题。更重要的是风暴、大冰盖和季风系统对人类和自然系统的影响。分析其影响的一个核心概念在于这个系统是否可以得到管理。高收入国家的非农业部门得到了良好的管理，这一特点将使这些部门至少在几十年内能以相对较低的成本适应气候变化。

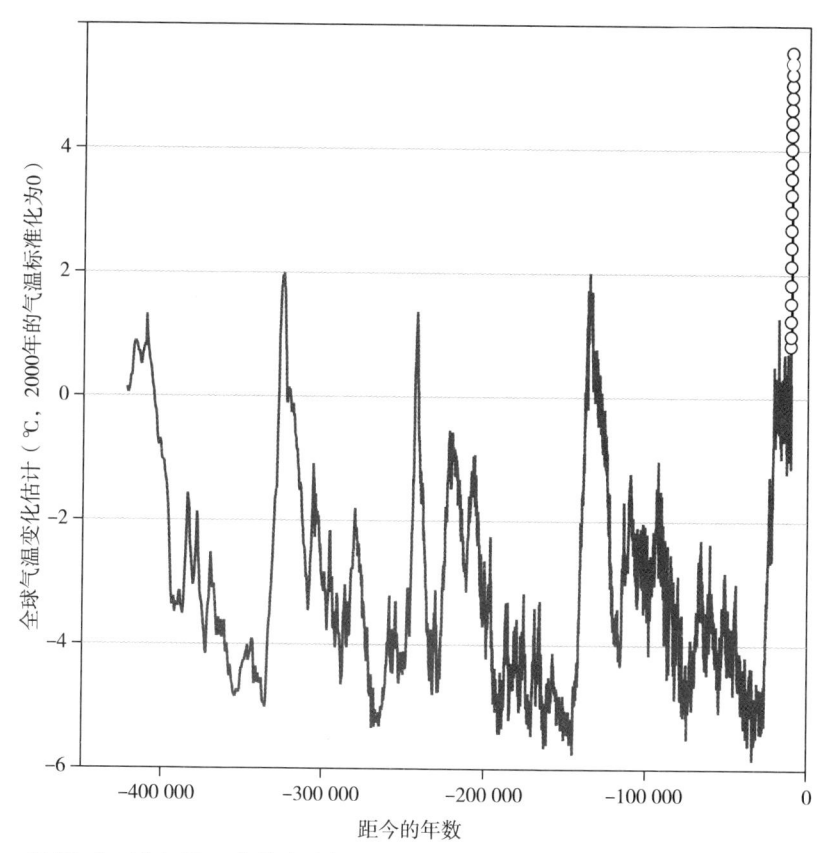

图 22.2　过去 50 万年的全球气温变化估计（实线）以及未来两个世纪的模型预测（圆圈线）

然而，许多人类和自然系统无人管理或无法管理，极易受到未来气候变化的影响。虽然一些部门或国家可能会受益于气候变化，但大多数国家以及与气候敏感的物理系统密切相关的部门可能会遭到严重破坏。潜在的损害可能主要集中在低收入和热带地区，如热带非洲、拉丁美洲、沿海地区和印度次大陆地区。脆弱的系统包括靠雨水灌溉的农业、季节性积雪、受海平面上升影响的沿海地区、河流径流和自然生态系统。这些地区有可能受到严重影响。

第 22 章　绿色星球？　289

科学家们特别关注地球系统的临界点，这包括当系统跨越阈值时发生突然或不可逆变化的过程。许多这类系统的规模如此之大，以至于在现有技术条件下，人类无法有效地管理。四个重要的全球临界点是大型冰盖（如格陵兰岛和南极洲）的快速融化、墨西哥湾流等海洋环流的大规模变化、永久冻土的融化以及季风模式的重大变化。这些临界点极其危险，因为它们一旦被触发，就无法轻易逆转。

最好的证据表明，气候变化的影响将是非线性和累积的。例如，最初的1℃或2℃变暖不太可能对农业产生巨大的破坏性影响，特别是如果变暖是渐进的，农民可以调整他们的技术以适应这种变化。然而，随着全球变暖超过3℃或4℃大关，温度、降水和水资源的同时变化可能会严重破坏大多数农业系统。

气候问题否认者

重大环境问题在科学和经济学领域引发了激烈的争论，有时还遭到那些问题制造者的否认，因为他们的利益将受到减缓气候变化政策的不利影响。我们看到，当蕾切尔·卡逊警告全世界注意DDT和其他杀虫剂的危险时，她被化工巨头视为头号敌人。同样，如果制定强有力的气候政策，能源企业特别是生产或销售化石燃料的企业，其利润将受到严重威胁。最具破坏性的参与者是那些因意识形态或竞选捐款而反对绿色政策的政客。企业拥有金钱，而政客们拥有表决权和权力。

我研究了几十年的气候科学，发现它很可靠很有说服力，但也有持怀疑态度的人。许多人误解了这些问题。一些有影响力的政客质疑主流气候科学的有效性。受影响的行业诋毁气候科学，夸大减缓气候变暖政策的成本。以下是一些有争议的对话示例：

特朗普：全球变暖的概念是由中国人创造的，也是为中国人创造的，目的是让美国制造业失去竞争力。

美国参议员詹姆斯·英霍夫（James Inhofe）写了一本书，书名是《最大的骗局：全球变暖阴谋如何威胁你的未来》。

威廉·哈珀（William Happer）博士说："我相信更多的二氧化碳对世界是有益的，数千万年来，世界一直处于缺乏二氧化碳的状态。"

俄罗斯总统普京的一位重要顾问说："二氧化碳排放和气候变化之间没有关系。"

这样的例子不胜枚举。虽然这些辩论看起来很有趣，但由于它们对公众舆论的影响而构成了更严峻的挑战。因此，需要对这些说法进行研究以检验其是否正确。

媒体喜欢"公平"，所以经常发一些极端的想法来"平衡"既有的理论。气候变化的情况就是如此。今天，我们发现一小撮直言不讳的持相反观点的科学家认为，关于气候变化的共识缺乏依据，减缓气候变暖的政策更是毫无根据。

为了说明这种反向观点是如何传播的，我将以 2012 年 "16 位科学家"在《华尔街日报》上发表的一篇题为"不必对全球变暖感到恐慌"的文章为例。在这里，持不同意见的科学家通常不是该领域的活跃研究人员，但他们很有影响力，因为他们披着科学的外衣，而且往往在其他领域做出了重要贡献。看看这篇文章的陈述非常有帮助，因为它包含了许多标准的批评。

这篇文章传达的基本信息是全球没有变暖，二氧化碳是无害的。我将主要分析他们的两个观点，这是典型的反向观点。

1. 反向观点者的第一个主张是，地球没有变暖。这16位科学家写道："也许最令人不安的事实是，近10年全球并没有变暖。"

在这里，你很容易迷失在最微小的细节中。就像今天的股市下跌并不代表它不会普遍上涨。查看实际气温测量的记录会有帮助。我们的最佳测量数据显示，自1900年以来，全球平均气温上升了1.3℃，其中自1980年以来呈加速上升趋势。

此外，气候科学家在寻找人类造成气候变化的证据时，并不局限于全球平均气温的范畴。科学家们已经发现了其他若干指标，表明人类是导致全球变暖的主要原因。这些指标包括冰川和冰盖的融化，海洋热含量、降雨模式、大气湿度和河流径流的变化，平流层冷却，以及北极海冰的缩小。只关注全球气温趋势就像探案人员只听信目击者的证词而忽略了指纹比对和基于DNA的证据。然而，反向观点者继续使用过时的技术和数据重复他们的主张。

2. 反向观点者最奇怪的主张是他们的第二个论点："事实在于CO_2并不是污染物。"这可能意味着什么？这也许意味着在我们可能遇到的浓度范围内，CO_2本身对人类或其他生物没有毒性，事实上，更高的CO_2浓度可能是有益的。

然而，这并不是美国法律或标准经济学对污染的定义。美国《清洁空气法案》将空气污染物定义为"任何空气污染因子或这些因子的组合，包括任何物理、化学、生物、放射性……物质，它们散发到或者以其他方式进入周围的空气"。在 2007 年的一份判决中，最高法院就这一问题做出如下裁定：

> 毫无疑问，二氧化碳、甲烷、一氧化二氮和氢氟碳化物属于"排放到周围空气中的物理和化学物质"。温室气体完全符合《清洁空气法案》对"空气污染物"的宽泛定义。[4]

在经济学中，污染物是一种负外部性，即经济活动的副产品，会对无辜的外部人造成损害。这里的问题是 CO_2 和其他温室气体的排放是否会在现在和将来造成或大或小的这类损害。几乎所有关于 CO_2 浓度上升的影响以及地球系统随之变化的研究都得出了如下结论：存在净损害且损害很大，并且当气温上升超过 1℃时，损害急剧上升。简言之，从经济活动的破坏性副作用的角度看，CO_2 确实是一种污染物。

反向观点者的其他主张既有很荒谬的（这是中国人为了让美国制造业失去竞争力而制造的骗局），也有令人费解的（云层将使全球免于灾难性变暖）。

气候变化经济学

我们现在从科学转向经济学。经济学家关注的是减缓气候变化的战略，最有希望的是削减或降低 CO_2 和其他温室气体的排放。

不幸的是，这种方法成本高昂。研究表明，即使以有效方式减排，实现国际气候目标的成本也将占全世界收入的2%~6%（以今天的收入水平计算，约为每年2万亿至6万亿美元）。虽然未来可能会有一些奇迹般的技术突破可以大幅降低成本，但专家们并不认为它们在不久的将来就会出现。新技术，特别是对于需要大量资本投资的能源系统，例如发电厂、建筑物、道路、机场和工厂，都需要几十年的时间才能发展起来。[5]

气候变化经济学简单明了。当我们燃烧化石燃料时，我们无意中将CO_2排放到大气中，这导致了上述有害影响。正如本书其他地方解释的那样，这种过程具有外部性，它发生的原因是那些排放的人没有付出代价，而那些受到伤害的人没有得到补偿。经济学的一个主要告诫是，不受监管的市场无法有效应对大量有害的外部性。不受监管的市场将产生过多的CO_2，因为CO_2排放的外部损害价格为零。

经济学指出了气候变化政策的一个核心且最重要的事实。这一事实是如此重要，怎么强调都不为过。任何气候政策要想行之有效，就必须提高二氧化碳和其他温室气体排放的市场价格。对碳排放定价可以纠正市场对外部性定价过低的情况。提高碳价的方式包括在控制总排放量的情况下交易排放许可证（总量控制与交易）或对碳排放征税（碳税）。

经济史的一个重要经验是激励有强大的作用。以土地价值为例，在土地稀缺、价格高昂的地方，比如曼哈顿岛，人们建造小而高的住宅；在土地价格较低的地方，如新墨西哥州南部，人们很少担心土地的成本，所以就会"摊大"他们的房屋和车库。

具体到我们讨论的主题，就是如何利用激励机制来减缓气候变化。在这里,主要是激励人们用低碳活动取代当前由化石燃料驱动的消费。要实现这一改变,需要数百万家企业和数十亿人花费数万亿美元采取行动。

促使这一转变的最有效的激励措施是高碳价。提高碳价可以实现四个目标:第一,它给消费者提供信号明确哪些商品和服务是碳密集型的,因此应该尽量少用。第二,它通过数据向生产商表明,哪些投入是碳密集型的(如煤炭和石油),哪些是低碳的(如天然气或风能),从而引导企业转向低碳技术。第三,它将为发明家、创新者和投资银行家提供市场激励,推动他们发明、资助、开发和商业化新的低碳产品和工艺。最后,碳价能够减少承担所有这些任务所需的信息成本。

经济学家广泛研究了气候变化政策的主要问题:各国应该以多大幅度减少 CO_2 和其他温室气体排放?减排的时间分布应该如何?应该如何在各行业和国家之间分配减排量?什么样的政策工具最有效,是税收、基于市场的排放上限、监管还是补贴?以下是其中的一些发现。

基于气候历史或生态学原理将气候目标设定为硬性目标是很有吸引力的。一个共同的目标是将全球气温上升控制在2℃以内;最近,科学家指出,如果我们要保护许多生物学过程并避免危险的临界点,1.5℃是上限。然而,鉴于目前的排放轨迹,以及在采取强有力政策方面行动迟缓,这些雄心勃勃的目标可能是达不到的。

经济学家经常提倡成本收益分析方法,即选择目标时需要权衡成本和收益。由于气候变化及其影响涉及的机制非常复杂,经济学家和科学家开发了计算机化的综合评估模型来预测趋势、评估政策并计算成本和收益。以下是一些主要发现:[6]

- 应尽快出台减排政策。
- 第二个令人惊讶的发现是协调气候政策的重要性。这要求各地减排的边际成本相等。同样，在市场背景下，这意味着碳价在每个部门和每个国家都应该是相等的。
- 有效的政策需要有尽可能高的参与率；也就是说，应尽快让尽可能多的国家和部门参与进来。不能鼓励搭便车行为。
- 最后，有效的政策应该是循序渐进的，也就是说，给人们时间来适应高碳价的世界，给企业关于未来投资的经济环境信号，并不断收紧对碳排放的监管。

大多数专家都同意这些核心原则：普遍参与、给定年份所有用途的边际减排成本或碳价均相等、全面参与以及随时间推移越来越严格的政策。然而，专家们对政策的严格程度意见不一。我曾研究过一些模型，这些模型建议，目前的碳价应该设定在每吨二氧化碳 40 美元左右，并随时间推移而上涨。这一政策最终将导致气温比前工业化时期升高 3℃ 左右。

将气温上升控制在 2℃ 以内的最具雄心的政策需要更高的碳价，在短期内接近每吨二氧化碳 200 美元。当然，不同的气温轨迹、参与率和贴现率，需要不同的碳价。如果成本低、参与率高、对未来经济影响的贴现率高，则较低的碳价是合适的。而高成本、低参与率和低贴现率则需要更高的碳价。

然而，无论目标是将气温上升控制在 2℃、3℃ 还是 4℃，我们都必须实事求是地认识到，世界离实现这些目标还非常遥远。无论是整个世界还是主要的大国，都还没有出台有效的政策。与目前碳价应该设定为每吨二氧化碳 40 美元的目标相比，2020 年全球实际碳价约为每吨 2 美元。美国和大多数其他国家的碳价几乎为零，因此现实与全球愿望之间存在巨大的鸿沟。

为什么与许多国家的环境政策（例如污染、公共卫生和水质）相比，全球气候变化政策效率如此之低？为什么《京都议定书》《巴黎协定》等里程碑式的协议未能对排放趋势产生实质性影响？接下来将讨论全球公共品面临的困境和可能的解决方案。

第 23 章　保护地球的气候公约

气候变化是最大的绿色挑战，因为它是一种全球外部性。正如前文讨论的，全球外部性不同于其他经济活动，因为有效处理它们的经济和政治机制很弱或根本不存在。正如我们将看到的那样，其结果是，应对气候变化的措施微乎其微。本章重新介绍并拓展了我的一个激进提议，即气候公约或气候俱乐部，它能克服民族主义和搭便车带来的巨大障碍。

搭便车综合征

减缓全球变暖进展缓慢的一个主要原因是各国倾向于寻求和保护自己国家的福利。特朗普政府强调"美国优先"政策，其他国家也有类似的倾向。如果行动没有跨国溢出效应，各国将公民利益放在首位，而不是采取狭隘利益集团游说的保护主义关税或监管救济等政策，通常就能实现良好的治理。

但是，以牺牲他国利益为代价追求本国利益最大化的狭隘民族主义政策，有时也被称为"以邻为壑的政策"，不是解决全球问题的好方式。在关税、海洋渔业、战争和气候变化等问题上采取不合作的民族主义政策，只会导致所有人的境况都变得更糟。

有些竞赛是零和博弈，比如各国在奥运会上的竞赛。另一些则是负和博弈，比如国家之间爆发战争。然而，许多全球问题都是合作博弈，即如果各国不采取民族主义政策而采取合作政策，各国的总收入或总福利都会得到改善。最重要的合作例子是导致战争死亡率急剧下降的条约和联盟（回顾第 14 章图 14.1）。关于绿色政治的章节讨论的另一个重要例子是大多数国家推出的低关税制度（第 14 章图 14.4）。通过消除贸易壁垒，所有国家的生活水平都得到了提高。

与这些成功结果并行的是一系列全球性的失败。各国未能阻止核扩散、海洋过度捕捞、太空垃圾和流行病。在许多这样的失败中，我们都看到了搭便车综合征。

公共安全是国家的重大关切，但容易造成搭便车。一些国家，特别是那些被友好和平的邻国环绕的国家，不可避免地对确保和平解决争端的国际努力贡献甚少。例如，北大西洋公约组织（简称"北约"）70 年来成功地保护其成员国免受攻击。每个成员国都为共同的军备议程贡献国内资源。但就算在这一成功的架构中，许多小成员国也免费搭最大成员国美国的便车。2016 年，美国的花费为 6 640 亿美元，占整个北约总投入的 72%。许多国家的国防开支只占其 GDP 的一小部分，卢森堡是一个极端的例子，只有 2 亿美元，不到其 GDP 的 0.5%。对多方协议贡献甚少的国家可以搭乘其他投资巨大的国家的便车。

搭便车是解决全球外部性的主要障碍，也是未能有效应对气候变化的核心原因。没有一个国家有动力大幅削减其二氧化碳排放量。此外，如果有一份减排协议，各国也有强烈的动机不参与。即使真的参与了，也没有激励去实现雄心勃勃的目标。用博弈论的术语来说，这会导致一种非合作的搭便车均衡，这种情况与当前的国际政策环境非常相似，很少有国家采取强有力的气候变化政策，大部分是雷声大雨点小。

就气候变化而言，还有其他因素阻碍各国达成强有力的国际协议。当代人倾向于通过将应对气候变化的成本转移给后代来搭便车。这种代际搭便车之所以发生，是因为今天代价高昂的减排带来的大部分收益在未来几十年才会显现。

因此，全球气候变化政策受到两类搭便车行为的阻碍：第一，各国希望依赖其他国家的努力；第二，当代人倾向于推迟行动，让后代承担成本。

利益集团提供误导性的气候科学和经济成本分析来搅浑水，进一步加剧了上述双重搭便车行为。反对者强调反常现象和未解决的科学问题，忽视支持基础科学的有力证据。在美国，制定有效政策的障碍尤其多，尽管科学问题日益严肃，但意识形态上的反对也变得更加强硬。以下是反对气候变化政策的观点摘要（用我自己的话转述）：

> 反对者否认全球正在变暖。当他们的论点被确证是无稽之谈时，他们又转而声称气候变暖是由自然原因造成的。此外，即使全球正在变暖，他们也认为这对人类是有好处的，因为有这么多寒冷的地区，而且CO_2对农业来说是一种肥料。另外，这种观点认为，碳排放即使可能有害，减少排放也会破坏经济。还有个问题是，减排政策将提高生产成本、损害出口，等等。

国际气候协定简史

到目前为止，我们的讨论一直集中在气候变化的科学和经济学分析，以及搭便车综合征，它往往会破坏强有力的国际协议。现在我们来看看关于气候变化的国际谈判史。

气候变化的风险在1994年通过的《联合国气候变化框架公约》（以下简称《框架公约》）中得以明确。该公约规定，"最终目标……是将大气中温室气体的浓度稳定在防止气候系统受到危险的人为干扰的水平上"。

执行《框架公约》的第一步是1997年的《京都议定书》。高收入国家同意在2008—2012年的预定期间将其排放量降到各自1990年排放量的95%（不同国家有不同的目标）。该议定书确立了诸如碳排放报告要求等重要制度，引入了一种计算不同温室气体相对重要性的方法。其最重要的创新是将总量控制与交易制度作为协调各国政策的手段。（回顾第14章中关于硫排放总量控制与交易的讨论。）

《京都议定书》是雄心勃勃的尝试，旨在建立一个能够有效协调不同国家政策的国际架构，但各国发现这对经济不利。美国很早就退出了《京都议定书》。《京都议定书》也没能吸引到中等收入国家和发展中国家的任何新参与者。因此，《京都议定书》覆盖的排放量大幅缩减。此外，未覆盖国家的排放量增长更快，特别是像中国这样的发展中国家。《京都议定书》涵盖的国家1990年的二氧化碳排放量占全球总排放量的三分之二，但到2012年下降至不到世界总排放量的五分之一。2012年12月31日，它悄无声息地寿终正寝了。《京都议定书》关于排放的规定设计得如此糟糕，以至于它变成了一个没有国家愿意加入的俱乐部。

《京都议定书》之后是 2015 年的《巴黎协定》。该协定的目标是将气候变化限制在比工业化前的气温水平高 2℃ 的范围内。《巴黎协定》要求所有国家通过"国家自主贡献"尽最大的努力。

例如，中国宣布 2030 年的碳强度将比 2005 年的水平降低 60%~65%。这相当于碳强度每年下降 1.7%~2.0%。奥巴马治下的美国承诺到 2025 年将其温室气体排放量在 2005 年的基础上减少 26%~28%。当特朗普政府宣布美国将退出该协定时，所有这些措施都遭到了破坏，尽管这要到 2020 年 11 月才会发生。

重要的一点是，《巴黎协定》下的国家政策是缺乏协调的和自愿的。它们是不协调的，因为它们加在一起并不等于将气候变化限制在 2℃ 以内所需的政策。此外，尽管各国同意尽最大努力，但如果它们退出或未能履行义务，也不会受到任何惩罚。

因此，世界继续承认气候变化的危险，却没有采取必要的政策来减缓或阻止气候变化。这只是 20 世纪 90 年代签署第一份国际协定时的情况。而当前的情况是，除了世界变得更热，大气中的 CO_2 比第一份协定签署时多了 4 000 亿吨。

气候政策的有效性

自第一份国际协定签署已经过去了四分之一个世纪，我们应该回顾一下，这份国际协定的有效性如何。我们可以看到对参与率、覆盖范围、目标和时间表的分析。但真正的答案在于结果，尤其是生产的碳强度（即上面提到的中国目标）。碳强度衡量了 CO_2 排放与产出比率的变化趋势。例如，2010 年美国排放了 57 亿

吨 CO_2，其实际 GDP 为 14.8 万亿美元，这意味着每 1 000 美元 GDP 的碳强度为 0.386 吨 CO_2。到 2015 年，碳强度下降到 0.328，平均脱碳率为每年 3.1%。

碳强度可以通过三种主要机制改变：改变燃料组合（用风能代替煤炭）、改变"产出"组合（用低碳的远程交流代替高碳的驾车会面）以及改变能源使用效率（如更具燃油效率的汽车）。气候政策可以影响这其中的每一个机制。

如果政策是有效的，那么碳强度应该在《框架公约》或《京都议定书》之后大幅下降。表 23.1 显示了过去 40 年的脱碳率。我们需要关注全世界、中国以及中国之外的世界其他地区的脱碳率，因为中国已经成为碳减排的主要贡献者。在此期间，世界平均脱碳率为每年 1.7%，而中国的脱碳率要高得多，达到了 3.6%，中国之外的世界其他地区的平均脱碳率为 1.9%。

表 23.1　全球经济脱碳进程

时期	全世界	中国	中国之外的世界其他地区
1980—1990	-1.9%	-3.9%	-2.1%
1990—2000	-2.2%	-5.6%	-2.1%
2000—2010	-0.8%	-0.6%	-1.6%
2010—2017	-2.0%	-4.7%	-1.7%
1980—2017	-1.7%	-3.6%	-1.9%

让我们看看表 23.1 的最后一列。如表所示，全球脱碳率几乎没有改善。事实上，过去 20 年的脱碳趋势比前几十年略有放缓。图 23.1 显示了中国之外的世界其他地区的趋势和年度数据。三个里程碑年份（通过《框架公约》的 1994 年、签署《京都议定书》的 1997 年和签署《巴黎协定》的 2015 年）都没有显示出趋势的

中断。虽然我们不知道为什么这种趋势如此持久，但它肯定没有显示出重大变化。

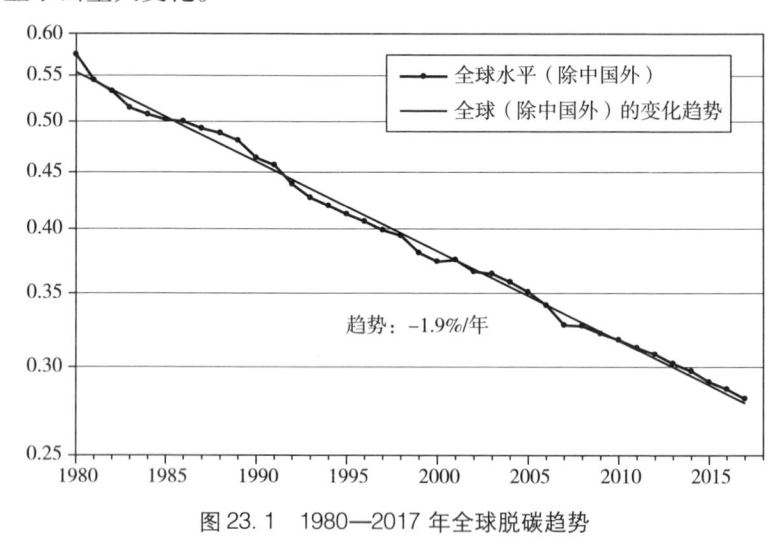

图 23.1 1980—2017 年全球脱碳趋势

排放趋势如此持久的一个原因是承诺不够。我们先看看美国和中国的承诺以及排放趋势，中国的实际减排事实上超过了承诺的水平。按照目前每年4%的脱碳趋势，中国有望在2030年左右实现其目标。因此，中国只需要继续其目前的路径。对美国来说，目标更为艰难。在过去10年中，美国的脱碳速度为每年2.8%，而目标要求的脱碳率为每年3.4%。

一个更重要的问题是，目前的脱碳速度与达到理想气温目标的轨迹相比如何。图23.2显示了碳强度的历史轨迹以及使用气候经济学DICE模型（动态综合气候经济模型）预测的四个未来轨迹。[1]基准水平是当前轨迹的外推，若按此轨迹，到2100年气温将上升4℃以上，之后还会进一步上升。

其他三条轨迹显示了三种不同升温限制下的脱碳率。值得注意的是，如果出台气候政策（从一个几乎没有气候政策的世界开始），2020年的碳强度会立即急剧下降。例如，目前2℃的升温目标要求在未来20年内每年脱碳约10%（而不是目前的2%）。更令人生畏的是，2℃的限制将要求到21世纪中叶的时候CO_2的排放量为零。

这里的启示是，迄今为止采取的政策远远没有达到充分减缓气候变化以实现国际目标所必需的程度。

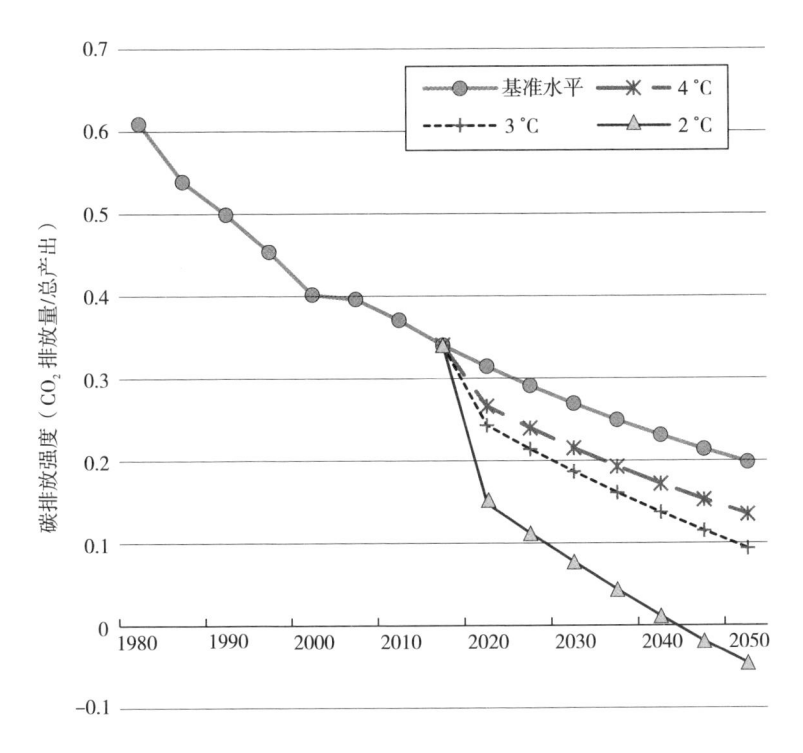

图23.2 不同政策下的碳排放强度

用气候公约克服搭便车问题

无论减缓气候变化的国际机制是什么，无论是重启的《京都议定书》还是更新的《巴黎协定》，都必须面对各国搭便车的问题。各国都有强烈的动机宣布雄心勃勃的目标，然后又无视这些目标，一切照旧。当国家经济利益与国际协议发生冲突时，就会产生逃避、掩饰和退出的冲动。

搭便车是指一方在不承担成本的情况下获得了公共利益。就国际气候变化政策而言，各国有动机依靠其他国家减排，而自己不采取代价高昂的国内减排措施。《京都议定书》的失败，以及后续建立有效的制度遇到的重重困难，很大程度上都源于搭便车问题。

加拿大是一个有趣的例子。加拿大是《京都议定书》的早期支持者。它签署了减排6%的协议且获得了国会批准。但是，在接下来的几年里，随着阿尔伯塔省油砂产量的快速增长，加拿大能源市场发生了巨大变化。到2009年，加拿大的排放量比1990年的水平高出了17%，远远高于《京都议定书》中的排放目标。最后，2011年12月加拿大退出了《京都议定书》。除了环保人士的一些责骂外，加拿大并未受到任何惩罚。加拿大的经验揭示了《京都议定书》和后续协议的一个深层次缺陷：它们是没有约束力的条约，不包含任何强制执行机制。从深层意义上讲，参与是自愿的。《巴黎协定》很可能也会出现类似的结果。

由于《京都议定书》的失败，很容易得出国际合作注定失败的论断，这也是片面的。尽管存在潜在的搭便车障碍，但各国实际上已通过国际协定克服了许多跨国冲突和溢出效应。各国达成协议是因为联合行动可以解决参与者的溢出效应。这些协定是一种"国家公约"，将在下文加以说明。[2]

一个特别有趣的例子是自由开放的贸易体系的发展，我们在有关绿色政治的章节中对此有详细描述。该体系成功的一个重要因素是，世界贸易组织采取了俱乐部结构，各国在其中既有权利也有义务，而其中一项重要义务就是降低关税。在这个案例和其他一些案例中，公约机制克服了搭便车问题。

那么，什么是俱乐部或公约？虽然我们大多数人都加入了某种形式的俱乐部，但我们很少考虑它们的结构。俱乐部是一个自愿团体，通过分担生产共享商品或服务的成本而获得共同利益。一个成功的俱乐部能获得的收益是很大的，因此会员愿意支付会费并遵守俱乐部规则，以获得会员资格的好处。

成功的俱乐部或公约的主要条件包括：可以共享的类公共品资源（无论是军事联盟的好处，还是来自世界各地的低成本商品）；对每个成员都有利的合作安排（即使考虑了会费依然如此）；俱乐部成员能以相对较低的成本排除或惩罚非成员；由于没有人想要离开，成员关系是稳定的。

那么，气候公约背后的想法是什么呢？其关键在于，如果采用俱乐部或公约模式而不是目前的自愿模式，各国在国际气候协议方面就能取得进展。气候公约是参与国达成的一份协议，以实现协调一致的减排；但如果各国不履行其义务，将受到惩罚。这里提出的公约以国际目标碳价为中心，这是该公约的核心条款。例如，各国可能同意，每个国家都将执行最低每吨二氧化碳40美元的国内碳价。

气候公约的一个重要特征是它围绕目标碳价而不是（像《巴黎协定》和《京都议定书》那样）围绕减排来组织政策。关注碳价而不是减排量的一个原因是成本和收益的结构。但更重要和更不同寻常的原因与这两种方法的思考维度相关。

已故哈佛大学经济学家马丁·魏茨曼对此进行了深入探讨。

他已经证明，与一系列减排量控制政策相比，单一碳价造成的扭曲更少，也更容易通过谈判达成。这个逻辑很简单，虽然证明它颇有难度。在对碳价进行表决时，各国可以简单地协商一个接近其首选的碳价。因此，假设所有其他国家都参与，美国可能会投票支持接近每吨40美元的碳价。对于每一个碳价，每个国家都可以选择同意或者不同意。也许获得50%或75%选票的碳价就会胜出。[3]

对于减排量，投票要复杂得多。不仅要设定全球总排放额，还要设定国家排放额。因此，美国将倾向于投票支持低的全球总排放额和高的本国排放额，每个国家都会这样做。不断变化的联盟试图以牺牲其他团体的利益为自身谋利，这将引发无休止的纷争。单变量（统一价格）和多变量（国家排放额）之间的差异是排放数量控制如此困难的主要原因。

公约机制的一个关键部分，也是它与当前所有提案的主要区别在于非参与者将受到惩罚。虽然可以考虑许多不同的惩罚措施，但最简单和最有效的办法是签署公约的地区对来自非参与国的进口产品征收统一税率的关税。气候公约创造了一种策略情形，在此情形下，由于激励机制的结构设计，各国出于自身利益将选择加入公约，并进行雄心勃勃的减排。为了理解激励和策略的本质，下面介绍一下博弈论在国际环境公约中的应用。

理论和历史都表明，为了促使各国加入需要本国负担成本但收益又是分散的公约，需要对非参与者施加某种形式的惩罚。一般的惩罚是指政府退出或威胁退出传统的贸易或金融关系。这里分析的气候公约的惩罚有一个关键的特点，即实施惩罚者将获益，而被惩罚者将受损。这一模式与惩罚和被惩罚双方都受损，从而导致激励相容问题形成了鲜明的对比。

少量文献分析了气候公约的有效性，并将它与没有惩罚的协定进行比较。结果表明，使用贸易惩罚的精心设计的公约能为各国加入强有力的减排公约提供协调一致的激励。

国际社会通过气候公约或制度安排来减缓令人不安的气候变化趋势，还有很长的路要走（如上图23.1和图23.2所示）。其障碍包括无知，反环境的利益集团和竞选捐款导致的民主国家对环境问题的扭曲，那些只关注本国利益的搭便车行为，以及那些低估未来世代利益的短视行为。

气候变化及其可怕的后果是对绿色世界的最大威胁，也是最艰巨的挑战。全球变暖是一个价值上万亿美元的问题，需要上万亿美元的解决方案，是争取人心、观念和选票的激烈斗争。

目前可采取的四项措施

如果气候变化是终极的绿色挑战，那么关心气候变化的世界公民现在可以做些什么呢？我将着重说明四项值得关注的具体措施。

首先，世界各地的人们需要理解并承认全球变暖对人类和自然界产生了严重影响。科学家们必须从科学、生态学、经济学和国际关系等方面继续深入研究气候变化的影响。理解这个问题的人必须大声疾呼，揭穿那些传播虚假和有倾向性推理的反对者。人们应该警惕反对者莫须有的说法，他们找到一些相反的结果，或者主张几十年后再采取措施。

其次，各国必须制定政策，提高二氧化碳和其他温室气体排放的价格。尽管这些措施会受阻，但它们是遏制排放、促进创新和采用低碳技术以及让我们的地球免受不受控制的气候变暖威胁的基本要素。

再次，我们需要确保行动是全球性的，而不仅仅是国家或地方层面的。政治可能是地方性的，反对采取强有力措施减缓气候变暖可能源于民族主义态度，而减缓气候变化需要协调一致的全球行动。最有希望协调全球行动的是气候公约，这是一个国家联盟，承诺采取有力措施减少排放，并惩罚不参与的国家。尽管这是一项激进的提议，但目前的公众讨论中没有其他方案能带来如此强有力的国际行动。

最后，能源部门的快速技术变革显然是向低碳经济转型的核心。如果不对碳排放施加足够大的经济惩罚，目前的低碳技术就无法替代化石燃料。开发低成本的新低碳技术需要公众对科学和技术的大力支持以及高碳价的激励。新技术将加快向低碳经济的转型，并降低我们实现气候目标的成本。因此，政府和私人部门必须大力追求低碳、零碳甚至负碳技术。

提高公众接受度、合理定价、协调行动和新技术，这些都是实现全球绿色发展以及其他重要目标的关键步骤。

第六篇

批评与反思

第 24 章 绿色怀疑论者

本书从各方面讨论了绿色思想。在终章之前,有必要讨论对绿色思想的反对观点。有些人认为本书有关绿色的提议不够有魄力,有些人认为绿色思想具有误导性,或将毁掉我们的经济。

图 24.1 展示了这一系列观点。在图中,最左侧是深绿色运动。这一观念强调生物中心和环境价值,不太重视人类的偏好;而图中最右侧的是"土棕色"(muck brown)群体,构成他们的主要是将自身利益置于社会福利之上、对环境问题持怀疑态度的商人。

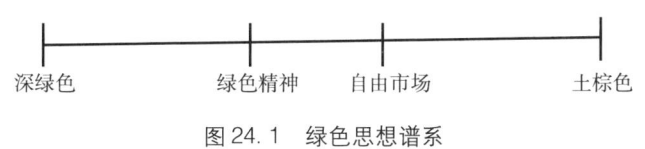

深绿色	绿色精神	自由市场	土棕色

图 24.1 绿色思想谱系

在图的中间偏右部分,我们可以找到自由市场环保主义者的位置,尤其以芝加哥学派的保守派经济学家米尔顿·弗里德曼为代表。他们的理论质疑了公共品的价值和政府高效调节市场的能力。

最后,我们来到绿色精神部分,这一思想贯穿全书。正如我们讨论的,绿色运动致力于将社会的法律、监管与社会价值标准导向绿色方向,它将人类的需要和需求放在中心位置,同时考虑其他的价值。我们将简单介绍深绿色与土棕色，之后主要关注自由市场环保主义的思想。

土棕色

在图24.1的最右端是土棕色群体。我们姑且友善地称之为受利益驱使的绿色精神的怀疑论者。这些人和企业因为经济或政治等动机怀疑绿色思想的科学、经济学或伦理学基础理念。

如果一家企业通过污染环境能获得可观的收入，甚至不惜通过违法方式获得利润，那它就有很强的激励反对限制性监管。这些群体会通过一些异端观点或聘用迫切需要收入的学者为他们背书。对他们而言，购买政治支持或许比减排更便宜。

这其中最突出的例子就是美国科氏集团的行为。科氏工业集团是一个对环境造成巨大污染的私人控股公司，2017年的收入约为1 150亿美元。据美国公共诚信中心报道，科氏旗下的公司乔治亚太平洋公司（Georgia-Pacific）深受美国环保署对二噁英规定的影响。报道写道，科氏介入了"一系列监管程序以阻止或延缓联邦政府收紧对有毒的工业副产品（包括二噁英、石棉、甲醛等致癌物）的监管，以免有损它们的利润"。[1] 据绿色和平组织报道，"自1997年至2018年，科氏集团基金已直接投入145 555 197美元赞助90个攻击气候变化科学与政策措施的团体"。[2]

有时，政治党派会与"土棕色"团体一起反对环境政策，这种现象在1980年后共和党执政时期尤为常见。对环境政策的反对部分源于富有的政治捐助者，他们能从宽松的环境政策中受益。另一个因素则是，环境政策需要积极的政府，而共和党的理念是追求小政府，并限制联邦政府的权力。然而，最令人不安的是反对者愤世嫉俗的态度，他们反对强有力的环境政策，并把这种反对转化为抨击气候变化背后的基础科学。因此，我们可以看到政客将气候变化称为"骗局"或"中国骗局"，或称新冠为起源于中国的"功夫流感"（Kung Flu）等荒诞言论。

本书关于企业责任的讨论指出，企业的这种反环境政策活动有时会堕落为但丁描述的第九层地狱中的不负责任的行为，即企业或者与企业合作的个人在自己的专业领域欺骗大众。这方面最近的一个例子便是大众汽车精心设计的骗局，它在其生产的柴油汽车上安装了伪造尾气排放数据的软件。诚然，击破利益驱使的怀疑者的论点是一项重要工作，但我们先将这项工作放一放，转而将本章的重点放在深入讨论绿色怀疑论者的观点。

深绿色

在图24.1的最左端是深绿色。这一端的环保主义者与科学家认为，人类的价值在经济与政治活动中被过度高估了，环境保护应该成为人类活动的首要目标。我想强调的是，土棕色与深绿色绝无道德上的等同性，但两种思想有一个共同特点：关注单方面的价值，不论是个人利益还是自然环境的重要性，而未考虑需要平衡其他同样重要的目标。

深绿色思想包含了一系列群体和理念。其中最值得注意的是深层生态学、无政府原始主义（anarcho-primitivism）和生态阻抗群体（ecological resistance groups）。

深层生态学在之前几章中已有广泛讨论。该思想认为，所有生命形式都有不可剥夺的权利，人类同其他生物相比并不拥有更优越的生存权利或使用地球资源的权利。这一体系的思想常认为，人口与工业活动过剩，因此需要削减，以免影响其他生物生存。深层生态学的主要准则是提升非人类种群的数量，加大对荒野地区和生物多样性的保护力度，以及在地球上留下"最浅的痕迹"（或不留痕迹）。在最极端的情况下，深层生态学提出了重塑地球的极端方案。深层生态学与绿色运动的核心有部分重合，但在目前以及可预见的未来，该思想并没有获得足够多的支持（不论是从人类还是从动物）来影响选举结果。

深绿色的另一个分支是无政府原始主义。这一思想植根于农业浪漫主义，我们可以从梭罗的作品中找到其痕迹："生命与荒野同在，最荒芜的地方最具有活力。"在现代语境下，无政府原始主义脱离了现代文明。以下是一段来自新勒德主义者柯克帕特里克·赛尔（Kirkpatrick Sale）的宣言，它直观地展示了无政府原始主义的特点：[3]

> 人类中心主义及其在人文主义与一神论中的表达，是西方文明的支配性原则，因此注定与生物中心主义相对立……全球主义及其在经济与军事行为中的表达，是西方文明的指导战略，因此注定与地方主义相对立……以榨取和破坏地球资源为基础的工业资本主义经济，是西方文明的生产和分配方式，因此注定与生态保护和可持续经济相对立。

如果拆除无政府原始主义者眼中的这些榨取和破坏式系统，人类文明将所剩无几。

此外，深绿色包含了以抗议、非暴力反抗甚至诉诸暴力的方式表达自己观点的积极分子。这些组织包括"绿色和平组织""善待动物组织""地球优先！"等。在这些组织中，绿色和平组织最广为人知，它们定期发布有关气候变化、有害废弃物、转基因生物、核武器与核能、物种和生态系统保护以及捕鲸业等方面的报道。绿色和平组织有时会因为与污染者的冲突而登上报纸头条。例如，绿色和平组织曾试图登上一个俄罗斯石油钻探台以抗议在北极圈开采石油的行为。对此，俄罗斯以"海盗"的罪名逮捕了这批船员。这一冲突引发了激烈的争议并给绿色和平组织树立了非常正面的公众形象，即使它几乎没有改变北极圈的石油开采状况。

弗里德曼和自由主义传统

绿色精神最具影响力的批评者莫过于米尔顿·弗里德曼，自由市场环保主义的主要倡导者。他的核心观点是：自由市场不仅对提高生活水平是必须的，而且自身就是绿色的。

弗里德曼研究的主要议题是自由与自由竞争市场间的联系：[4]

> 关于政治自由和自由市场之间的关系，历史证据给出了一致结论，在任何时期和任何地方，拥有较高政治自由度的社会，无不是利用某种类似自由市场的机制来组织大部分经济活动。

弗里德曼强调了市场交易的"一致同意"特征，并谴责了政府控制市场行为中包含的强制性。但他不是一位无政府主义者。他主张有限政府,而不是像丛林般的混乱。以下是他对政府行为的逻辑依据的表述:

> 显然,在某些事项上,仅仅依靠有效的市场体系是不可行的。我不能获得我需要的国防水平,你也不能获得你需要的水平。关于这种不可分割的事项,我们可以讨论、争论和投票决定。但一经决定,我们必须遵从。正是由于存在这些不可分割的事项——保护个人和国家免受强制侵犯显然是其中最基本的事项——才使我们不能全然依靠市场上的个人行动。

弗里德曼认为,政府行为在以下领域是必要的:(1)制定并执行法律与产权,(2)运行货币体系,(3)控制自然垄断,(4)解决邻里效应。最后一点与解决外部性有关,下文将进一步讨论。

弗里德曼承认邻里效应的存在,并将它定义为"一个人的行为对第三方造成的影响,而且对它收费或补偿是不可行的"。这与我们对外部性的定义很相似。此外,弗里德曼在讨论国防时使用的"不可分割"与我们对公共品的定义也十分相近。

弗里德曼以国家公园为例阐释了他眼中合理解决邻里效应的方法。弗里德曼指出邻里效应无法解释美国黄石国家公园或科罗拉多大峡谷等国家公园存在的合理性。他如此论述:"如果公众非常想要这样的服务,甚至愿意为此付费,那么私人企业就有激励开发这样的公园……我自己无法运用任何邻里效应或重要的垄断效应来解释政府在这方面行为的合理性。"

弗里德曼的观点太过狭隘，因为他忽视了公园以及类似的环境资产的不可占有性。不可占有性指的是私人企业无法获得活动的所有收益。弗里德曼认为，国家公园的本质就是游乐园。换句话说，在他看来，国家公园仅仅服务于游客，且私人开发商可以通过门票、通行费等形式收回收益。按照这个逻辑，如果某个煤矿企业或开发商认为黄石国家公园更有商业价值，它可以买下这片地，停止向公众开放，将它变成一个大型露天铀矿开采场。

弗里德曼对公园的观点与现代环境思想对国家公园和其他世界瑰宝的认知背道而驰。很多地方对人们来说都是珍贵的：威尼斯之于艺术家，黄石国家公园之于博物学家，新墨西哥州的隐士峰之于我和我的家人等。联合国教科文组织在《保护世界文化和自然遗产公约》中提出了一套评选重要瑰宝的系统性程序。根据联合国教科文组织的说法，作为瑰宝的世界遗址"无论对所在国还是对全人类而言，都是无价的、无法替代的宝贵财富"。这个清单目前包括世界各地的1 092个遗址，涵盖宗教、生态、建筑等遗迹。这其中，24个遗址在美国，包括黄石国家公园和科罗拉多大峡谷（但还没有涵盖隐士峰）。

选择世界遗址不能光靠人们的热情和光鲜的场景。被纳入世界遗产的标准包括：独特、稀有或绝妙的自然现象、地貌或具有罕见自然美的地域；独特的艺术成就、创造性的天才杰作；能为已消逝的文明或文化传统提供独特或至少是特殊的见证；可作为一种建筑、建筑群或景观的杰出范例等。按此标准（以及大多数美国人心目中的标准），黄石国家公园与科罗拉多大峡谷名副其实。

作为公共品的黄石国家公园

弗里德曼对邻里效应的观点错在了哪里？用经济学的语言来说，他的观点忽视了作为公共品而非私人品的溢出效应。公共品的关键特点是非竞争性（多一个人消费该产品的边际成本为零）和非排他性（无法排除他人享受该商品）。

我们常用灯塔作为公共品的例子，其实黄石国家公园也有很多公共品的特质。根据《保护世界文化和自然遗产公约》的标准，其重要特点如下：作为世界上最大的间歇喷泉聚集地，黄石国家公园拥有半数世界已知的地热形态。黄石国家公园是世界上少数完整的北温带生态系统之一，它呈现了稀有和濒危物种繁衍生息所需的生态环境。这为全世界做出了贡献，也有益于未来世代，但这些收益无法体现在游客的门票价格中。

正是将黄石国家公园作为公共资产来管理，它的独有特征才得以保持，它的环境质量才得到保证，且人们不论远近均可以享受这个公园带来的震撼。衡量这些价值极其困难，但合理的估计是非常大，所以应该交给"公共之手"而不是落入私人开发商之手。

弗里德曼对排污费的看法

在与妻子罗斯（Rose Friedman）的书信中，弗里德曼更严肃地审视了工业污染这一问题。他们认识到污染有时候是危险的，但他们认为对污染的监管可能设计不当且过于苛刻。他们写道，"多数经济学家同意，同当前具体的监管与监督相比，控制污染的更有效方式是通过征收'排污费'引进市场纪律"。包括碳税在内的排污费是公开透明且可高效执行的。需要指出的是，尽管弗里德曼夫妇称赞了市场手段，但并没有支持它。

从道德层面看自由市场

自由市场环保主义者对于认识创新中的"绿色"有着独特的视角。他们的观点是市场力量会稳步提升生活水平。在他们看来，科技变化的本质是绿色的，因为减少对环境的影响会给私人企业带来经济效益。弗里德曼在《自由选择》一书中写道：

> 假如我们看一看现实而不是那些夸夸其谈，那么同100年前相比，今天的空气一般来说要清洁得多，水也比较卫生。现在，比起落后国家，发达国家的空气更清洁，水也更卫生。工业化产生了各种新问题，但是它也提供了解决一些重要问题的手段。汽车的发展确实增添了一种污染，但基本结束了人们更不喜欢的另一种污染。[5]

我们以汽车（被众多环保主义者唾弃的物品）为例，论证科技进步在改善环境质量方面的作用。在19世纪末，大城市深陷动物排泄物的沼泽之中。彼时，纽约的交通系统由10万匹马支撑，而这10万匹马每天排泄300万磅马粪和1万加仑马尿，更别提每年还要处理高达2.5万具马尸。

汽车的发明与普及使其取代马匹成为城市交通的主要工具。那时候的公共卫生专家将汽车视为健康与福祉的救星，他们所言非虚。有些城市会禁止马车驶入，而今天马车在纽约的主要作用变成了纽约中央公园的浪漫装饰。自由市场的观点认为，汽车这一新科技的诞生完全由利润驱动，是亨利·福特以及数百位企业家追逐利润的结果。汽车的发展史明确展现了自由市场环保主义者表达的科技进步是"绿色"的这一观点。

第10章详述的照明历史也说明了科技如何在提高生活质量的同时改善了环境。纵观人类发展史，从明火到油灯，能源效率大概以每年0.005%的龟速改进。但随着电灯的普及，照明的效率大幅度提高，每12年便可翻一番。随着新科技的诞生，人们不仅放弃了从鲸鱼身上提取鲸油，而且稳步减少了使用化石燃料造成的污染。从1970年至2018年，单位电照明带来的污染以每年超过7%的速度下降。

科技改善环境的例子可以无限枚举。回望历史，我们可以得出两个明显的结论。首先，私人市场和公共部门对知识的支持是提升生活水平以及在很多情况下提高环境效率的重要推动力，在这一点上，自由市场环保主义者是对的。这方面的例子包括马、汽车、照明以及电子产品等。

然而，不受监管的市场并不是完美的。在照明领域，自由市场在减少对鲸油需求的同时引进了电力，而电力是由燃煤产生的，进而带来了硫污染。正如第14章中对硫污染政治的描述，二氧化硫是当今时代最具破坏性的污染物之一。二氧化硫的排放在1970年之前基本未受监管，而之后对它的监管逐渐严格。

由单位GDP的二氧化硫排放量衡量的硫排放趋势如图24.2所示。早期二氧化硫排放量的减少是由电力生产效率提升和减少煤炭转而使用其他能源所致。从20世纪70年代的监管时期开始，硫排放量以更快的速度下降。脱硫的速度从1970年前的每年

1.9%增长到1970年后的每年7.4%。由此可见，虽然自由市场一开始污染了空气，但也帮助清洁了空气，当然，监管起到了更重要的作用。[6]

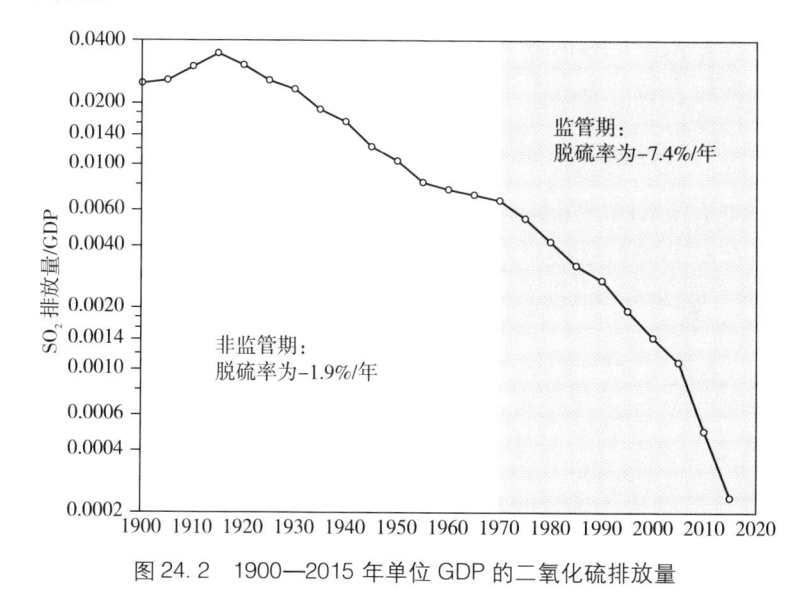

图24.2　1900—2015年单位GDP的二氧化硫排放量

当然，监管不是没有成本的。美国政府全面统计了从1975年到1994年的减排成本。在该时间段内，减排成本平均占每年GDP的1.7%，且这一比例没有下降的趋势。

有一点是明确的：污染监管没有摧毁经济。此外，我们关于绿色GDP的讨论显示，当我们的经济核算将健康收益合理纳入时，环境监管是促进而不是减缓了产出的增长。

监管的"金发女孩规则"

我们该如何调和自由市场倡导者的洞见与监管历史事实之间的矛盾？这时我们可以采用"金发女孩规则"：监管不应该过于

严格或过于宽松，合适才是最好的。换句话说，我们必须在无监管与严苛监管之间寻求平衡。

图 24.3 以"碳税"为例展示了监管对实际收入（纠正了有害的外部效应之后的收入）的影响。在图 24.3 中，"名义收入"是指传统 GDP，仅包含了减排成本但没有包含减排的收益。而"实际收入"同时包括了减排成本和污染造成的损害。此外，图中的圆点显示了使这两种收入最大化的"碳税"水平。

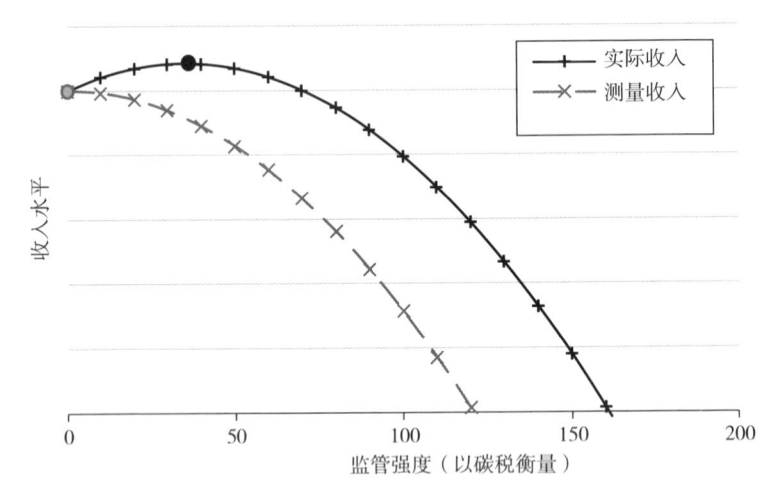

图 24.3　环境监管中的"金发女孩规则"

注："金发女孩规则"指的是在什么都不做与做得过多之间找到最佳平衡。注意，以传统方式测量的收入最大值出现在没有任何减排的情况下，而实际收入在边际收益等于边际损害时达到最大值。

"名义收入"，如不包含环境损害的标准 GDP，在零污染税与零减排成本时达到最大。"实际收入"则在最优碳税率 40 美元/吨时达到最大。因此，更加合理的计算结果表明，恰当的环境政策（金发女孩规则下的水平）可以带来最高的"实际收入"。

因此，自由市场环保主义者带来的有效信息是：你的"绿色"热情不能过高。监管既不能过于严格也不能过于宽松。当监管过于严格时，企业家精神会受到阻碍：允许生产会带来污染的汽车显然要强于雇一大帮清洁工来清扫马粪。但更好的方式还是如弗里德曼说的那样，在有限的监管下，最大限度地利用市场工具促进创新精神的蓬勃发展。

芝加哥学派对监管的看法

市场拥护者对环保行动主义进行了双重攻击。第一重攻击是质疑环境恶化带来的损害。他们或许可以看到气候变化的趋势但质疑全球变暖是否真的会带来科研人员声称的可怕后果。甚至有人说二氧化碳水平提升反而对我们有益，因为二氧化碳算是一种肥料，有助于提高农业的产量。对环境恶化后果的质疑并未得到新近研究成果的支持，但依旧值得我们小心应对。

第二重攻击强调的是政府失灵。当政府选择了一项政策，比如能源补贴政策，且导致了无效率的结果，或者当政府被利益集团成功游说为促进他们的利益而不是公共利益进行干预时，政府失灵就会出现。

芝加哥学派的监管理论对经济监管有巨大的影响力，如限制航空、运输、电力供应等行业竞争的规则。许多研究显示，经济监管常常使商品价格居高不下。在很长一段时间内，运输公司或航空公司想要降价或者进入新市场都必须申请许可。

政府失灵也会出现在环境监管中吗？答案是肯定的，但是方式不尽相同。关于在环境领域的政府失灵，大卫·安霍夫（David Anthoff）与罗伯特·哈恩（Robert Hahn）指出了监管可以得到显著改善的若干情形。[7]以下是一些主要的例子：

- 限制排放导致的收入损失。以美国对二氧化硫的排放限制与欧洲对二氧化碳的排放限制为例，政府常通过免费发放排放许可的方式限制污染物排放。但是，正如绿色税收那一章所述，尽管提供免费的排放许可会降低减排的政治阻力，但这会造成政府收入的损失并降低税收系统的效率。同时，这种监管方法也往往会锁定在现有的公司与技术上。

- 糟糕的分析。环境监管分析的重要原则是成本收益分析。此类分析确保环境监管的边际成本与环境污染带来的边际损害能够平衡，这对满足"金发女孩规则"是必要的。成本收益分析的局限性可能源于法律，但更多情况下，它源于管理者不愿意直面成本与损害。糟糕的分析常常导致环境监管呈现过严与过松并存的混乱局面。

- 忽视公共资源的稀缺性。第三个问题是很多免费的公共资源实际上是稀缺的。除去一些很明显的例子，如清洁的空气和水，还有地下化石水、公路、机场等资源也是稀缺的。因此，收取交通拥堵费是一项重要的措施，它不仅可以减少人们被堵在路上的时间，还能为国家修缮日益老化的基础设施提供资金。

- 全球公共品。另一个广泛的政府失灵源于全球公共品，如气候变暖。在此情况下，单个国家试图搭其他国家的便车，致使全球的减排水平过低。

以上例子说明了为什么环境监管并不是实现绿色目标的完美工具。这只是许多例子中的一部分。但这并不意味着我们应该放弃这些尝试，而是强调对绿色目标进行实事求是的分析并仔细选择实现该目标的工具的重要性。

碳税的自由市场论

减缓气候变暖的政策是轻监管足迹的最佳案例。对全球绿色问题的分析讨论了气候变化的危害。一个自由市场环保主义者将如何看待气候变化政策？以下是一位假想的关注环境的保守主义者对此问题的思考。[8]

"作为一位保守主义者，我渴望高效、公平且个人自由最大化的政治与经济体系。我也希望为我的子孙后代留下一个更美好的世界。我不捍卫大型石油企业和企业不负责任的行为，我也不认为任何人有以他人为代价消耗地球资源的权利。我认为，我的观点在共和党总统罗纳德·里根的演讲中得到了很好的体现：

> 如果说我们在过去几十年里吸取了什么教训，最重要的就是，环境保护并非党派之争，而是常识。只有在我们成为缜密且高效的自然资源管理者时，才能维持我们的身体健康、社会幸福和经济福利。[9]

"因此，作为保守主义者，我开始阅读科学的分析。保持开放心态阅读过多份科研报告后，我认为气候变化的证据颇具说服力。气候变化的理论中有很多猜想和假设，但反驳者说气候变暖是全世界科学工作者联合起来制造的大骗局，或者是中国用来增强其制造业的阴谋，这简直是无稽之谈。

"然后我研究了分析气候变化影响的文章。这些文章中的证据更为模糊，因为我们是在预测快速变化社会的气候变化轨迹，但预测结果令我十分不安。我的沙滩别墅可能被海水淹没；数百万人可能被迫迁徙，我开始担心这些移民会不会影响我的家园、我的国家；我阅读到气候变化可能会破坏众多自然景观，我不希望我的子孙后代看不到这些壮丽的景观。

"最后，我将目光转向政策制定者。将环境政策交给市场如何？很快我意识到我们绝对不可以完全依赖自由市场解决方案，因为它不限制污染排放。对于减缓气候变暖，一定程度的政府干预是有必要的。

"环保主义者倾向于建立'总量控制与交易'制度，该制度规定了二氧化碳的排放总额并将排放额分配给合规、环保的经营者，他们建议对汽车生产、电厂、电气和照明等行业实施这一制度，我最喜欢的保守主义脱口秀主持人却认为这是一种'灯泡社会主义'，这听起来很可笑，却不无道理。这些受环保主义者和政府钟爱的方法其实都是重监管而轻市场的，其实际效果并不明显。

"经济学家怎么看？当然要从我的英雄米尔顿·弗里德曼说起。他支持'排污费'。很多经济学家提倡所谓的碳税，即对二氧化碳和其他温室气体的排放征税。碳税可以提高排放二氧化碳的价格以覆盖其带来的社会成本。

"保守主义经济学家怎么看？我看过很多保守主义经济学家的文章，包括马丁·费尔德斯坦（Martin Feldstein，里根的首席经济学家）、迈克尔·博斯金（Michael Boskin，老布什的首席经济学家）、格里格利·曼昆（Gregory Mankiw，小布什的首席经济学家）、凯文·哈塞特（Kevin Hassett，特朗普经济顾问委员会主席）、阿瑟·拉弗（拉弗曲线的提出者）和加里·贝克尔（Gary Becker，诺贝尔奖得主、芝加哥学派经济学家），他们都认为碳税是缓解气候变暖的最有效手段。

"以上经济学家的观点是，化石能源的使用者正在享受着经济补贴，事实上，他们正在攫取全球公共资源，却没有为之付出代价。碳税可以提升经济效率，正是因为它纠正了对碳基燃料使用者的隐性补贴。

"我意识到碳税对自由市场环保主义者而言是最理想的政策，因为他们想通过市场导向型激励、尽量减少政府干预的形式保护我们的美丽星球。碳税和类似的市场导向型环保政策是'绿色'思想支持者和自由市场环保主义者都认同的方式。"

一位自由市场环保主义者如是说。

小结

我们该如何总结绿色怀疑论者的观点呢？首先，他们有很多不同的观点。有些人只追求利润或私人利益，或许因为他们拥有煤矿或在高污染部门工作。虽然我们能够理解他们的立场，但我们不能混淆个人利益与公共利益。

同时，我们需要承认自由市场理念的正确之处。经济史告诉我们创新和科技发展常常是"绿色"的，因为新科技所需的能源更少，而更少的能源通常意味着更少的污染。

在工业革命后的大部分时间里，污染基本处于不受监管的状态。从1970年开始，各国政府逐渐开始控制各大污染源的排放（温室气体除外）。对美国而言，控制污染的开支略低于GDP的

2%。谨慎的研究分析显示，控制污染的收益大于成本，因此，控制污染没有降低反而增加了"实际收入"，提高了增长率。

因此，即使最狂热的环保主义者也应该严肃考虑自由市场环保主义者的观点。有效的环保政策需要可靠的科学依据、谨慎的成本收益权衡以及高效的执行机制。计划经济的历史展示了过度中央控制对经济活力的影响，而环境政策的失败展示了另一种极端即不作为带来的危害。有效的环境政策，如碳税、公共资源的拍卖机制、最低程度地采用命令控制型政策等，有必要与环保主义以及自由市场相结合，这才是真正的王道。

第 25 章 绿色精神之旅

我们的"绿色星球"之旅行将结束。本次旅程淋漓尽致地展现了我们人类是如何同自身、同其他物种以及同自然生态互动的。这些互动带来了斐然的经济成就,但那些致命的冲突与传染也总是不期而至。

几个世纪前,当第一批欧洲移民到达我的家乡康涅狄格州时,他们面临的最棘手问题是适应自然条件。他们的生活充斥着砍伐树木以开辟农业用地、在严冬中御寒以及抵抗可怕的疾病等事务。在这种情况下,邻居对于自身保护来说非常重要。

随着我们的大陆和世界被人类、工厂、公路和污染填满,我们的邻居在保护我们的同时也在伤害着我们。"棕色"正在不断吞噬"绿色",这一点在污染、废弃物、交通拥堵、垃圾、物种灭绝、过度捕捞,以及(最不幸的)气候变化中清晰可见。

这些都是在一个拥挤的世界中可能出现的严峻问题,如果继续忽视它们,它们可能很快就会失控。我们估计的最好情景是:科技进步和国际贸易带来的收益可以超过污染等外部性带来的损害。然而,没有政治或市场铁律能够保证这样的趋势可以延续。

本书将分析和伦理视角建立在一个旨在促进其成员福祉的良治社会目标之上。良治社会有四大支柱:界定产权和合同的法律，以保障人们公平有效地互动；促进私人物品交换的高效市场；纠正重要外部性的法律、监管、支出和税收，以及提供公共品；确保经济福利公平分配的矫正性税收和支出。

为解决增长的负面效应，我们必须正确认识市场和政府的作用。并不是在所有的社会问题上，市场都能比政府做得更好。市场自身不能有力地减缓气候变化，正如政府自身不能高效地分配面包和石油。在市场与政府之间找到恰当的平衡是制定经济与环境政策时亟须解决的问题。在维持改善生活水平和控制污染之间的平衡方面，市场与政府都发挥着核心作用。

在本书关于绿色的讨论中，核心主题是效率的重要性。效率是经济学家的立足点，是指最有效地利用社会资源以满足人们的需要和需求。我们赞美有序运用的市场的高效性（如提供挽救生命的疫苗），也认识到市场失灵的情况，如环境污染或传染性疾病等负外部性。有负外部性的经济活动会带来意料之外的溢出效应，即那些受益的人并未补偿受损的人。

对于负外部性，我们认为，不受监管的市场会导致资源错配，产生过多的"棕色"和过少的"绿色"。在一些外部性相对较小的领域，我们会选择容忍其带来的结果。例如，交通拥堵一年浪费掉我们数十亿个小时，经济学家精心设计为交通拥堵定价的体系，但多数国家决定容忍而不是真的收取交通拥堵费。在其他领域，如烧煤带来的致命空气污染，多数国家已采取措施以防止空气质量的进一步恶化。

"绿色"思想的一个核心原则是强调可持续性。对经济来说，可持续路径是指允许未来世代拥有与前辈相同的良好境况。但这并不是说在每个维度即每种商品、服务和娱乐上，均拥有相同的境况。经济学的核心方法强调消费的可替代性，即消费者可以用价格更低的商品代替稀缺的商品来满足需求。在可持续的背景下，这意味着我们首先应该关注人们以食物、住所、医保等衡量的生活水平，而不是考虑这些商品是如何生产出来的。比如，物品在使用生命终结后能否迅速降解成无害物质要比它会不会被回收更重要。虽然有黄石国家公园这样独特且无法替代的例子，但多数产品的价值取决于它的功能而不是它本身。

可持续性概念在绿色国民经济核算中有重要的应用。标准的国民经济核算（如 GDP）基本上忽视了外部性的影响，如污染对健康的损害。将外部性纳入核算会对产出水平产生巨大的影响。现有研究的估计显示，若将这些遗漏因素纳入核算，美国的产出会降低 10%。

但是，矛盾的是，纠正外部性会使真实产出的增长率上升，至少对过去半个世纪的美国来说是如此。这是因为多数污染物的排放量增速低于整体经济的增速。因此，那些针对环境政策影响经济增长的抱怨，实际上抱怨的是采取的措施，而非实际的结果。

"绿色"政策通常与降低污染和减少拥堵相关。然而，传染病同样显示了有害的外部性对经济活动和全球化的影响。同降低污染相比，控制疾病传播需要不同的工具，如政府主导下的治疗和疫苗接种，但它依旧是需要纠正的有害溢出效应的例子。

此外，大流行病是致命的肥尾灾难综合征，即具有灾难性后果的小概率事件。这些尾部事件因为罕见，所以尤其具有挑战性。我们不能准确地预测它们发生的频率和严重程度，这使我们无法在它们出现的时候准确识别，且无法在事前做好准备。

在处理外部性的过程中，一个重要的问题在于认识到纠正外部性是有成本的。至少，这样的纠正会占用政府和企业管理者宝贵的时间，而他们原本可以用这些时间来提升竞争力。从经济的角度考虑，在多数情况下，政府以控制命令式的监管过程（"做这个，不做那个"）进行干预。监管包含必要的合规成本（如安装减排设备等）和额外的成本，因为它们很难设计得足够完美甚至有效率。因此，环境监管的额外成本迫使政府决定哪些"棕色"问题需要治理，哪些只能放任不管。同样重要的是，政策应该利用能力范围内最有效率的工具。

环境政策设计中的一个新趋势是利用市场机制，尤其是污染税来控制外部性。这在减少二氧化硫等传统空气污染物方面被证实极为有效。很多科学家认为缓解气候变化唯一的最优工具是高碳价，比如通过征收碳税，既能限制二氧化碳排放，还能激励企业开发低碳技术。

接下来的一系列问题包括有缺陷的决策（行为经济学研究的主题）的负面效应。在这方面，最常见的错误或许是忽略生命周期成本而只关注初始成本。能源使用决策就清晰地展现了这一点：我们使用的化石燃料过多，投入的节能型初始资本过少。初始成本偏差与过高的贴现率有关，过高的贴现率导致人们过度关注初始成本而忽视远期成本。很多行为异常（尤其是过高的贴现率）都会带来不利的环境影响。这是因为"绿色"项目通常都有（被过分高估的）较高的前期资本成本，但其环境收益往往都在未来（常被低估）。因此，这些行为问题表明，不同的外部性需要不同的应对方法，有时是更好的信息披露，有时是更好的监管，有时需要新技术。

我们也回顾了"绿色"理念在政治、创新、企业责任和投资等方面的应用。每个领域的核心困境均围绕着决策者的利益与更宽泛的社会目标之间的权衡。对所有领域而言，决策者需要避免短期主义，采取更广泛的视角以改善长期结果，不论是利润、回报率还是社会福利。此外，每个机构都有自己的专业领域，而它们在专业领域均需承担起责任。企业、高校、投资者和政府需要运用它们的专业知识。对企业而言，需要就其产品与生产流程提供清晰且无偏的信息。

绿色行动中的一个重要概念是"无悔原则"。当我们的行为带来了有害的溢出效应，轻微减少外部性足迹对我们自身的影响非常小，却能大大减少对他人造成的伤害。换句话说，我们可以采取微小的措施来减少（或许大幅减少）我们的外部效应，我们不会后悔采取了这些措施，因为它对我们几乎没有什么影响。这个原则在碳减排、降低污染和减少交通拥堵等领域均适用。

应用绿色原则不存在两难困境的领域是环境税。环境税是近年来最有前景的创新，它运用财政手段将污染等负外部性内部化。各种绿色税收是公共政策的圣杯。它们拥有三大特征：它们为有价值的公共服务提供资金，它们可以高效达成环境目标，而且它们是非扭曲性的税收。这其中最有前景的领域是碳税和汽油税，它们与酒精、烟草、枪支和赌博等罪恶税紧密相关。"向有害产品而不是有益产品征税"，这个简单、直观且正确的格言就是对环境税的恰当描述。

观察当前经济面临的诸多挑战，我们会发现解决的方法常常是技术进步。历史上的一个例子是堆积如山的马粪是被汽车而不是环卫工人清理掉的。最近，二氧化硫排放量的大幅度减少也源于经济激励以及制度和技术创新。向低碳世界的转型需要新技术取代当前依靠化石能源的旧技术。

以上讨论强调了绿色创新面临的障碍。环境产品和服务创新会面临双重外部性的挑战。绿色产品不仅定价过低，且绿色创新的私人回报低于社会回报。因此，第一重外部性是污染的个人成本和社会成本之间的差异。然而，创新的社会回报和私人回报还有另一重差异。这两种差异会削弱利润驱动型企业从事环境友好型创新的动力。纠正污染外部性是重要的一步，虽然这有助于弥合污染外部性造成的成本差异，却无法纠正创新的回报差异。帮助解决绿色创新中的双重外部性是将污染外部性内部化的最重要原因。

最后一个是全球环境问题或全球公共品问题。尽管存在很多全球性的威胁，但气候变暖是最终极的绿色挑战。本书关于全球绿色的章节得出了四个主要结论。首先，世界各地的人们需要理解并承认全球变暖对人类和自然界产生了严重影响。反对者可能找到一些相反的结果，或者主张几十年后再采取措施。人们应该警惕这些莫须有的说法。

其次，各国必须制定政策，提高二氧化碳等温室气体的排放价格。尽管专家强调了碳价的重要性，但在全球层面依然没有进展。我们需要确保行动是全球性的，而不仅仅是国家或地方层面的。政治可能是地方性的，反对采取强有力的措施来减缓气候变暖可能源于民族主义态度，而减缓气候变化需要协调一致的全球行动。

最有希望协调全球行动的是气候公约，这是一个国家联盟，承诺采取强有力的措施减少排放，并惩罚不参与的国家。

我常常被问及是否会因为达到绿色目标的速度之慢而感到沮丧。一届进步政府的努力常常被支持污染和腐败的继任政府拖累。奥巴马政府努力实施了一套强有力的环境政策，但特朗普政府将这些政策连根拔起，并称气候变暖是中国为了提升制造业竞争力捏造的幌子。随着拜登政府上台，历史又进入了新的篇章，而拜登政府也面临着环境、经济和公共卫生等多个方面的挑战。

如今，在国家领导人如此无知且易于腐败的情况下，人们很容易变得愤世嫉俗。然而，对个人无关紧要的行为可能对社会造成灾难性的后果。历史学家巴巴拉·塔奇曼（Barbara Tuchman）恰当地描述了这一病症：[1]

> 愚蠢是自欺欺人的根源，亦在政府中体现得淋漓尽致。它以先入为主的僵化概念来评估形势，拒绝任何相反的信号。它按意愿行事，而不愿意听取事实。这一点充分体现在历史学家对西班牙国王菲利普二世的一条评价中："没有任何一次执行上的失败能撼动他对政策本身完美无瑕的信念。"

否认气候变暖和挑起贸易战，正如在几十年前否认抽烟的危害和在伊拉克发动战争一样，是危及地球与地球居民的愚蠢行为。

我们可能对化解绿色未来面临的威胁持乐观或悲观的态度。一方面，我们确实正在步入一个未知领域：我们在耗尽许多资源的同时，也在不可逆转地改变另一些资源；我们正在与地球系统及未来的气候对赌。人类是好斗的，为一争高下发明了可怕的高效武器。

但另一方面，我们的科学知识和能力较之前更为强大。而且，日益强化的绿色精神为实施克服经济增长溢出效应的政策提供了科学依据与公共支持。

我们是继续争吵和污染还是发挥理性和计算的力量，哪一个会胜出？这尚无定论。但如果我们能理智诚实且有远见地面对未来，我们将拥有足够的资源与工具去实现绿色地球的理想。

注　释

第 2 章　绿色的历史

1. 关于吉福德·平肖的内容引自他的书 *A Primer of Forestry*，U. S. Department of Agriculture，Division of Forestry，Bulletin No. 24，vol. 2（Washington，DC：Government Printing Office，1903 – 1905）。

2. John Muir，*A Thousand-Mile Walk to the Gulf*（Boston：Houghton Mifflin，1916），http：//vault. sierraclub. org/john_muir_exhibit/writings/a_thousand_mile_walk_to_the_gulf. 关于短吻鳄的内容引自：John Muir，*John of the Mountains：The Unpublished Journals of John Muir*，ed. Linnie Marsh Wolfe（Madison：University of Wisconsin Press，1979）；John Muir and Michael P. Branch，*John Muir's Last Journey：South to the Amazon and East to Africa：Unpublished Journals and Selected Correspondence*，vol. 52（Washington，DC：Island Press/ShearwaterBooks，2001），https：//catalog. hathitrust. org/Record/004179556.

3. 关于生物中心论和深层生态学的两部重要著作分别是 Bill Devall 和 George Sessions 的 *Deep Ecology*（Salt Lake City：G. M. Smith，1985），以及 Paul Taylor 的 *Respect for Nature：A Theory of Environmental Ethics, Studies in Moral, Political, and Legal Philosophy*（Princeton，NJ：Princeton University Press，1986）。

4. 生物中心理念的主要支持来自 Paul Taylor 的 *Respect for Nature*。在 Arne Næss 的 "The Shallow and the Deep，Long-Range. Ecology Movement. A Summary"［*Inquiry* 16，no. 1 – 4（January 1，1973）：95 – 100，doi：10. 1080/00201747308601682）］发表后，这也被称为深层生态学。将动物纳入社会偏好可以追溯到杰里米·边沁（Jeremy Bentham）和约翰·斯图亚特·穆勒倡导的功利主义哲学。

5. Taylor，*Respect for Nature*，13.

6. Muir, *A Thousand-Mile Walk to the Gulf*, 98, 139.

7. Garrett Hardin, "The Tragedy of the Commons," *Science* 162, no. 3859 (December 13, 1968): 1243–48, doi: 10.1126/science.162.3859.1243.

8. Ibid., 1244.

9. Ibid., 1248.

10. Ibid., 1244.

11. Rachel Carson, "Undersea," *The Atlantic Monthly*, September 1937, 322.

12. Rachel Carson, *Silent Spring*, ed. Lois Darling and Louis Darling (Boston: Houghton Mifflin, 1962), https://archive.org/stream/fp_Silent_Spring-Rachel_Carson-1962/Silent_Spring-Rachel_Carson-1962_djvu.txt.

13. Carson, "Undersea," 266.

14. 关于蕾切尔·卡逊在推动肯尼迪政府的环境政策方面扮演的角色，参见：Douglas Brinkley, "Rachel Carson and JFK, an Environmental Tag Team," *Audubon*, May/June 2012.

15. Daniel C. Esty, *A Better Planet: 40 Big Ideas for a Sustainable Future* (New Haven, CT: Yale University Press, 2019).

16. Esty, *Better Planet*, essay 7.

17. John Maynard Keynes, *The General Theory of Employment, Interest and Money* (New York: Harcourt, Brace, 1936), 383–84.

第3章 绿色社会的原则

1. 良好社会的经济概念在许多著作中都有体现。与本书密切相关的一个很好的例子来自：Francis Bator, "The Anatomy of Market Failure," *Quarterly Journal of Economics* 72, no. 3 (August 1958): 351–379.

2. 关于良序社会的讨论来自约翰·罗尔斯的几部作品，包括：*A Theory of Justice* (Cambridge, MA: Harvard University Press, 1965); "Justice as Fairness: Political Not Metaphysical," *Philosophy and Public Affairs* 14, no. 3 (1985): 223–51; "Reply to Alexander and Musgrave," *Quarterly Journal of Economics* 88, no. 4 (1974): 633–55, doi: 10.2307/1881827.

第4章 绿色效率

1. 关于"效率"的定义和对"看不见的手"的讨论，主要源于保罗·萨缪尔森和威廉·诺德豪斯的 *Economics* 第 19 版（Boston：McGraw-HillIrwin，2010）。中文版参见商务印书馆《经济学》（第 19 版，2013 年）。

2. Adam Smith，*An Inquiry into the Nature and Causes of the Wealth of Nations*，vol. 2（London：W. Strahan and T. Cadell，1776），35.

3. 这方面的基础工作始于 *Wealth and Welfare*（London：Macmillan，1912），后来被修订为 *The Economics of Welfare*（London：Macmillan，1920），该书一共有四个版本，最后一个版本是 1932 年版，可以在以下网站找到：https：//www. econlib. org/library/NPDBooks/Pigou/pgEW. html。Ian Kumekawa 的 *The First Serious Optimist：A. C. Pigou and the Birth of Welfare Economics*（Princeton，NJ：PrincetonUniversity Press，2017）是描述庇古的生平及其生活的时代的优秀传记。

4. 本节引用了庇古的 *Economics of Welfare*（part 2，chap. 9，sect. 3），为清晰起见，略有修改。

5. Francis M. Bator，"The Simple Analytics of Welfare Maximization," *American Economic Review* 47，no. 1（1957）：22–59.

6. 关于公共品和私人品的区别、网络外部性的处理以及灯塔的讨论都来自萨缪尔森和诺德豪斯的《经济学》一书。

7. 对失业的经济影响的研究，来自：Steven J. Davis and Till von Wachter，"Recessions and the Costs of Job Loss," *Brookings Papers on Economic Activity*，no. 2（2011），pp. 1–73.

第 5 章　规制外部性

1. 如果你学过经济学，你会多次遇到"边际"（marginal）这个词。此处给出一个简单的解释。你可以在花园里种西红柿，一旦种好了，你的主要成本就是你的时间。假设你花了 10 个小时得到 10 个西红柿，11 个小时得到 12 个西红柿，12 个小时得到 13 个西红柿，13 个小时仍然得到 13 个西红柿，因为所有能够提高产量的事情全都已经做了。"边际西红柿产出"（MTO）的定义是每增加一小时投入的西红柿产量。所以从 10 小时到 11 小时的 MTO 是 2 个西红柿，从 11 小时到 12 小时是 1 个西红柿，从 12 小时到 13 小时是 0 个西红柿。如果你认为你的时间每小时值 1/2 个西红柿，你会工作 12 个小时，因为最后一个小时的 MTO 是 1 个西红柿，而这一小时的时间成本是 1/2 个西红柿。第 13 个小时的工作毫无意义，因为其边际产出是零。经济学的基本思想是边际收益（这里是西红柿）应该至少等于边际成本（这里是工作时间）。对于污染控制，其理念是边际收益（改善健康状况）应至少与边际成本（劳动力、资本和其他投入）一样大。

2. 表 5.1 显示了接近最优污染水平的步骤。在那一点，我们已经以更精细的数值显示了结果。净收益在后一栏的最大净收益处几乎没有变化。这类似于在平缓的山顶，如果你向任何方向移动几英尺，只会有轻微的海拔下降。

第 6 章　绿色联邦制

1. George W. Downs and David M. Rocke, "Conflict, Agency, and Gambling for Resurrection: The Principal-Agent Problem Goes to War," *American Journal of Political Science* 38, no. 2 (1994): 362–80, doi: 10.2307/2111408.

第 7 章　绿色公平

1. 关于公平和正义，参见：Michael J. Sandel, *Liberalism and the Limits of Justice*, 2nd ed. (Cambridge: Cambridge University Press, 1998); Amartya Sen, *The Idea of Justice* (Cambridge, MA: Belknap Press of Harvard University Press, 2009).

2. James J. Heckman, *Giving Kids a Fair Chance*, Boston Review Books (Cambridge, MA: MIT Press, 2013).

3. 关于汽油税发生率的研究来自：Antonio M. Bento, Lawrence H. Goulder, Emeric Henry, Mark R. Jacobsen, and Roger H. von Haefen, "Distributional and Efficiency Impacts of Gasoline Taxes: An Econometrically Based Multi-market Study," *American Economic Review* 95, no. 2 (2005): 282–87, doi: 10.1257/000282805774670536.

4. U.S. Environmental Protection Agency, *The Benefits and Costs of the Clean Air Act, 1970 to 1990, Prepared for U.S. Congress by U.S. Environmental Protection Agency* (October 1997), https://www.epa.gov/sites/production/files/2017-09/documents/ee-0295_all.pdf.

5. See Michael Ash and T. Robert Fetter, "Who Lives on the Wrong Side of the Environmental Tracks? Evidence from the EPA's Risk-Screening Environmental Indicators Model," *Social Science Quarterly* 85, no. 2 (2004): 441–62.

6. 想要了解更多信息并查看一些自拍照，请访问如下网址：https://en.wikipedia.

org/wiki/Monkey_selfie_copyright_dispute.

7. 关于螃蟹的疼痛，参见：Robert W. Elwood and Mirjam Appel, "Pain Experience in Hermit Crabs," *Animal Behaviour* 77, no. 5（May 1, 2009）: 1243–46, doi: 10.1016/j.anbehav.2009.01.028.

8. Dwight D. Eisenhower, "Chance for Peace"（speech）, April 16, 1953, Miller Center, University of Virginia, transcript, https://millercenter.org/the-presidency/presidential-speeches/april-16-1953-chance-peace.

第8章 绿色经济学和可持续性

1. 一项涵盖许多关键理念的绿色经济学研究来自：Miriam Kennet and Volker Heinemann, "Green Economics: Setting the Scene: Aims, Context, and Philosophical Underpinning of the Distinctive New Solutions Offered by Green Economics," *International Journal of Green Economics* 1, no. 1–2（2006）: 68–102, doi: 10.1504/IJGE.2006.009338.

2. Michael Jacobs, *The Green Economy: Environment, Sustainable Development and the Politics of the Future*（Vancouver: UBC Press, 1993）.

3. Ibid., 72.

4. 关于可持续发展的内容引自：World Commission on Environment and Development, *Our Common Future*（Oxford: Oxford University Press, 1987）, 2, 43.

5. 有关罗伯特·索洛观点的引述和讨论，来自："An Almost Practical Step toward Sustainability: An Invited Lecture on the Occasion of the Fortieth Anniversary of Resources for the Future"（lecture, Washington, DC, October 8, 1992）.

6. 此处的讨论借鉴了我之前的研究："Is Growth Sustainable?," in *Economic Growth and the Structure of Long-Term Development: Proceedings of the IEA Conference Held in Varenna, Italy*, ed. Luigi L. Pasinetti and Robert M. Solow（Houndmills, Basingstoke: Macmillan, 1994）, pp. 29–45.

7. 美国国会预算办公室（CBO）的长期预测是个不错的选择。国会预算办公室并未给出新冠疫情后长期增长将大幅下降的预测。同样，美联储的预测表明，新冠疫情后实际GDP的"长期"年增长率仅比新冠疫情前的预测低0.1%。

8. Peter Christensen, Ken Gillingham, and William Nordhaus, "Uncertainty in Forecasts of Long-Run Economic Growth," *Proceedings of the National Academy of Sciences of the United States of America* 115, no. 21（May 22, 2018）: 5409–14, doi: 10.1073/

pnas. 1713628115.

9. 这里有一个重要的限定条件,如本节前面所述,标准衡量忽略了对外部性的修正,例如污染对健康的影响。下一章将探讨这种修正的大致规模。

10. Solow, "Almost Practical Step toward Sustainability."

11. Jeffrey Sachs, "Sustainable Development: Goals for a New Era" (lecture, Pontifical Academy of Sciences and the Pontifical Academy of Social Sciences, Vatican, Vatican City, Rome, May 2014).

第9章 绿色国民经济核算

1. 本章开头引用的年轻激进分子激动人心的话语推动了一项关于绿色国民经济核算的早期研究:William Nordhaus and James Tobin, "Is Growth Obsolete?," in vol. 5, *Economic Research: Retrospect and Prospect*, NBER Book Chapter Series, no. c7620, ed. William Nordhaus and James Tobin (Cambridge, MA: National Bureau of Economic Research, 1972), pp. 509–564.

2. Paul Samuelson and William Nordhaus, *Economics*, 19th ed. (Boston: McGraw-HillIrwin, 2010),此处略有改动。

3. 纳入外部性的国民收入核算理论,来自:Martin L. Weitzman, "On the Welfare Significance of National Product in a Dynamic Economy," *Quarterly Journal of Economics* 90, no. 1 (1976): 156–62, doi: 10.2307/1886092.

4. National Research Council, *Nature's Numbers: Expanding the National Economic Accounts to Include the Environment* (Washington, DC: National Academies Press, 1999).

5. 有关资料来源和方法,请参阅表9.1的注释。

6. 关于对地下资产修正的影响的估计主要来自美国经济分析局的 *Survey of Current Business*(1994年4月),以及 National Research Council 在 *Nature's Numbers* 中的讨论,美国在自然资源核算方面的工作主要由经济分析局前局长史蒂夫·兰德菲尔德(Steve Landefeld)开创,他在美国国民经济核算的现代化进程中发挥了至关重要的作用。

7. 关于空气污染成本的估计来自:Nicholas Z. Muller, Robert Mendelsohn, and William Nordhaus, "Environmental Accounting for Pollution in the United States Economy," *American Economic Review* 101, no. 5 (2011): 1649–75, doi: 10.1257/aer.101.5.1649. 更新和拓展的估计来自:Nicholas Z. Muller, "Boosting GDP Growth by Accounting for the Environment," *Science* 345, no. 6199 (2014):

873 – 74，doi：10. 2307/24917200.

第10章　外星文明的诱惑

1. 对人类早期生活水平的估计来自：Angus Maddison, *Contours of the World Economy, 1 – 2030 A. D. ：Essays in Macro-economic History*（Oxford：Oxford University Press, 2007）。最近的数据来自国际货币基金组织。对最早期水平的估计来自：Bradford DeLong, "Estimates of World GDP, One Million B. C. – Present," *De Long：Long Form*（blog），1998，https：//delong. typepad. com/print/20061012_LRWGDP. pdf，并使用了对最早时期主要产出的估计。

2. 照明的历史基于我的文章 "Do Real-Output and Real-Wage Measures Capture Reality? The History of Lighting Suggests Not," NBER Book Chapter Series, no. c6064（Cambridge, MA：National Bureau of Economic Research, 1996）。本章对研究估计进行了更新。

3. Louis Stotz, *History of the Gas Industry*（New York：Press of Stettiner Bross, 1938），6.

4. 引自：*Elon Musk News*（blog），https：//elonmusknews. org/blog/elon-musk-spacex-mars-quotes.

5. Ross Andersen, "Exodus," *Aeon*, September 30, 2014, https：//aeon. co/essays/elon-musk-puts-his-case-for-a-multi-planet-civilisation.

6. Adam Morton, *Should We Colonize Other Planets?*（Cambridge：Polity Press, 2018）；Sydney Do, Andrew Owens, Koki Ho, Samuel Schreiner, and Olivier de Weck, "An Independent Assessment of the Technical Feasibility of the Mars One Mission Plan—Updated Analysis," *Acta Astronautica* 120（2016）：192 – 228.

7. 关于生物圈2号的严肃研究非常少。一篇关键的文章是：Joel E. Cohen and David Tilman, "Biosphere 2 and Biodiversity：The Lessons So Far," *Science* 274, no. 5290（1996）：1150 – 51, doi：10. 1126/science. 274. 5290. 1150. 一项过度乐观的研究是：John Allen and Mark Nelson, "Overview and Design：Biospherics and Biosphere 2, Mission One（1991 – 1993），" *Ecological Engineering* 13（1999）：15 – 29.

8. 核算中的大多数估计来自：Cohen and Tilman, "Biosphere 2 and Biodiversity," 1150 – 51.

注　释　345

第 11 章　流行病和其他社会灾难

1. 我在耶鲁大学的同事 Nicholas Christakis 在他的一本高水平著作 *Apollo's Arrow*（New York：Little，Brown Spark，2020）中讲述了流行病的历史和流行病学。
2. 数据来自：Pasquale Cirillo and Nassim Nicholas Taleb,"Tail Risk of Contagious Diseases," *Nature Physics* 16（2020）：606 – 13，doi：10.1038/s41567-020-0921-x.
3. 参见 Centers for Disease Control and Prevention 的报告 *Coronavirus Disease 2019 (COVID-19)*，https：//www.cdc.gov/coronavirus/2019-ncov/cases-updates/commercial-lab-surveys.html。
4. CNN，"Fauci Says the WHO's Comment on Asymptomatic Spread Is Wrong," https：//www.cnn.com/2020/06/09/health/asymptomatic-presymptomatic-coronavirus-spread-explained-wellness/index.html.
5. Office of Management and Budget, *Budget of the U.S. Government, Fiscal Year 2021*, https：//www.govinfo.gov/app/collection/budget/2021.
6. Joseph A. Schumpeter,"The Crisis of the Tax State" in *International Economic Papers* 4, eds. A. T. Peacock, R. Turvey, W. F. Stolper, and E. Henderson（London and New York：Macmillan, 1954）：5 – 38 [translation of "Die Krise des Steuerstaates," *Zeitfragenaus dem Gebiet der Sociologie* 4（1918）：1 – 71].
7. John Witt, *The Legal Structure of Public Health*（New Haven, CT：Yale University Press, 2020）.
8. U.S. Homeland Security Council, *National Strategy for Pandemic Influenza：Implementation Plan*（May 2006）：4.
9. Bob Woodward, *Rage*（New York：Simon and Schuster, 2020）.

第 12 章　作为绿色发展敌人的行为主义

1. George Loewenstein and Richard H. Thaler,"Anomalies：Intertemporal Choice," *Journal of Economic Perspectives* 3, no.4（1989）：181 – 93, doi：10.1257/jep.3.4.181, 此处略有修改。
2. David Laibson,"Hyperbolic Discount Functions, Undersaving, and Savings Policy" NBER Working Paper 5635（Cambridge, MA：National Bureau of Economic

Research, June 1996), https://doi.org/10.3386/w5635.
3. 初始成本偏差以各种名称出现，它也被称为"能源效率缺口"和能源悖论。对此的怀疑观点，参见：Hunt Allcott and Michael Greenstone, "Is There an Energy Efficiency Gap?," *Journal of Economic Perspectives* 26, no. 1 (2012): 3 – 28, doi: 10.1257/jep.26.1.3. 麦肯锡咨询公司就是这一能源缺口的有力倡导者，参见麦肯锡的 *Unlocking Energy Efficiency in the U.S. Economy* (2009), www.mckinsey.com。
4. See Richard Thaler and Cass R. Sunstein, *Nudge: Improving Decisions about Health, Wealth, and Happiness* (London: Penguin, 2009).

第13章 绿色政治理论

1. 接下来的讨论主要基于萨缪尔森和诺德豪斯的《经济学》（第19版），略有修改。
2. 关于责任法的一项有价值的经济学研究为：Robert D. Cooter, "Economic Theories of Legal Liability," *Journal of Economic Perspectives* 5, no. 3 (1991): 11 – 30, doi: 10.1257/jep.5.3.11.
3. Mancur Olson, *The Rise and Decline of Nations: Economic Growth, Stagflation, and Social Rigidities* (New Haven, CT: Yale University Press, 2008).

第14章 绿色政治实践

1. 有关战争死亡人数的数据，参见：Center for Systemic Peace, http://www.systemicpeace.org.
2. Kevin P. Gallagher and Throm C. Thacker, "Democracy, Income, and Environmental Quality" (PERI Working Papers, No. 164, 2008).
3. Madison is in Douglas A. Irwin, *Clashing over Commerce: A History of U.S. Trade Policy, Markets and Governments in Economic History* (Chicago: University of Chicago Press, 2017, Kindle), location 8425.
4. 关税的数据来自：*Historical Statistics of the United States: Millennial Edition* (Cambridge: Cambridge University Press, 2006), table Ee430, 并根据美国国际贸易委员会的数据进行了更新。
5. Irwin, *Clashing over Commerce*, location 8424 – 25.
6. 污染死亡率的数据来自：Aaron J. Cohen et al., "Estimates and 25-Year Trends of

the Global Burden of Disease Attributable to Ambient Air Pollution: An Analysis of Data from the Global Burden of Diseases Study 2015," *Lancet* 389, no. 10082 (2017): 1907 – 18, doi: 10. 1016/S0140-6736（17）30505-6. Neal Fann, Charles M. Fulcher, and Kirk Baker, "The Recent and Future Health Burden of Air Pollution Apportioned Across U. S. Sectors," *Environmental Science and Technology* 47, no. 8 (2013): 3580 – 89, doi: 10. 1021/es304831q; E. W. Butt et al., "Global and Regional Trends in Particulate Air Pollution and Attributable Health Burden over the Past 50 Years," *Environmental Research Letters* 12, no. 10 （2017）: 104017, doi: 10. 1088/1748 – 9326/aa87be.

7. 对2002年硫排放造成的边际损害的估计来自：Nicholas Z. Muller, Robert Mendelsohn, and William Nordhaus, "Environmental Accounting for Pollution in the United States Economy," *American Economic Review* 101, no. 5 （2011）: 1649 – 75, doi: 10. 1257/aer. 101. 5. 1649. 最近几年的数据更新来自与上文作者Nicholas Z. Muller的私人沟通。
8. 这一估计来自与Nicholas Z. Muller的私人沟通。
9. Céline Ramstein et al., *State and Trends of Carbon Pricing: 2019*, World Bank, 2019, doi: 10. 1596/978-1-4648-1435-8.

第15章　绿色新政

1. 历史学家对新政进行了广泛而深入的研究。一个简短的历史回顾可参见：William E. Leuchtenburg, *Franklin D. Roosevelt and the New Deal* （New York: Harper, 1963）。介绍这一时期历史的权威书籍是James MacGregor Burns关于罗斯福的两卷书籍。
2. 联邦支出数据来自美国经济分析局（www. bea. gov），尤其是表3.9.5。
3. For example, see Robert J. Gordon and Robert Krenn, *The End of the Great Depression, 1939 – 41: Policy Contributions and Fiscal Multipliers*, National Bureau of Economic Research, no. w16380, 2010, doi: 10. 3386/w16380.
4. See, for example, Rolf Czeskleba-Dupont, Annette Grunwald, Frede Hvelplund, and Henrik Lund, *Europaeische Energiepolitik und Gruener New Deal: Vorschlaegezur Realisierung energiewirtschaftlicher Alternativen* [European energy policy and Green New Deal: Proposals for the realisation of energy-economic alternatives] （Berlin: Institutfuer Oekologische Wirtschaftsforschung [IOEW], 1994）.

5. Thomas L. Friedman, "A Warning from the Garden," *New York Times*, January 19, 2007, and "The Power of Green," *New York Times*, April 15, 2007.
6. New Economics Foundation, *A Green New Deal*, 2008, https://neweconomics.org/2008/07/green-new-deal.
7. 有关众议院决议的文本,可参见:Recognizing the Duty of the Federal Government to Create a Green New Deal, H. R. 109, 116th Congr. (2019), https://www.congress.gov/bill/116th-congress/house-resolution/109/text?q=%7B%22search%22%3A%5B%22Green+New+Deal%22%5D%7D&r=1&s=2.
8. EIA, *Annual Energy Outlook*, eia.doe.gov.
9. Steven J. Davis et al., "Net-Zero Emissions Energy Systems," *Science* 360, no. 6396 (2018): eaas 9793, doi: 10.1126/science.aas9793.

第16章 绿色经济中的利润

1. From "Laudato Si': On Care for Our Common Home," encyclical letter, *Vatican Press*, w2.vatican.va.
2. Milton Friedman and Rose Friedman, *Free to Choose: A Personal Statement* (Boston: Houghton Mifflin Harcourt, 1990), 234, Kindle.
3. Steve Forbes, "Why the Left Should Love Big Profits," *Forbes*, May 7, 2014, https://www.forbes.com/sites/steveforbes/2014/05/07/profit-is-indispensable-for-prosperity/#4dc8455323b8.
4. 利润和资本的数据来自美国经济分析局,尤其是:Sarah Osborne and Bonnie A. Retus, "Returns for Domestic Nonfinancial Business," *Survey of Current Business* 98, no. 12 (2018), www.bea.gov. 政府债券的实际收益率是 10 年期国债的利率减去通胀率。作为一项技术性说明,收益数据仅涵盖美国非金融企业。它们既不包括财务利润,也不包括外国所有的利润。关于收益和股价的更为常见的数据,例如标普 500 指数的数据,是针对上市公司的,包括金融企业和外国收益,还包括经济分析局估计中排除的收益要素(如资本利得)。
5. Nicholas Z. Muller, Robert Mendelsohn, and William Nordhaus, "Environmental Accounting for Pollution in the United States Economy," *American Economic Review* 101, no. 5 (2011): 1649–75, doi: 10.1257/aer.101.5.1649.

第17章 绿色税收

1. George Washington, "Washington's Farewell Address" (speech), September 19, 1796, The Avalon Project, Yale Law School, transcript, https://avalon.law.yale.edu/18th_century/washing.asp.
2. Jimmy Carter, quoted in "Tax Reform: End the Disgrace," *New York Times*, September 6, 1977.
3. George H. W. Bush, "Acceptance Speech," delivered at the Republican National Convention, August 18, 1988, published December 4, 2018, by NBC News, https://www.nbcnews.com/video/1988-flashback-george-h-w-bush-says-read-my-lips-no-new-taxes-1388261955924.
4. Oliver Wendell Holmes, quoted in Compania De Tabacos v. Collector, 275 U.S. 87 (1927).
5. Markus Maibach, Christoph Schreyer, Daniel Sutter, H. P. van Essen, B. H. Boon, Richard Smokers, Arno Schroten, C. Doll, Barbara Pawlowska, and Monika Bak, *Handbook on Estimation of External Costs in the Transport Sector* (Holland: CE Delft, 2007); "Internalisation Measures and Policies for All External Costs of Transport (IMPACT)," *Handbook on Estimation of External Costs in the Transport Sector*, version 1.1 (Holland: CE Delft, 2008).
6. 环境税收入估计来自:Organisation for Economic Co-operationand Development (OECD), *Towards Green Growth? Tracking Progress, OECD Green Growth Studies* (Paris: OECD, 2015), doi: 10.1787/9789264234437-en.
7. 有效碳税税率的估计来自:Céline Ramstein et al., *State and Trends of Carbon Pricing: 2019*, World Bank, 2019, doi: 10.1596/978-1-4648-1435-8.
8. Gilbert Metcalf, "A Distribution Analysis of Green Tax Reforms," *National Tax Journal* 52, no. 4 (December 1999): 655–82, doi: 10.2307/41789423. 他的分析主要考虑了碳税和常规污染物税,总计占联邦收入的10%。

第18章 绿色创新的双重外部性

1. 有关获奖者和绿色化学成功研究的几个例子,请参阅:U. S. Environmental Protection Agency, "Green Chemistry Challenge Winners," https://www.epa.gov/greenchemistry/presidential-green-chemistry-hallenge-winners.

2. 本章内容基于我之前的两项研究：*The Climate Casino: Risk, Uncertainty, and Economics for a Warming World* (New Haven, CT: Yale University Press, 2013); "Designing a Friendly Space for Technological Change to Slow Global Warming," *Energy Economics* 33, no. 4 (2011): 665–73, doi: 10.1016/j.eneco.2010.08.005.

3. 关于绿色化学的内容引自：Paul T. Anastas and John C. Warner, *Green Chemistry: Theory and Practice* (Oxford: Oxford University Press, 1998); James Clark, Roger Sheldon, Colin Raston, Martyn Poliakoff, and Walter Leitner, "15 Years of Green Chemistry," *Green Chemistry* 16, no. 1 (2014): 18–23, doi: 10.1039/C3GC90047A.

4. 保罗·罗默因其在技术和新知识经济学方面的研究获得2018年诺贝尔经济学奖。关于他的作品的详细论述可参见：Charles I. Jones, "Paul Romer: Ideas, Nonrivalry, and Endogenous Growth," *Scandinavian Journal of Economics* 121, no. 3 (2019): 859–83, doi: 10.1111/sjoe.12370.

5. David I. Jeremy, "Damming the Flood: British Government Efforts to Check the Outflow of Technicians and Machinery, 1780–1843," *Business History Review* 51, no. 1 (Spring 1977): 1–34, doi: 10.2307/3112919.

6. Geoffrey Blanford, James Merrick, Richard Richels, and Steven Rose, "Trade-Offs between Mitigation Costs and Temperature Change," *Climatic Change* 123 (2014): 527–41, doi: 10.1007/s10584-013-0869-2.

7. 许多潜在的新技术以及推广这些技术的策略都包含在 *Energy Economics* 33 [no. 4 (2011)] 中。

8. 其中一些技术可能并不为人熟知。对其的介绍可参见：U.S. Energy Information Administration, "Electricity Explained: How Electricity Is Generated," https://www.eia.gov/energyexplained/electricity/how-electricity-is-generated.php.

第19章 绿色世界中的个人伦理

1. 伦理学是一门庞大的学科。Simon Blackburn 在其著作 *Ethics: A Very Short Introduction* (Oxford: Oxford University Press, 2003) 中阐释了其一项简短而有趣的研究。有关环境伦理的一本基础书是 Paul Taylor 的 *Respect for Nature: A Theory of Environmental Ethics* (Princeton, NJ: Princeton University Press, 1986)。

2. 参见本书第4章的讨论。此外，关于国家间关系，参见：John Rawls, "The Law of Peoples," *Critical Inquiry* 20, no. 1 (1993): 36–68.

3. 关于气候伦理的讨论，参见：John Broome, *Climate Matters: Ethicsin a Warming World* (New York: W. W. Norton, 2012). 本章的讨论基于我对 Broome 的思想的回顾："The Ethics of Efficient Markets and Commons Tragedies: A Review of John Broome's Climate Matters: Ethics in a Warming World," *Journal of Economic Literature* 52, no. 4 (2014): 1135 – 41, doi: 10.1257/jel.52.4.1135.

4. 环保组织美国国家资源保护委员会（NRDC）就此提供了一些有价值的论述。有关碳补偿的建议，参见："Should You Buy Carbon Offsets?," https://www.nrdc.org/stories/should-you-buy-carbon-offsets.

5. Ibid.

第20章 绿色企业和社会责任

1. ESG 的三个定义来自：Ronald Paul Hill, Thomas Ainscough, Todd Shank, and Daryl Manullang, "Corporate Social Responsibility and Socially Responsible Investing: A Global Perspective," *Journal of Business Ethics* 70, no. 2 (2007): 165 – 74; John L. Campbell, "Why Would Corporations Behave in Socially Responsible Ways? An Institutional Theory of Corporate Social Responsibility," *Academy of Management Review* 32, no. 3 (2007): 946 – 67, doi: 10.5465/amr.2007.25275684.

2. Milton Friedman, "The Social Responsibility of Business Is to Increase Its Profits," in *Ethical Theory and Business*, 8th ed., ed. Tom L. Beauchamp, Norman E. Bowie, and Denis G. Arnold (London: Pearson, 2009), 55.

3. Michael C. Jensen, "Value Maximization, Stakeholder Theory, and the Corporate Objective Function," *Business Ethics Quarterly* 12, no. 2 (2002): 235 – 56, doi: 10.2307/3857812.

4. Ibid., 239.

5. 对市场原教旨主义的深刻批评，参见：Amartya Sen, *On Ethics and Economics* (New York: Basil Blackwell, 1987). 教皇方济各的语录，参见："Laudato Si': On Care for Our Common Home," encyclical letter, *Vatican Press*, w2.vatican.va. 弗里德曼的引文来自：Friedman, "Social Responsibility of Business," 55.

6. See Sen, *On Ethics and Economics*.

7. 引用的法庭案例是：Sylvia Burwell, Secretary of Health and Human Serviceset al. v. Hobby Lobby Stores, Inc. et al. (2014), No. 13 – 354, June 30, 2014. 请注意，这是关于允许企业将资金用于政治目的的一个论点（这引起了广

泛的争议）；但它也提出了一个更普遍的观点，即企业不会狭隘地将股东价值最大化视为其单一目的。

8. William M. Landes and Richard A. Posner, "The Independent Judiciary in an Interest-Group Perspective," *Journal of Law and Economics* 18, no. 3 (1975): 875–901; William M. Landes, "Economic Analysis of Political Behavior," *Universities-National Bureau Conference Series* 29 (1975).

9. Christopher Stone, *Where the Law Ends: The Social Control of Corporate Behavior* (New York: Harper, 1975).

第21章 绿色金融

1. USSIF Foundation, *Report on U.S. Sustainable, Responsible and Impact Investing Trends, 2018*, https://www.ussif.org/currentandpast.

2. TIAA-CREF, "Responsible Investing and Corporate Governance: Lessons Learned for Shareholders from the Crises of the Last Decade" (policy brief), published March 2010, https://www.tiaainstitute.org/sites/default/files/presentations/2017-02/pb_responsibleinvesting0310a.pdf.

3. California Public Employees' Retirement System, "CalPERS Beliefs: Thought Leadership for Generations to Come" (report), published June 2014, https://www.calpers.ca.gov/docs/board-agendas/201501/full/day1/item 01-04-01.pdf.

4. 耶鲁大学伦理投资报告：John G. Simon, Charles W. Powers, and Jon P. Gunnemann, *The Ethical Investor: Universities and Corporate Responsibility* (New Haven, CT: Yale University Press, 1972), http://hdl.handle.net/10822/764056.

5. 就市场而言，我选用的是Vanguard Total Stock Market Index Fund (VTSMX)，它是美国最大的3 600家上市公司的价值加权基金。

6. 公司和行业的ESG汇总分数可参见：CSRHub Sustainability Management Tools, https://www.csrhub.com/CSR_and_sustainability_information.

7. 本文中的计算依赖于标准金融理论。假设收益有两个风险成分：市场成分和特殊成分。投资者可以通过分散投资来降低投资组合风险，从而降低特殊成分的重要性。表21.1假设每家公司的预期实际年收益率为6%，风险的一半是市场风险，一半是特殊风险。绿色投资组合的风险更高，因为它们的多样化程度较低。为了比较不同的投资，我通过在风险较高的投资组合中用安全债券代替风险股票，调整了投资组合，使其具有相同的风险。

因此，该表显示了具有相同风险的不同投资组合的回报惩罚。现代投资组合理论的基本原理可以在《漫步华尔街》（第11版）(*A Random Walk Down Wall Street*, 11th ed. New York：W. W. Norton, 2016) 这本信息量大且有趣的书中找到。

8. ESG 费用率平均值来自：Charles Schwab, *Socially Conscious Funds List*, *First Quarter 2020*, for U. S. equity funds, www. schwab. com.

第22章　绿色星球?

1. 这一章的内容主要基于我以前的著作《气候赌场》(*The Climate Casino：Risk, Uncertainty, and Economics for a Warming World*, New Haven, CT：Yale University Press, 2013)。

2. 一本关于气候条约的优秀著作是 Scott Barrett 的 *Environment and Statecraft：The Strategy of Environmental Treaty-Making* (Oxford：Oxford University Press, 2003)。

3. 有很多地方值得进行更全面的讨论。一本关于气候科学的优秀教科书是 William F. Ruddiman 的 *Earth's Climate：Past and Future*, 3rd ed. (New York：W. H. Freedman, 2014)。

4. Massachusetts v. EPA, 549 U. S. 497 (2007), https：//www. supremecourt. gov/opinions/06pdf/05-1120. pdf.

5. 此处的估计来自我在诺贝尔奖颁奖典礼上的演讲：William Nordhaus, "Climate Change：The Ultimate Challenge for Economics," *American Economic Review* 109, no. 6 (2019)：1991-2014, doi：10. 1257/aer. 109. 6. 1991.

6. 自气候变化经济学诞生以来，这些发现就一直是其核心。关于基本建模和发现的综述，参见：Nordhaus, "Climate Change," 1991-2014, doi：10. 1257/aer. 109. 6. 1991, 及其参考文献。政府间气候变化专门委员会（IPCC）评估报告的几个章节也深入探讨了这些问题，可通过 www. ipcc. org 获取最新报告。

第23章　保护地球的气候公约

1. DICE 模型（动态综合气候经济模型）是一组计算机化的数学方程式，代表了经济和地球系统的关键组成部分。它可以用来预测排放和气候变化，并检测政策效果。关于此模型的介绍请参见我的著作《气候赌场》。

2. 例如，可参见我在美国经济学会的主席演讲："Climate Clubs: Overcoming Free-Riding in International Climate Policy," *American Economic Review* 105, no. 4 (2015): 1339 – 70, doi: 10.1257/aer.15000001. 非学术版本参见: William D. Nordhaus, "Climate Clubs to Overcome Free-Riding," *Issues in Science and Technology* 31, no. 4 (2015): 27 – 34.

3. See Martin Weitzman, "Voting on Prices vs. Voting on Quantities in a World Climate Assembly," *Research in Economics* 71, no. 2 (2017): 199 – 211, doi: 10.1016/j.rie.2016.10.004.

第24章 绿色怀疑论者

1. John Aloysius Farrell, "Koch's Web of Influence," Center for Public Integrity, 2011, accessed May 19, 2014, https://www.publicintegrity.org/2011/04/06/3936/kochs-web-influence.

2. https://www.greenpeace.org/usa/global-warming/climate-deniers/koch-industries/.

3. 关于 Kirkpatrick Sale 的片段引自: John Zerzan, ed., *Against Civilization: Readings and Reflections* (Eugene: Uncivilized Books, 1999).

4. 此处的讨论和引述来自: Milton Friedman, *Capitalism and Freedom: Fortieth Anniversary Edition* (Chicago: University of Chicago Press, 2009), Kindle; Milton and Rose Friedman, *Free to Choose: A Personal Statement* (Boston: Houghton Mifflin Harcourt, 1990), Kindle.

5. Milton Friedman and Rose D. Friedman, *Free to Choose: A Personal Statement* (New York: Harcourt Brace Jovanovich, 1980), 218.

6. 二氧化硫的历史排放数据源自: Sharon V. Nizich, David Misenheimer, Thomas Pierce, Anne Pope, and Patty Carlson, *National Air Pollutant Emission Trends, 1900 – 1995*, EPA-454/R-96-007 (Washington, DC: U.S. Environmental Protection Agency, Office of Air Quality, 1996), 并根据 EPA 的数据进行了更新。GDP 数据来自 U.S. Bureau of Economic Analysis, https://www.bea.gov/data/gdp, 早期的数据来自私人学者的估计。

7. David Anthoff and Robert Hahn, "Government Failure and Market Failure: On the Inefficiency of Environmental and Energy Policy," *Oxford Review of Economic Policy* 26, no. 2 (2010): 197 – 224, doi: 10.1093/oxrep/grq004.

8. William D. Nordhaus, *The Climate Casino: Risk, Uncertainty, and Economics for a*

Warming World (New Haven, CT: Yale University Press, 2013).

9. Ronald Reagan, "Remarks on Signing the Annual Report of the Council on Environmental Quality" (speech), July 11, 1984, The Ronald Reagan Presidential Library and Museum, transcript, https://www.reaganlibrary.gov/archives/speech/remarks-signing-annual-report-council-environmental-quality.

10. 对控制污染支出的估计来自: Bureau of Economic Analysis, *Survey of Current Business* (Washington, DC: Bureau of Economic Analysis, 1996)。

第25章 绿色精神之旅

1. Barbara Tuchman, *The March of Folly: From Troy to Vietnam* (New York: Knopf, 1984), 7.